Katharina Finke
LOSLEBEN

KATHARINA FINKE

LOSLEBEN

*Vom Mut, loszulassen und als Familie
die Welt zu entdecken*

Mit 63 farbigen Abbildungen und einer Karte

MALIK

Mehr über unsere Autoren und Bücher:
www.malik.de

Von Katharina Finke liegt im Malik Verlag vor:
Loslassen. Wie ich die Welt entdeckte und verzichten lernte

Der Abdruck der auf der Mainau aufgenommenen Fotos erfolgt mit
freundlicher Genehmigung der Mainau GmbH.

Inhalte fremder Webseiten, auf die in diesem Buch (etwa durch Links)
hingewiesen wird, macht sich der Verlag nicht zu eigen. Eine Haftung
dafür übernimmt der Verlag nicht.

Unser Versprechen
für mehr
Nachhaltigkeit
Klimaneutrales Produkt
FSC®-zertifiziertes Papier
Hergestellt in Europa

FSC
www.fsc.org
MIX
Papier aus ver-
antwortungsvollen
Quellen
FSC® C083411

ISBN 978-3-89029-527-5
© Piper Verlag GmbH, München, 2021
Redaktion: Matthias Teiting, Leipzig
Bildteilfotos: Katharina Finke: Seite 1 unten rechts, 3 oben links,
4 oben links und unten, 5, 7 oben, 9, 12, 13, 14 oben, 18, 19 unten,
20 oben rechts und unten, 21, 22 oben und unten links, 23;
David Weyand (www.david-weyand.de): Seite 1 oben und unten
links, 2, 3 oben rechts und unten, 4 oben rechts, 6, 7 unten,
8, 10, 11 oben, 14 unten, 15, 16, 17, 19 oben, 20 oben links,
22 unten rechts, 24
Karte: Marlise Kunkel, München
Satz: psb, Berlin
Gesetzt aus der Joanna Nova
Litho: Lorenz & Zeller, Inning am Ammersee
Druck und Bindung: CPI Books GmbH, Leck
Printed in the EU

Für meine Tochter

INHALT

PROLOG

Berlin Flughafen Schönefeld. Wie fast immer mit dabei: mein Rucksackrollkoffer, den ich beim Einchecken aufgegeben habe, und mein schwarzer Rucksack. Ich trage ihn auf dem Rücken über meinem Wollmantel. Der ist grau, genau wie das Wetter in Berlin. Einen Schal brauche ich trotz der Kälte nicht, denn der vordere Teil meines Körpers wird von etwas beziehungsweise jemand anderem gewärmt: meiner Tochter Yva. Ich habe sie mir in einer Babytrage umgebunden. Während Yvas Papa David den Kinderwagen beim Sperrgepäck aufgibt, probieren wir im Duty-Free-Bereich gemeinsam Sonnenbrillen an. Ich setze ihr immer wieder viel zu große Modelle auf ihre kleine Nase, und sie lächelt mich an. Dieses kleine Spiel zum Zeitvertreib macht uns beiden großen Spaß. Kaufen werde ich aber keine. Unser Kind braucht mit sechs Monaten noch keine Sonnenbrille, denke ich mir – auch wenn wir auf dem Weg in eine Gegend sind, wo die Sonne viel häufiger scheint als in Deutschland: nach Portugal.

Für unsere erste Flugreise zu dritt haben wir extra ein Land ausgesucht, das nicht zu weit weg liegt und uns vertraut ist. David und ich sind zuvor schon in Portugal gewesen, ich habe vor einigen Jahren mehrere Monate dort gelebt und noch viele gute Freund*innen im Land.

Es war damals eine Station in meinem Prozess des Loslassens: von Gewohnheiten, Sichtweisen, Erwartungen und Ängsten. Und von Besitztümern. Ich bin nach meinem

9

Abitur nach England gezogen, um mich dort um Lara, ein autistisches Mädchen, zu kümmern, anschließend habe ich an verschiedenen Orten der Welt gelebt: New York, Peking und Lissabon. Ich bin rund um den Globus gereist, habe fast alle Kontinente besucht. Dabei merkte ich, dass ich weniger brauchte, als ich gedacht hatte und mir die Konsumwelt vorgaukelte. Das brachte mich schließlich dazu, mich im Sommer 2012 von fast meinem kompletten Besitz zu trennen.

Übrig blieben nur mein Rollkoffer, ein zweiter Koffer, ein kleiner schwarzer Rucksack, ein Umzugskarton und mein Fahrrad. Auch Möbel und die eigene Wohnung gab ich auf. Ich schrieb Artikel über meine Veränderung und später ein Buch: LOSLASSEN — *wie ich die Welt entdeckte und verzichten lernte*.

Inzwischen sind Babytrage und Kinderwagen dazugekommen. Beides secondhand. So wie die anderen Dinge für Yva. Es sind nicht viele Sachen, die wir benötigen, aber mehr als ohne Tochter. Für einige ist das ein Grund, kein Kind zu bekommen: Ressourcen schonen. Laut einer Umfrage der *New York Times* gilt diese Einstellung für jedes dritte kinderlose Paar. Denn je weniger Menschen auf der Welt leben, desto weniger wird konsumiert. Heute gibt es rund acht Milliarden Menschen. Tendenz steigend. Für die ersten sieben Milliarden Menschen haben wir dreißigtausend Jahre gebraucht. Laut UNO-Berechnungen werden wir für die nächsten zwei Milliarden etwa vierzig Jahre benötigen. Die Weltbevölkerung wächst demnach mit fünftausendfacher Geschwindigkeit.

Die große Mehrheit entscheidet sich jedoch nicht aus ökologischen Gründen gegen das Kinderkriegen, sondern weil sie auf ihr bisheriges Leben nicht verzichten möchte. Eltern zu werden bedeutet auch: Abstriche zu machen und die eigene Selbstbestimmung für eine gewisse Zeit aufzugeben.

Ich wollte trotzdem gern Mutter werden. Der Prozess des Loslassens hat mir gezeigt, dass es viele verschiedene Arten gibt, mein Leben zu gestalten und mit Freiheit und Sicherheit umzugehen. Ich habe gelernt, dass zu viel Individualismus eher etwas mit Selbstsucht als mit Selbstliebe zu tun hat. Dass es nicht nur wichtig ist, achtsam mit sich selbst zu sein – sonder auch mit anderen und der Umwelt. Und: dass es sich lohnt, an immateriellen Lebensaspekten, wie Freund*innen und Familie, festzuhalten. Wieso also nicht eine eigene Familie gründen?

Als andere davon erfuhren, dass ich Mutter wurde, hörte ich immer wieder: »Deinen Lebensstil als Minimalistin, die aus zwei Koffern lebt und immer auf Reisen ist, den wirst du dann aufgeben müssen.« Manche schoben noch vorsichtig ein »Oder?« hinterher. Einerseits hätte ich gern trotzig »Doch!« geantwortet. Wieso? Um ihnen und mir etwas zu beweisen? Um mich mit einem Trendbegriff wie Minimalismus zu schmücken, den ich selbst nicht einmal mag? Oder weil ich noch nicht wusste, was mich erwartete, weil ich Angst vor dem Muttersein hatte und das anderen gegenüber nicht zugeben wollte?

Nein! All das waren nicht die Gründe. Ich konnte kein »Doch« entgegnen, weil die Antwort nicht so einfach war. Es würde sich ganz sicher etwas verändern, wenn ich Mutter bin. Aber ich konnte noch nicht sagen, wie mein Leben mit Kind aussehen würde. Die Entscheidung, ein Kind zu haben, unterscheidet sich von anderen, die meist graduell getroffen werden und sich zumindest theoretisch rückgängig machen oder abändern lassen. Zum Beispiel lässt sich der Entschluss, wo und wie ich leben möchte, zu einem späteren Zeitpunkt noch anpassen. Ein Kind kann man nicht rückgängig machen.

Ein Kind ist kein Versuch, kein Experiment. Genau deswegen entsprach es mir allerdings auch, ein Kind zu bekommen. Ich bin niemand, der vor einer neuen und ungewohnten Situation zurückschreckt. Auch dann nicht, wenn es um existenzielle Dinge geht. Im Gegenteil: Ich empfinde Unsicherheit nicht als Bedrohung, sondern als Chance. Ich war neugierig darauf, wie es sein würde, Mutter zu sein – mit allen Höhen und Tiefen.

Vielleicht auch, weil ich wusste, dass es auf der Welt viele unterschiedliche Perspektiven dazu gibt. Um diese Sichtweisen soll es in diesem Buch auch gehen, weshalb jedem Kapitel das Zitat einer Person vorangestellt ist, eines Elternteils, mit dem ich auf meinen Reisen über seinen persönlichen Freiheitsbegriff gesprochen habe.

Ohne zu viel vorwegzunehmen: Das Leben verändert sich mit Kind, aber es hört nicht auf. Ganz im Gegenteil. Viele Veränderungen sind nur temporär, andere großartige Dinge bleiben. Außerdem haben viele Eltern und Kinder die Option, ihre Zukunft so zu gestalten, wie es ihnen gefällt. Sie können entscheiden, welchen Stellenwert sie füreinander in ihrem Leben einnehmen, wie viel Freiheit sie aufgeben und wiedererlangen und sich gegenseitig zugestehen wollen. Auch welche Rolle Verantwortung, Zeit und Geld spielen und was Achtsamkeit in ihrer Gemeinschaft bedeutet. Ich erzähle von anderen Optionen des Familienlebens und Elternseins und möchte Inspiration geben, die eigene Perspektive zu erweitern. Dabei berichte ich auch von meinem eigenen Weg, was aber nicht bedeutet, dass er der beste ist. Auf keinen Fall. Es ist nur mein Weg, ein Plädoyer fürs LOSLEBEN! Vom Mut, andere Wege zu gehen, sich von den festgefahrenen Denkweisen im Kopf zu lösen, und Spaß zu haben!

BANGLA BABY

»Freiheit bedeutet für mich: selbst entscheiden zu können,
wo und wie ich lebe, welchen Job ich habe und wen ich liebe.«

Ich habe das Manuskript für LOSLASSEN gerade abgegeben, da packe ich erneut meinen Koffer. Ziel: Südostasien. Dieses Mal nicht nur Indien, sondern auch Thailand, Myanmar und Bangladesch. David begleitet mich. Anlass der Reise sind wie meistens Recherchen und ein kurzer Urlaub. Außerdem wollen wir endlich Amila, die Protagonistin meines Debüts, wiedertreffen, um ihr das Buch zu zeigen. Das wird nicht leicht werden, da ihr Mann nichts davon erfahren darf. Es geht in dem Buch um Gewalt gegen Frauen in Indien und konkret um die Geschichte von Amila und ihr Familienleben: Sie wurde als Kind verschleppt, zwangsverheiratet und im Alter von zwölf Jahren Mutter. Seitdem sind körperliche Arbeit, Sex auf Kommando und Prügel ihr tägliches Los. »Die fünffache Mutter hat in der indischen Gesellschaft keine Wahl auf ein anderes Leben«, erklärte uns vor einigen Jahren Raj, der eine Nichtregierungsorganisation leitet und sich um Frauen wie Amila kümmert. Um bei dieser Reise mindestens zweimal die Chance auf einen Besuch bei Amila zu haben, wählen wir Neu-Delhi als Start- und Endpunkt unserer Reise.

Als wir am Flughafen der indischen Hauptstadt ankommen, ist leider mein Rucksackrollkoffer verschwunden. David nimmt seinen großen Rucksack vom Gepäckband, und nachdem es abgeschaltet ist, laufe ich mehrmals hin und her, um die neben das Band gestellten Gepäckstücke zu inspizieren. Doch von meinem: keine Spur.

David schaut mich erwartungsvoll an und fragt: »Und?« Ich zucke mit den Schultern und sage: »Keine Ahnung, ich geh mal zu Lost & Found.«

So zwänge ich mich durch das Menschengetümmel, denn wie überall in Neu-Delhi ist auch am Flughafen immer sehr viel los. Ich habe den Eindruck, dass es heute besonders extrem ist, vor allem beim Fundsachenschalter. Dort hat sich eine beachtliche Traube von Menschen angesammelt, die wild gestikulieren und das Personal anschreien. Das reagiert mit stoischem ununterbrochenem langsamem Kopfschütteln, das größtes Verständnis zum Ausdruck bringen soll. An die Reihe kommen werde ich hier so schnell aber nicht.

Also muss ich anders an Informationen gelangen. Zum Glück erkenne ich in dem Tumult zwei Männer aus unserem Flieger wieder. Einen Schweizer und einen Inder. Ersterer klärt mich auf, dass zahlreiche Gepäckstücke nicht angekommen sind. Durch die Flugverschiebungen – wir haben ungewollt eine Nacht in Amsterdam verbracht – hat es wohl etwas Chaos gegeben. Dann redet der Schweizer weiter auf den indischen Flughafenbeamten ein, um ihm zu verdeutlichen, wie wichtig sein Gepäck sei.

Damit ist er nicht der Einzige. Alle, die hier rumfuchteln, versuchen zu erklären, warum ihre Sachen besonders wichtig sind. Für mich etwas unverständlich. Ein Inder zählt den Schmuck und die Markenklamotten auf, die sich in sei-

14

nen Schalenkoffern befinden. Wozu er das alles so dringend braucht, frage ich mich.

Als der Inder zum gefühlt hundertsten Mal anfängt, seine Goldketten aufzuzählen, wendet sich der Flughafenbeamte sichtlich genervt von ihm ab und fragt mich: »*Lady, you have also been on this flight – have you lost stuff?*«

Ich bejahe, ich war in dem Flieger und vermisse meine Sachen. Der Beamte gibt mir ein Formular, das ich brav ausfülle, anschließend bekomme ich eine Bearbeitungsnummer. Ich gehe zurück zu David. Wir schnappen uns ein Taxi, das uns zu unserem Hostel in Paharganj in der Nähe von der New Delhi Railway Station bringt.

Am nächsten Tag erkundige ich mich an der Rezeption, ob mein Koffer inzwischen eingetroffen ist.

»Nein, und es wird noch einige Tage dauern«, lautet die Antwort. Der Grund: Diwali, einer der wichtigsten Feiertage in Indien. Das Lichterfest ist wie Weihnachten und Silvester zusammen.

Nun beginne ich das erste Mal über den Inhalt meines Koffers nachzudenken. Fast alles, was ich besitze, befindet sich darin. Zwar nur Materielles, aber einiges, was ich behalten habe, hat auch einen immateriellen Wert, weil ich es mit sehr schönen Erlebnissen verbinde oder es von Freund*innen oder jemandem aus der Familie geschenkt bekommen habe. So wie den goldenen Ring meiner Oma, den ich seit ihrem Tod an meinem Finger trage und der nun schön in der Sonne glänzt. Mir wird bewusst, dass diese persönlichen Dinge auch für mich nicht so leicht ersetzbar wären, und ich kann die aufgeregten Menschen am Flughafen nun etwas besser verstehen. Ich würde den Verlust verkraften, es wäre nicht das erste Mal, dass etwas für mich Wertvolles abhandenkommt.

Dennoch bin ich froh, als mein Rucksackrollkoffer kurz vor unserer Weiterreise noch auftaucht.

Wir wollen Amila wiedersehen. Raj, der uns bei unseren letzten Reisen zu ihr gebracht hat, reagiert nun nicht mehr auf unsere Nachrichten. Also wollen wir es ohne ihn versuchen. Mit einem von den vielen bunt bemalten Bussen, auf denen hinten häufig *Horn please* (Bitte hupen) steht, fahren wir zu einer Freundin von Amila in Rajasthan. Sie begrüßt David, die Übersetzerin und mich freundlich, gibt uns Kekse und *Chai*. Dann erzählt sie uns, dass wir Amila heute leider nicht sehen können, weil Raj versucht, unser Treffen mit allen Mitteln zu verhindern. Auf einmal fordert er Geld für seine Vermittlung und versucht ganz offensichtlich, aus ihrem Leid und dem der anderen Frauen Profit zu schlagen. Es erschüttert mich, dass Raj sich so stark verändert hat. Ursprünglich habe ich ihm sehr vertraut, weil er – anders als viele in Indien – immer wieder betont hat, dass ihm seine Ideale wichtiger seien als Profit und Ruhm. Nun ist genau das leider nicht mehr der Fall.

Enttäuscht reisen wir – ohne die Übersetzerin – weiter in den Westen des Landes. Dort wollen wir an einen Ort, an dem wir noch nie zuvor gewesen sind: in die Wüste. Statt drei Stunden im Flieger zu sitzen, verbringen wir zwanzig Stunden in drei Zügen, um die knapp achthundert Kilometer nach Jaisalmer hinter uns zu bringen.

Dort angekommen, werden wir mit einem Geländewagen in die Wüste Thar gefahren. Auf dem Weg in Richtung der pakistanischen Grenze gabeln wir noch zwei andere Paare in der Stadt auf. Das eine kommt aus der Ukraine und kennt sich schon jahrelang; das andere stammt aus den USA und hat sich gerade erst getroffen. Die Frau, die in Las Vegas lebt, erzählt, dass sie sich in Indien zur Yoga-Lehrerin ausbilden lässt und ihren Begleiter dabei kennengelernt hat.

Plötzlich hält der Fahrer an und sagt: »Hier kommen wir mit dem Jeep nicht mehr weiter – bitte alle aussteigen!«

Wir stehen am Rande der Wüste im Sand. Die Sonne brennt, es ist keine Wolke am Himmel zu sehen. Über einen Sandhügel am Horizont kommen zwei Männer mit Kamelen im Schlepptau auf uns zu: der Nomade Sambhu mit seinem Sohn Nabu, beide leben seit ihrer Geburt in der Wüste. Ihr größter Besitz: die Kamele und die Freiheit. Das gefällt mir. Sambhu und Nabu helfen uns auf die Kamele und zeigen uns, wie wir am besten mit den Tieren umgehen. Dabei ist eins besonders wichtig: Gelassenheit. Auch das gefällt mir gut. Dann schreiten wir gemeinsam in die Wüste hinein. Die Kamele sind so ruhig und sanft, dass sich das Reiten auf ihnen wie Schweben anfühlt.

Wir lassen die trockenen kleinen Büsche, die vereinzelt aus dem Sand hervorblitzen, hinter uns und gelangen in einen Teil der Wüste, der noch sehr unberührt ist: im Sand nur zarte Muster vom Wind gezeichnet. Die Luft ist so klar und die Sonne heiß. Die einzigen Schatten hier werfen wir selbst mit den Kamelen. Nach etwa einer Stunde halten wir an.

»Hier bleiben wir heute Nacht«, sagt Sambhu.

»Hier?«, fragt der Amerikaner. »Hier ist doch nichts!«

»Genau«, antwortet Sambhu stoisch.

Während die Pärchen Selfies machen, setze ich mich auf die Spitze einer Düne und schaue in die Ferne.

Ich kann sehr gut nachempfinden, warum die Nomaden sich für diese Lebensform entschieden haben. Die Weite und Freiheit sind etwas ganz Besonderes. Nachdem David ein paar

17

Fotos gemacht hat, setzt er sich neben mir in den Sand, legt seinen Arm um mich und fragt: »Mehr brauchen wir nicht, oder?«

Statt einer Antwort küsse ich ihn und bin dankbar für diesen Moment. Noch mehr für die Gewissheit, dass wir diese Stimmung, egal wo wir sind, in uns tragen, uns dieses Lebensgefühl zueinandergebracht hat und immer noch verbindet. Die Sonne geht langsam unter, und wir schauen ihr dabei zu.

Als wir uns umdrehen, sehen wir, dass Sambhu und Nabu drei Betten im Sand aufgebaut haben. Sogar mit weißer Bettwäsche – was für ein Luxus mitten in der Wüste. Wir setzen uns zu den anderen und trinken gemeinsam mit ihnen *Chai*, während Sambhu und Nabu das Abendessen zubereiten. Sie schneiden Zwiebeln und Gemüse, braten beides über dem Feuer an, garen den Reis und machen *Roti* (Brot). Dazu gibt es selbst gemachtes *Chutney*.

Nach dem Essen sitzen wir zusammen um das Feuer und unterhalten uns. Es erinnert mich an einen ganz besonderen Moment im indonesischen Dschungel: Dort habe ich mit einer Freundin und dem allernötigsten Gepäck auf einem einfachen Boot gehaust, und wir waren wie jetzt nur von der Natur und ein paar Weggefährten umgeben. Ich schaue in den Himmel, damals war er übersät mit funkelnden Sternen. Heute hängt ein leuchtender Vollmond genau über uns am Firmament, weshalb es auch, obwohl es Nacht ist und wir uns mitten in der Wüste befinden, immer noch sehr hell ist.

In Augenblicken wie diesem bin ich glücklich. Es braucht dazu nur Menschen, die ich liebe, und das Gefühl von Freiheit. Das ist für mich mein Zuhause, egal wo ich bin auf der Welt. In solchen Momenten wird mir immer wieder bewusst, wie reich mich meine Erfahrungen machen, was ich alles erlebt habe und vor allem, dass niemand mir diesen Reichtum mehr nehmen kann. Er wird nie erschöpft werden. Im Gegenteil: Er wird jeden Tag größer. Auch in dieser Nacht.

Die Wärme der Sonne weckt uns am nächsten Morgen. Die Luft ist immer noch klar und rein. Ich atme tief ein. So gut habe ich schon lange nicht mehr geschlafen und so frei noch nie zuvor. Zum Frühstück gibt es Toast, Bananen und *Chai*. Dann geht es mit den Kamelen und anschließend mit dem Jeep zurück nach Jaisalmer.

In der Nacht fahren wir mit dem Zug nach Jodhpur. Die Fahrt ist zum Glück deutlich kürzer als die letzte: fünfeinhalb Stunden, aber ein Kontrastprogramm zu der vorherigen. Ich bin schlagartig müde, und nicht nur das: Mir ist übel, ich habe Kopfschmerzen und sehr starke Magenkrämpfe. Ich glaube, dass ich mir beim Essen etwas eingefangen habe. Möglicherweise einen *Delhi Belly*, wie die Magenverstimmung, die sich in Indien viele Tourist*innen zuziehen, genannt wird. Ich bin mir sicher, dass es mir, sobald ich mich ausruhen kann, wieder besser geht. Doch dem ist nicht so.

Ich komme in die Notaufnahme. Dort bin ich umgeben von Menschen, die wimmern, bluten und schreien. Mir – besser David, da er mein männlicher Begleiter ist – werden ein paar Fragen gestellt. Das kenne ich schon von meinen vorherigen Reisen nach Indien. Genau wie die Zustände im Krankenhaus, denn es ist nicht mein erster Besuch dort. Ich bitte darum, nicht im Krankenhaus bleiben zu müssen.

»Auf Ihre Verantwortung«, sagt der behandelnde Arzt.

Und so fahre ich nach einer Infusion mit Kanüle in der Hand zurück in die Unterkunft und lege mich schlafen. Leider nur für ein paar Stunden. Dann muss ich durch den Trubel der Stadt zurück zum Krankenhaus. Ruhe kehrt keine ein. Es ist viel los in der Klinik. Mir bleibt jedoch keine andere Option, mein Zustand ist immer noch unklar.

Für eine zweite Infusion komme ich wieder in die Notaufnahme. In das Bett vom Vortag, was ich am Blut auf den Laken erkenne. Vollkommen erschöpft beobachte ich das Treiben um mich herum, bis David mit meinen Medikamenten zurückkommt. In indischen Krankenhäusern müssen alle Patient*innen sie selbst organisieren. Aber vielen fehlt auch für Medizin das Geld, sie können gar nicht behandelt werden und sterben. Durch meine Besuche in Indien habe ich gelernt, dass ich bedauerlicherweise nicht immer helfen kann. In kraftlosen Momenten wie diesem fällt es mir besonders schwer, so eine Realität zu akzeptieren.

Normalerweise strotze ich vor Energie und Tatendrang. Doch beides wird gerade durch meinen Krankheitszustand ausgebremst. Deswegen entscheiden wir uns, den Urlaub, der für das Ende der Reise geplant war, vorzuziehen und nach Thailand zu reisen. Ich bin froh, dass ich die Busfahrten und den Flug dorthin überstehe. Mir ist immer wieder übel, was auf den vorherigen Reisen durchaus schon vorgekommen ist, aber nie hatte ich so zu kämpfen wie jetzt. Wir verbringen fast zwei Wochen auf der Insel Koh Phayam in der Andamanensee. In einem kleinen, einfach ausgestatteten Bungalow. Vollkommen ausreichend für uns. Gerade für mich, da ich sehr viel schlafe, um mich zu erholen. Häufig nicke ich schlagartig ein, sogar mitten im Gespräch, was David sehr überrascht.

Wenn ich gerade nicht schlafe, erkunden wir die Insel. Meist zu Fuß. Bei fünf Kilometern Länge und zehn Kilometern Breite ist das gut machbar. Wir laufen durch den

Dschungel und pausieren ab und zu an einem der Strände, um in dem glasklaren türkisfarbenen Wasser zu baden. Entdecken riesige Seesterne, prächtige Muscheln und Fische.

An den weißen Sandstränden sind wir meist ganz allein, suchen unter den Palmen etwas Schatten und lauschen dem Rauschen des Meeres, das wir fast überall auf der Insel hören, weil sie so klein und ruhig ist. Ich erhole mich so gut, dass wir uns entscheiden, nun doch – wie geplant – nach Myanmar weiterzureisen.

~

Myanmar liegt von unserer Insel lediglich dreißig Kilometer entfernt. Aber direkt mit dem Boot können wir nicht dorthin, weil der Grenzübergang nur von Ranong aus möglich ist. So müssen wir mit dem Boot zurück nach Ranong und von dort aus mit einem anderen Boot nach Myanmar. Ich bin noch nie zuvor übers Wasser in ein Land eingereist.

Bevor wir an Bord dürfen, müssen wir die thailändische Emigration passieren, was aber harmlos ist. Für die Überfahrt über den Fluss Pak Chan zahlen wir einen Euro pro Person. Dann steigen wir mit zehn weiteren Fahrgästen in ein Kanu und bekommen vom Fahrer Schwimmwesten. Ganz hektisch animiert er uns, sie so schnell wie möglich anzuziehen. Mitten auf dem Wasser halten wir an einer klitzekleinen Insel. Der Fahrer steigt aus, nimmt allen die Pässe ab und verschwindet damit in einer Hütte, die gerade so auf die Insel passt. Er kommt zurück, behält die Pässe, verlässt noch einmal ein paar Wellen weiter das Boot und verschwindet in einer anderen Hütte, die ebenfalls gerade so auf die Mini-Insel passt. Das sind die beiden Checkpoints, an denen wir nicht aussteigen dürfen. Da das kleine Boot stark schwankt, halten wir unser Gepäck gut fest. Mir ist wieder einmal übel, und ich hoffe, dass ich mich nicht übergeben muss. Als wir weiterfahren, signalisiert uns der Fahrer, dass wir unsere Schwimmwesten ausziehen sollen. Erst in diesem Moment begreife ich, dass sie nicht der Sicherheit, sondern unserer besseren Sichtbarkeit an den Checkpoints dienen. David und ich behalten sie trotzdem an und ernten dafür grimmige Blicke vom Fahrer.

Nach einer guten Stunde in der Mittagshitze kommen wir auf dem Festland an. Dort müssen wir zur Immigration. Wir legen unseren Onlineantrag zusammen mit dem Pass vor. Der wird abgestempelt, und wir dürfen weiter. Begrüßt werden wir von einem Schild: »*Warmly Welcome and Take Care of Tourists.*«

Ob die englische Übersetzung der burmesischen Buchstaben, die für mich auf den ersten Blick nur aussehen wie eine Aneinanderreihung von Kreisen, Verschnörkelungen und Punkten, bedeutet, dass man sich um Tourist*innen kümmern oder sich vor ihnen in Acht nehmen soll, ist unklar. Vielleicht auch deswegen, weil der Süden von Myanmar erst seit wenigen Jahren zugänglich ist. Das merken wir zum Beispiel an dem dürftigen Angebot an Unterkünften. Bei den Einheimischen privat zu wohnen ist trotzdem strengstens verboten.

Unsere Reise geht weiter in den Norden: erst nach Myeik, dann nach Dawei. Mit dem Bus fahren wir nach Hpa-An und Bago, verbringen Weihnachten in Bagan und reisen schließlich weiter nach Mandalay.

Da meine Periode nun schon lange überfällig ist und meine Schläfrigkeit und Übelkeit eher noch zunehmen, will ich einen Schwangerschaftstest besorgen. Aber wo? Drogerien gibt es keine, und in Apotheken gucken die Burmes*innen mich nur komisch an. Deswegen frage ich einige Frauen auf der Straße, ob sie mir helfen können. Die meisten sprechen kein Englisch, weshalb die Kommunikation schwierig ist. Aber nachdem drei Frauen unabhängig voneinander auf kleine Schuppen zeigen, die ansonsten Tabak und Klopapier verkaufen und wie burmesische Kioske aussehen, steuern wir einen solchen an. Mit wenigen englischen Wortfetzen, dafür umso mehr Gestik – vor allem dem Andeuten eines Bauches – bekomme ich eine Karte. Sie sieht so aus wie die Zettel, die in Deutschland an Laternenpfählen oder im Supermarkt hängen und von denen man sich die Telefonnummer beispielsweise von Babysitter*innen abreißen kann. Hier dienen die kleinen Streifen dazu, darauf zu urinieren. Ich nehme sicherheitshalber einen Zettel mit, auch wenn ich nicht wirklich überzeugt bin. Am Abend kommen wir an einem Shoppingcenter vorbei. Dort versuche ich noch einmal mein Glück und bekomme in einer Apotheke einen Schwangerschaftstest, wie ich ihn aus Deutschland kenne: ein Stab aus Plastik, der einem Fieberthermometer ähnelt, bei dem sich nach dem Urinieren in einem Fenster etwas rosa färben soll. Entweder ein oder zwei schmale Balken.

Ich bin so ungeduldig, dass ich gleich auf der Toilette des Shoppingcenters verschwinde. Ergebnis: negativ – nicht schwanger. Mein Gefühl sagt mir aber etwas anderes. Ich lese die Bedienungsanleitung noch einmal, habe aber alles richtig gemacht. Auf dem Papierstreifen vom burmesischen Kiosk, den ich direkt danach ausprobiere, kann ich nichts erkennen, also schmeiße ich beide Tests in den Müll.

In den nächsten Tagen reisen wir weiter. Doch als wir in Myanmars größter Stadt Yangon ankommen, beschäftigt mich das Thema immer noch, und da übermorgen Silvester ist und wir die Ladenöffnungszeiten hier nicht kennen, besorge ich vorsorglich noch einen Schwangerschaftstest. Am nächsten Morgen stehe ich sehr früh auf, gehe ins Bad, und das Ergebnis ist positiv: Ich bin schwanger.

David schläft noch, ich will ihn nicht wecken, also lege ich mich zurück ins Bett. Aber ich kann nicht mehr schlafen, weil mir unendlich viele Gedanken durch den Kopf schießen: Was bedeutet das nun? Muss ich sofort nach Deutschland? Ist es das Ende meines Lebens aus zwei Koffern? Das Ende meines selbstbestimmten Lebens? Das Ende meiner Freiheit?

Nach langem Körper- und Gedankenwälzen rüttle ich an David, um ihn zu informieren. Ich sage nichts, sondern halte ihm nur den Test unter die Augen. Er ist noch gar nicht richtig wach, schaut auf den Test, guckt mich an und fragt: »Echt jetzt?« Ich nicke.

David ist schlagartig munter, strahlt und nimmt mich in den Arm: »Wie schön! Wie schön! Wow, wie schön!«

Ich lächle zwar, aber nicht so überzeugt wie er, und sage: »Ja ...«

»Das klingt nach einem Aber«, hakt David nach.

»Ist doch irgendwo komisch, oder?«, entgegne ich.

»Ja, eine vollkommen neue Situation – aber so schön.«

»Schon, aber es wird sich auch einiges ändern!«

»Das bekommen wir schon hin«, sagt er, schaut mir tief in die Augen und streichelt meinen Handrücken.

Ich sage nichts, stehe auf und mache einen Kaffee. David verschwindet unter der Dusche. Als er zurückkommt und ich mit meinem Kaffeebecher in der Hand nachdenklich durch die Fenster über Yangon schaue, fragt er: »Was besorgt dich denn? Wovor hast du Angst?«

»Keine Ahnung«, sage ich, »ich habe viele Fragen.«

»Welche denn?«

»Muss ich jetzt meinen Lebensstil aufgeben, sesshaft werden und mich anpassen?«

»Verstehe«, sagt David. »Ja, vielleicht brauchen wir – oder zumindest einer von uns – nun einen festen Job.«

»Vielleicht auch nicht«, sage ich zuversichtlich.

»Bist du dir denn ganz sicher?«, fragt David.

»Keine Ahnung«, sage ich noch einmal. »Ich habe noch nie einen Schwangerschaftstest gemacht, der positiv war.«

Gewissermaßen steht es unentschieden. Ein negatives, ein positives Ergebnis. Ich will auf Nummer sicher gehen und einen weiteren Test machen. Aber erst am nächsten Morgen. Meine Internetrecherche hat ergeben, dass die Konzentration von humanem Choriongonadotropin (hCG), dem Schwangerschaftshormon, im Morgenurin am höchsten ist. Das hCG könnte auch die Ursache für die Müdigkeitsattacken sein, die ich in den vergangenen Wochen hatte. Und die Übelkeit. Da ich einen empfindlichen Magen habe und mir auf vorherigen Reisen hin und wieder auch übel wurde, habe ich erst gedacht, es sind die Nachwehen meiner Krankheit aus Indien.

Am nächsten Morgen wache ich abermals früh auf. Ich bin unruhig und will den Test machen. Das Ergebnis ist wieder positiv. Nun ist die Sache wohl so eindeutig, wie sie ohne einen ärztlichen Befund sein kann. Erneut startet in meinem Kopf das Gedankenkarussell.

»Frohes Neues!«, sagt David, als er aufwacht und ich schon wieder am Fenster stehe. Als er näher kommt, mich anschaut und meine leicht feuchten Augen bemerkt, fragt er: »Was ist los?« Dann entdeckt er den Test.

»Mein Leben hört jetzt auf«, sage ich.

»Ach Quatsch«, sagt David, »es verändert sich.«

»Du hast gut reden, du bist ja auch sieben Jahre älter, Versuch dich mal in meine Lage zu versetzen. Was hast du gemacht, als du gerade mal einunddreißig Jahre alt warst?«

David hält kurz inne, überlegt und sagt: »Okay, ich weiß, was du meinst.«

»Nein, du verstehst gar nichts«, sage ich hochemotional und bitte ihn, mich allein zu lassen.

Obwohl er schon dabei ist, das Zimmer zu verlassen, rufe ich ihm hinterher: »Lass mich in Ruhe!«

Es ist keine leichte Situation. Seit ich denken kann, will ich Mutter werden. Als ich mich direkt nach dem Abitur um Lara, ein geistig und körperlich behindertes Mädchen in England, kümmerte, konnte ich so viel Nähe zu ihr aufbauen und so viel Verantwortung für sie übernehmen, dass ich seither ein eigenes Kind möchte. Damals habe ich allerdings auch schnell realisiert, dass der Zeitpunkt für mich noch nicht gekommen ist.

Und jetzt? Ist es immer noch zu früh? Jetzt, wo es so weit sein soll, habe ich neben der Freude auch negative Gefühle. Damit hätte ich niemals gerechnet. Gerade ich, die nie verstanden hat, warum manche Menschen die Geräusche von Kindern schlimmer finden als Baulärm. Ich, die sich immer die Herausforderungen des Mutterseins bewusst gemacht hat: wie Eltern es schaffen, ruhig zu bleiben, obwohl sie das Kind zur Weißglut treibt, und dass sie ihre Eigenständigkeit nun einmal – wenn auch nur temporär – aufgeben müssen. Aber genau das ist es, was mich jetzt, wo die Angelegenheit real wird, am meisten besorgt.

Kann ich die größtmögliche aller Bindungen eingehen? Auf immer mit einem Kind verbunden sein? Nie loslassen? Oder ist es einfach ein anderes Loslassen? Denn das Kind wird immer mein Kind bleiben, und dennoch werde ich es loslassen müssen. Und in Bezug auf mein bisheriges Leben: Was muss und was will ich davon loslassen?

Die Angst, meine eigene Freiheit aufzugeben, mischt sich mit einem anderen negativen Gefühl der Überforderung: Abgesehen von der Zeit mit Lara habe ich bislang wenige Erfahrungen mit Kindern gesammelt. Es gibt zahlreiche Aspekte, die mich so wahnsinnig verunsichern. Angefangen beim Windelwechseln über die Erziehungsfragen bis hin zu der Tatsache, dass ich sehr oft Entscheidungen für das Kind werde treffen müssen und nie sicher sein kann, ob sie richtig oder falsch sind. Wer definiert denn überhaupt dieses Richtig oder Falsch?

Bei meinen Reisen ist mir klar geworden, dass in den verschiedenen Ländern auf der Welt Elternschaft durchaus unterschiedlich gelebt wird. Was aber bedeutet das für mich? Obwohl meine Gedanken angestrengt durch meinen Kopf kreisen, finde ich keine Antwort. David kommt zurück und merkt, wie sehr mich das Thema beschäftigt. Er versucht trotz meiner Schroffheit, wieder auf mich zuzugehen, was ich ihm hoch anrechne. »Ich bin einfach überfordert«, sage ich und schweige einen Moment. »Tut mir leid«, schiebe ich dann vorsichtig hinterher.

»Ich weiß«, sagt er und nimmt mich in den Arm. »Du musst auch nicht alles können oder wissen und erst recht nicht immer gleich im ersten Augenblick.«

Seine Worte tun mir gut, und so treibe ich vor mich hin, an unserem letzten Tag in Myanmar und am ersten Tag des neuen Jahres. Was für ein Neujahr!

Am nächsten Tag holt mich der Pragmatismus wieder ein. Denn unsere Reise geht weiter: nach Bangladesch.

~

Als wir in Dhaka ankommen, fahren wir mit einem Taxi zu einem Freund von David, Shamim. David hat ihn bei seinem ersten Besuch in Bangladesch kennengelernt und versprochen, dass er während seines nächsten Aufenthalts bei seiner Familie zu Gast sein wird. Nun stehen sie im Türrahmen und warten auf uns: Shamim, seine Frau Sumi, ihre Zwillingsjungs und die zwei älteren Töchter. Die älteste, zwölf Jahre alt, spricht sehr gut Englisch, besser als Shamim. Sie zeigt uns das Zimmer, in dem wir schlafen, und das dazugehörige Bad. Ohne Dusche, dafür gibt es einen Eimer mit kaltem Wasser, mit dem wir uns abspülen können.

Dann setzen wir uns ins Wohnzimmer und unterhalten uns, so gut es geht. Sumi verschwindet in der Küche, um das Mittagessen vorzubereiten. Als wir sie fragen, ob wir helfen können, werden wir nur mit verneinenden Blicken abgestraft. Das Essen ist scharf. Mir kommt es noch deutlich schärfer vor als in Indien, ich vertrage es auf jeden Fall nicht. Ob es an der Schwangerschaft liegt oder meinem erkrankten Magen-Darm-Trakt, ich weiß es nicht.

In der Zwischenzeit rufe ich bei meiner Frauenärztin in Berlin an, um zu fragen, ob ich nun zurückfliegen muss. Die Sprechstundenhilfe erklärt mir nett, dass es in einem frühen Stadium der Schwangerschaft nicht ratsam sei zu fliegen und daher auf ein paar Wochen mehr oder weniger nicht ankäme. Nur Folsäure solle ich mir besorgen.

Wir haben uns für ein Recherchestipendium beworben und es bekommen. Obwohl ich sensibler bin als sonst, will ich die Arbeit durchziehen. Auf dem Weg zu unseren Interviews warten wir in endlos erscheinenden Staus und dichten Smogwolken. Ich kenne Staus von anderen Orten auf der Welt, aber nicht so extrem wie in der Hauptstadt Bangladeschs: für eine Strecke, für die wir normalerweise fünfzehn Minuten brauchen, benötigen wir das Dreifache der Zeit. Ich habe mir Dhaka immer schon als einen Moloch vorgestellt. Doch dass es so schlimm ist, hätte ich wirklich nicht gedacht: laut, dreckig und anstrengend. David sagt, dass sich der Zustand der Stadt seit seinem letzten Besuch definitiv verschlechtert habe. Die Abgase sind so intensiv, dass wir uns beide eine Atemmaske besorgen wollen. Shamim zeigt uns, wo wir sie bekommen. Wir fragen ihn bei der Gelegenheit nach der Folsäure. David sagt, dass ich sie brauche, weil ich Vegetarierin sei. Shamim lächelt nur und überredet uns hin und wieder dazu, bei seiner Familie zu essen. Immer wieder gibt es scharfe Speisen, was mir alles andere als guttut. Aber wir wollen nicht unhöflich sein.

Für unsere Recherche reisen wir in die Sundarbans, die größten Mangrovenwälder der Welt. Sie und ihre Bewohner*innen sind vom Bau eines Kohlekraftwerks bedroht. Gerade als wir mit Betroffenen vor Ort sprechen wollen, bleibe ich im Schlamm stecken. Ich kralle mich an eine Wurzel, die aus dem Boden ragt, und meine Kräfte verlassen mich. Es sieht für die anderen wahrscheinlich so aus, als wäre ich nur ausgerutscht, aber ich habe keine Energie mehr. Ich spüre, dass dies nicht allein an der Schwangerschaft liegen kann. David hilft mir auf, stützt mich, und ich beiße die Zähne zusammen, damit wir das Treffen mit den Menschen hier nicht absagen müssen.

Es ist anstrengend zu stehen; wenn es möglich ist, setze ich mich. Meine Kleidung ist inzwischen von grauem Schlamm bedeckt, aber das stört mich nicht, ich habe andere Sorgen. Ich bin kraftlos, alles dreht sich, meine Magenkrämpfe werden schlimmer, steigern sich ins Unerträgliche.

Mir ist klar, dass ich die Reise abbrechen, mir schnell Hilfe suchen muss. Hier gibt es kein gutes Krankenhaus. Ich muss zurück nach Dhaka. Die beste Option ist der Zug, auch wenn das bedeutet, mindestens sieben Stunden dicht gedrängt zwischen Hunderten Menschen zu sitzen. Allein von der Vorstellung werde ich schon fast ohnmächtig.

Zum Glück bekommt David für mich ein Ticket im Schlafwagen und ich bin froh, als ich dort liege. Für sich selbst kann er leider keins ergattern und sitzt in einem normalen Waggon mit allen anderen. Er kommt immer wieder zu mir, um nach mir zu sehen, will die anderen Gäste in meinem Abteil aber auch nicht stören. Nach ein paar Stunden fragt er mich, ob er sich kurz zu mir legen kann. Er sei auch erschöpft. Kein Wunder, denn er hat unser Gepäck getragen und alles organisiert, weil ich zu schwach bin. Obwohl fast kein Platz mehr ist – das Bett im Zug ist fünfzig Zentimeter breit –, will ich ihm die Bitte natürlich nicht ausschlagen. Er klettert zu mir auf die Liege, und wir kauern uns zusammen. Bewegen ist nun nicht mehr möglich, aber das will und kann ich ohnehin nicht mehr. Ich spare all meine Kraft für den Weg vom Bahnhof zum Krankenhaus in Dhaka.

Dort werden David viele Fragen gestellt: Wo genau ich Schmerzen habe? Ob ich Allergien hätte? Er übernimmt das

Antworten für mich, das kennen wir ja schon aus Indien. Vor lauter Kraftlosigkeit habe ich ohnehin seit Stunden nichts mehr gesagt. Unmittelbar bevor sie mir ein Schmerzmittel verabreichen wollen, erklärt David, dass ich womöglich schwanger sei, wonach bislang noch niemand gefragt hat.

In einem Rollstuhl werde ich auf die Etage gebracht, wo sich die Gynäkologie befindet. Bereits nach kurzer Wartezeit werde ich reingerufen. Nicht nur damit habe ich Glück, auch mit der Ärztin. Sie ist sehr sanft, macht einen Ultraschall und fragt mich dann: »Wissen Sie, was dieses Geräusch ist?«

»Nein«, antworte ich.

»Das ist der Herzschlag Ihres Kindes«, sagt sie lächelnd.

Ich zittere und breche in Tränen aus.

»Wo ist denn der Vater?«, fragt sie weiter.

»Draußen«, stottere ich immer noch unter Tränen, »ich wusste nicht, dass er mit reinkommen darf.«

»Aber klar, ich hole ihn.«

David kommt herein und sieht mich entsetzt an, weil ich nach wie vor so stark weine und kein Wort rausbringe.

»Ist alles okay? Was hat sie denn?«, fragt er.

Die Ärztin fragt auch David nach dem Geräusch. Er hat genau wie ich keine Ahnung. Seine Reaktion ist ähnlich.

Nun wissen wir, dass wir ein Kind bekommen, und liegen uns weinend in den Armen. Was wir aber immer noch nicht wissen, ist, warum es mir so schlecht geht. Allein an der Schwangerschaft kann es nicht liegen. Die Gynäkologin gibt mir ein verträgliches Schmerzmittel und schickt uns mit den besten Wünschen in eine andere Etage des Krankenhauses. Im Wartebereich sinnieren David und ich darüber, wie wir mit der Neuigkeit umgehen wollen. Ein Kind – so konkret und real war es noch nie.

Dann steht die nächste Untersuchung an. Das Ergebnis: schwere Gastritis. Ähnlich wie in Indien. Aber ich fühle, dass ich noch etwas anderes habe. Mir kommt es so vor, als ob es hier keine differenzierten Diagnosen gäbe, und ich nehme an, dass ich die erst in Deutschland bekommen werde. Zunächst kann ich nichts anderes tun, als im Krankenhaus zu bleiben und mich auch nach der Entlassung weiter zu schonen.

Wir überlegen, ob wir unsere Eltern und Freund*innen über die Schwangerschaft informieren sollen. Aber wir wollen sie nicht beunruhigen. Zumal wir annehmen, dass sie uns bitten würden, nach Deutschland zurückzukehren. Das ist auch für uns eine Überlegung, aber wir wollen unsere Arbeit zu Ende bringen. Die Tage vor der Abreise bleiben wir in einem Hotel in Dhaka. Shamim und seine Familie haben dafür zum Glück Verständnis.

Als ich wieder einigermaßen bei Kräften bin, fliegen wir zurück nach Indien. Erst für ein paar Interviews nach Kalkutta, dann zurück nach Neu-Delhi, wo wir bei unserer Ankunft vor vier Monaten bereits Amila treffen wollten. Seitdem hat sich für mich viel verändert. Vor allem dadurch, dass ich nun selbst ein Kind bekomme, hat das Treffen mit Amila, die schon in jungen Jahren aufgrund mehrfacher Vergewaltigung Mutter wurde, eine andere Bedeutung bekommen.

Aber auch in anderer Hinsicht bin ich viel sensibler. Die Geruchsempfindlichkeit macht mir besonders zu schaffen. Kein Wunder: In Indien riecht es intensiv nach einem Mix aus Curry, Zigarettenrauch, verbranntem Müll, Abgasen, Urin und Räucherstäbchen. Ich muss mich ständig übergeben. Und jedes Mal weiß ich nicht, ob es an der Schwangerschaft oder an der Magenentzündung liegt. Etwas zu essen zu finden, das ich vertrage, ist nicht leicht. Meine Kraft lässt immer mehr nach.

Der Lärm und die Hektik in der indischen Hauptstadt geben mir den Rest. Für mich heißt es nur noch: durchhalten. Ich zähle die Tage bis zum Abflug und freue mich schon sehr auf die Rückkehr nach Deutschland. So sehr wie noch nie zuvor.

Trotzdem bündele ich meine restliche Energie, um Amila noch einmal zu treffen. David ist sehr skeptisch. Aber ich sage: »Ich bin nicht so viele Kilometer gereist, um jetzt meine vorerst letzte Chance zu vertun, sie zu sehen.«

Also machen wir uns noch einmal auf den Weg. Meine Aufregung steigt mit jedem Kilometer, den wir uns dem Treffpunkt nähern. Einer einfachen Busstation. Wir fahren hinein, ich entdecke Amila schon durchs Fenster und freue mich sehr. Auch sie erkennt uns sofort und läuft auf uns zu. Sie hat eine ihrer zwei Töchter dabei. Die erste Frage, die mir durch den Kopf schießt: »Hat der Vater nun auch die Töchter vergewaltigt?« Das war beim letzten Mal, als ich beide gesehen hatte, Amilas größte Angst.

»Mir geht es viel besser, weil mein Mann erkrankt und dadurch deutlich passiver ist«, erzählt Amila.

Das beruhigt mich. Ich zeige ihr das Buch, und sie sieht es sich an. Aber da sie weder lesen noch schreiben gelernt hat, kann sie nicht viel damit anfangen. Sie ist viel entzückter von unseren anderen Geschenken. Die Auswahl war uns sehr schwergefallen, denn sie durften nicht zu viel kosten, weil das zu auffällig wäre und ihr Ärger einbringen könnte. Am Ende haben wir uns für das Nützlichste entschieden: Kleidung und Lebensmittel.

»Wann kommt ihr wieder?«, fragt Amila beim Abschied.

»Ich weiß es nicht«, antworte ich.

Auf der Busfahrt zurück geht mir vieles durch den Kopf. Ich hätte mir gewünscht, Amila mehr helfen zu können durch meine Arbeit. Wieder wird mir klar, wo der Journalismus an seine Grenzen stößt und dass ich für keine gemeinnützige Organisation arbeite. Amila versteht das nicht. Weil wir mehr Geld haben als sie, denkt sie, es wäre für uns möglich, sie regelmäßig zu besuchen. Aber ich kann natürlich nicht ständig nach Indien fliegen, um sie zu sehen. Immerhin beruhigt es mich zu wissen, wie stark sie ist. Ich erinnere mich an eine Unterhaltung mit ihr, die aus einem Pippi-Langstrumpf-Buch der schwedischen Schriftstellerin Astrid Lindgren stammen könnte. Als Pippis Freunde Annika und Tommy ihr sagen: »Der Sturm wird stärker«, antwortet sie nur: »Das macht nichts, ich auch.« Ähnlich hat es Amila für sich selbst und ihr Leben formuliert.

Ich schaue durch die Fensterscheiben des Busses und sehe Kinder im Dreck spielen oder betteln. Abermals wird mir bewusst, dass in Indien viele Kinder sehr anders aufwachsen als in Deutschland oder andernorts. Es gibt hier viele Sachen nicht, die in den wohlhabenden Ländern selbstverständlich sind. Kinderprodukte wie Kinderwagen, Babytrage, Hochstühle, Schnuller und Windeln werden nur von der Ober- und Mittelschicht genutzt, erzählen mir indische Freund*innen. Normalerweise werden Kinder mit Stoffwindeln gewickelt, zur Not wird improvisiert, und die Windeln werden selbst gemacht. So wie auch andere Pflegeprodukte wie zum Beispiel Cremes aus Sandelholz.

»Getragen werden Babys in der Regel auf dem Arm oder in einem Schal«, erzählen mir indische Eltern. »Auch Betten werden üblicherweise später angeschafft, weil die Kinder häufig bis zum Schulalter im Elternbett schlafen.«

Stillen ist stark verbreitet, meist, bis das Kind ein Jahr alt ist. Dabei soll die Brust nicht gezeigt werden, sie wird daher mit einem *Sari* oder einer *Dupatta* verdeckt, also den typisch indischen Kleidungsstücken.

Für viele Kindersachen wird die ökonomischste Option gewählt, was häufig auch die ökologischste ist, weil nicht extra etwas angeschafft werden muss. Vieles in Indien wird mehrfach wiederverwertet. Das führt dazu, dass der Subkontinent im Vergleich zu Europa oder den USA einen deutlich besseren ökologischen Fußabdruck hat. Und das, obwohl das Thema Nachhaltigkeit dort nur für sehr wenige eine Rolle spielt.

Sich in Gruppen zu treffen, um über Kinderthemen zu sprechen, ist eher die Ausnahme, und Hebammen sind selten; Unterstützung bekommen Mütter von der Familie und von Tagesmüttern, Hausangestellten oder durch externe Optionen der Kinderbetreuung. Auch das natürlich nur, wenn sie es sich leisten können.

»Die Landbevölkerung hat oft nicht einmal das Geld, um ihre Kinder im Krankenhaus zu gebären«, so Madhulika, eine indische Bekannte. »Deshalb ist eine Hausgeburt in Indien meist ein Zeichen von Armut.« Manchen Familien geht es so schlecht, dass die Mütter unmittelbar nach der Geburt wieder arbeiten müssen. Und ihre Kinder auch, sobald sie irgendwie in der Lage dazu sind.

Mutterschutz besteht in der Regel nur wenige Tage vor dem Entbindungstermin. Auf dem Land sind es nur wenige Stunden. Der Zeitraum wird wie die Elternzeit vom Arbeitgeber festgelegt. Letztere ist in der Regel unbezahlt und beträgt maximal neun Monate. Für Väter noch deutlich weniger. Sie hören traditionellerweise nicht auf zu arbeiten für die Kinder.

»Gewöhnlich machen Väter Hausaufgaben oder spielen kurz mit den Kindern, für alles andere ist meistens die Mutter zuständig«, erklärt mir Madhulika. »Das geht sogar so weit, dass Väter auf einigen Spielplätzen verboten sind.«

»In Indien soll der Vater abwesend, die Mutter immer präsent sein. Aber wir versuchen, diese Tradition zu ändern«, sagt Amitesh, ein indischer Bekannter. »Das ist aber gar nicht so leicht. Denn es gibt fast alle Informationen nur für Mütter – die Männer stehen außen vor. Ein Austausch ist meist nur innerhalb der Familie möglich und für diejenigen, die Zugang zum Internet haben.«

»Das Netz wird von der Ober- und Mittelschicht«, so Madhulika, die dieser selbst angehört, »häufig auch dafür genutzt, um zu zeigen, wie toll die eigenen Kinder sind.«

»Die ungebildete Bevölkerung in Indien hingegen macht sich im schlimmsten Fall gar keine Gedanken um ihre Kinder«, ergänzt Madhulika, die ihre Tochter adoptiert hat, »was auch daran liegt, dass sie häufig als finanzielle Belastung gesehen werden.«

Aufklärung wird in Indien viel zu wenig betrieben, wodurch viele Fragen tabu bleiben. Fragen, die auch ich mir derzeit stelle: Warum bin ich schwanger? Weil ich meine Gene weitergeben will? Nein. Aus biologischem Trieb? Ich glaube nicht. Aus Langeweile? Sicher nicht. Um Anerkennung zu erhalten, zum Beispiel indem ich in den sozialen Medien mit meinem Kind angebe? Auch ein klares Nein. Davon will ich mein Kind unbedingt fernhalten. Weil ich mir von meinem Kind eine bedingungslose Liebe erhoffe, die ich anders nicht bekommen kann? Nein, das setzt jedes Kind im Vorfeld schon unter wahnsinnigen Druck. Weil ich durch die Verantwortung neue Perspektiven bekomme? Ja, das finde ich interessant, aber es ist definitiv nicht meine Motivation, um Mutter zu werden. Als Ausrede, um mich nicht auf mich konzentrieren zu müssen? Nein, die Selbstreflexion ist mir zu wichtig, darauf möchte ich nicht verzichten.

Wieso denn dann? Warum bekomme ich ein Kind? Aus Liebe zu David? Oder weil ich die Schwangerschaft, wie vieles in meinem Leben, auf mich habe zukommen lassen?

Kann sein. Ich habe nicht die eine Antwort und glaube auch nicht, dass ich sie brauche. Trotzdem fühlt sich der Sprung ins kalte Wasser diesmal anders an als sonst. Intensiver und, um ehrlich zu sein, auch beängstigender – vielleicht weil ein neues Leben entstehen wird.

BOHEI BERLIN

Deutschland · Italien · China

*»Freiheit bedeutet für mich: selbst über meine Zeit
bestimmen zu können.«*

Zurück in Deutschland bin ich mit einer anderen Lebens-
welt konfrontiert. Statt Armut geht es hier um Absicherung.
In der absolut übertriebenen Form. In vielerlei Hinsicht.
Als David und ich das erste Mal zu einem Infoabend in ein
Krankenhaus gehen, ist von vielem die Rede, was ich vorher
noch nie gehört habe: Elternzimmer, Saugglocke und PDA.
Hinzu kommt, dass die anderen Eltern von deutlich späteren
Entbindungsterminen sprechen als meinem. Also wage ich
nachzufragen, was denn mit denen sei, die vorher ein Kind
zur Welt bringen werden. Absolut entsetzt starren mich die
anderen werdenden Eltern an. Die Hebamme, die durch den
Abend führt, sagt: »Da sind Sie zu spät – für die sind alle
Plätze schon weg!«

»Schon weg?«, frage ich und schaue David an, der einen
ebenso erstaunten Gesichtsausdruck hat. Doch die Hebamme
nickt nur verständnislos und fährt fort.

Ich bin noch nicht einmal in der zwölften Schwangerschaftswoche und schon zu spät für einen Krankenhausplatz
für die Geburt meines Kindes?

Und nicht nur dafür. Auch um eine Hebamme müsse ich mich sofort kümmern, wird mir von vielen Eltern nahegelegt. Ich rufe bei über fünfzig Frauen an, aber ohne Erfolg.

Dabei habe ich nach unserer Rückkehr auch beruflich viel um die Ohren: Lesungen und Pressetermine für das neu erscheinende Buch LOSLASSEN. Das bringt viele Ortswechsel in kürzester Zeit mit sich. Zwar nur innerhalb Deutschlands, aber Übelkeit, Müdigkeit und Schmerzen sind stets mit dabei. Ich mache erst die Schwangerschaft dafür verantwortlich, doch als die Schmerzen immer stärker werden, kehrt mein Gefühl aus Bangladesch zurück, dass irgendetwas nicht stimmen kann. Ich spreche mit meiner Frauenärztin und meinem Hausarzt. Sie erklären, dass sie mir in den ersten drei Monaten der Schwangerschaft nur sehr wenige Medikamente verschreiben können, und empfehlen mir, ins Tropeninstitut zu gehen.

Ein paar Tage nach meinem Besuch dort klingelt mein Telefon, ein Arzt aus dem Tropeninstitut ist dran und sagt: »Sie haben einen Parasiten, kommen Sie sofort vorbei.« Vor Ort erklärt er mir dann, dass es sich um einen Darmparasiten handelt, der sich im Abstand von einigen Wochen vermehrt und dann ausgeschieden wird, bevor das gleiche Spiel wieder von vorn beginnt. Deswegen geht es mir auch mal besser, mal schlechter.

Eigentlich würde ich nun ein Medikament bekommen. Doch in Deutschland ist es erst im letzten Schwangerschaftsdrittel zugelassen. Für das Kind ist der Parasit zum Glück nicht bedrohlich, weil er die Zellmembran des Darms nicht verlässt, aber je schwächer ich bin, desto schlechter ist es auch für das ungeborene Kind. Gegen diese Schwäche anzuarbeiten ist nicht leicht.

Weil zwei Lebewesen an mir nagen, werde ich immer schmaler. Als ich meinen Freund*innen und meiner Familie erzähle, dass ich schwanger bin, sind sie überrascht. Nicht nur, weil sie es mir überhaupt nicht ansehen, sondern auch, weil sie damit nicht gerechnet haben. Sie sagen die Sätze, die ich in nächster Zeit noch oft hören werde: »Bei deinen vielen Reisen hätten wir das nicht erwartet.« Oder: »Du bist doch so freiheitsliebend und so rastlos.« Aber sie freuen sich auch alle sehr.

»Ach, deswegen hast du keinen Alkohol getrunken«, merken manche an. Als ich ihnen erkläre, dass nicht allein die Schwangerschaft, sondern auch der Parasit ein Grund dafür ist, sind sie besorgt. Ähnlich wie andere Schwangere, denen ich begegne. Sobald ich den Parasiten erwähne, gehen mir viele der werdenden Mütter aus dem Weg.

Das ist natürlich alles andere als schön für mich, zumal es mir ohnehin nicht gut geht. Da die Beschwerden eher schlimmer als besser werden, mache ich erneut einige Tests beim Tropeninstitut. Das Ergebnis: Ich habe einen weiteren Parasiten. Diesmal einen lebensbedrohlichen. Nicht nur für mich, auch für das Kind. Die Amöbenruhr. Die Ruhr, heute bekannt als Dysenterie, ist eine Entzündung des Dickdarms, die auf der Reise fälschlicherweise als Gastritis diagnostiziert wurde. Das Gefährliche an den Amöben ist wohl, dass sie die Zellmembran verlassen und andere Organe befallen können, was für das Kind und mich gefährlich werden kann. Weil ich das Antibiotikum, das ich normalerweise bekommen würde, aufgrund der Schwangerschaft nicht nehmen darf, ist unklar, wie es weitergehen wird. Ich fühle mich wie eine tickende Zeitbombe. Mir geht es immer wieder nicht gut, aber ich versuche, mich zusammenzureißen. Wochenlang.

Nach einem Fernsehauftritt in Hamburg bin ich mit meinen Kräften am Ende. Ich bin in der dreiundzwanzigsten Schwangerschaftswoche, also schon über die Hälfte hinaus, und mein Kind ist so groß wie eine kleine Melone.

Unter Tränen rufe ich David an: »Ich kann nicht mehr.«

»Dann nimm doch endlich das Medikament«, sagt er.

Die Wochen vorher hat er mich schon leiden sehen. Er meinte immer wieder: »Dir muss es auch gut gehen.« Aber ich habe mich gequält, weil ich solche Angst hatte, dass dem Kind etwas passieren könnte, wenn ich das Medikament früher einnehme als vorgesehen. Es gibt so gut wie keine Studien zur Wirkung des Antibiotikums während der Schwangerschaft, weshalb die Ärzt*innen mich als Forschungsobjekt betrachten.

Für mich ist es aber ein noch nie da gewesener Konflikt: Handle ich für mich oder für das Kind? Im Zweifel für das Kind, lautet meine eindeutige Antwort. Doch jetzt sagt mir mein Körper ganz klar, dass ich auch an mich denken muss. Das akute Problem: In Hamburg bekomme ich das Medikament nicht. Einer Schwangeren darf es nur nach mehrere Tage andauernden Tests verabreicht werden. Ich muss also so schnell wie möglich zurück nach Berlin.

Direkt vom Bahnhof schleppe ich mich völlig erschöpft zum Tropeninstitut. Dort lege ich mich auf die Sitzbänke im Wartebereich, weil ich absolut keine Energie mehr habe, aufrecht zu sitzen. Eine Aushilfskraft kommt vorbei und meckert mich in der Berliner Mundart an: »Wat isn ditt hier, kannste nich sitzen, oda wat?«

Dann endlich kommt der Arzt, den ich von meinen bisherigen Besuchen schon gut kenne. Er weiß genau, warum ich hier bin, und gibt mir ein Rezept, das ich dankend annehme.

Es werde mir in den kommenden Tagen schnell besser gehen, wenn das Medikament anschlägt, sagt er. Ich kann mir das überhaupt nicht vorstellen, krieche raus zum Taxi und fahre zu David. Er besorgt das Antibiotikum und kocht für mich. Ich nehme die Medikamente und schlafe einige Tage fast ununterbrochen. Das Antibiotikum schlägt tatsächlich sofort an, von Tag zu Tag bessert sich mein Zustand, sodass wir es wagen, wieder an unsere ursprünglichen Pläne zu denken: unsere letzte gemeinsame Reise zu zweit, bevor das Baby kommt. Wir wollen nach Sizilien und sind zunächst zurückhaltend mit der Planung, aber der Gedanke an die Reise beflügelt mein Wohlbefinden zusätzlich, ich spreche mit dem Tropenarzt darüber. Er findet, dass nichts dagegenspricht. Ich kann es kaum fassen, denn vor einer Woche wäre ein solches Unternehmen noch unvorstellbar gewesen: Wir fliegen nach Catania.

~

Der Flug und der Weg in unser Hostel sind noch anstrengend für mich. Aber als wir am Tag darauf ausgeschlafen in der Sonne frühstücken, geht es mir so gut wie lange nicht mehr. Ich fühle mich, als ob ich mein Leben zurückbekäme. Die Übelkeit verschwindet genau wie meine Schmerzen, und ich komme wieder zu Kräften im Verlauf der Reise. Die Sonne und das italienische Eis tragen zusätzlich zu den Medikamenten sicherlich zu meiner Genesung bei. Außerdem zeichnet sich der Babybauch immer stärker ab, den vor allem Ältere mit *Bambina* (Mädchen) kommentieren, weswegen wir unserer Tochter diesen Spitznamen geben, bevor sie auf die Welt kommt. Wir beobachten, dass die Kinder in Italien häufig bis spätabends mit unterwegs sind, das gefällt David und mir.

»So bekommen sie unsere Kultur mit«, sagt Vincenzo, ein italienischer Freund. Er und seine Freundin wollen auch ein Kind bekommen, sind aber unsicher, ob ihre Heimat dafür der beste Ort ist.

»Wieso? Mir scheinen die Menschen hier sehr kinderfreundlich«, sage ich.

»Das stimmt«, sagt Vincenzo, »aber leider sind weder das Bildungs- noch das Gesundheitssystem besonders gut. Und auch die Kinderbetreuung nicht.«

»Dass es so schlimm ist, war mir gar nicht bewusst«, sagt David erstaunt.

»In Nordeuropa ist das alles viel besser, weswegen wir überlegen, dort hinzuziehen. Beruflich sind meine Freundin und ich ja zum Glück so flexibel wie ihr«, sagt Vincenzo.

»Bei uns kommen immer mehr Kinder per Kaiserschnitt auf die Welt«, erzählt Vincenzos Freundin Claudia. »Im Norden seltener als im Süden, vor allem in den privaten Kliniken.«

»Ja, wer etwas auf sich hält, leistet sich zunehmend eine operative Geburt«, sagt Vincenzo.

Das überrascht David und mich, und ich überlege, ob die hohen Kosten für einen Kaiserschnitt ein Grund dafür sind, weswegen viele Italienerinnen nur noch ein Kind bekommen. Mit 1,6 Kindern pro Frau liegen sie unter dem europäischen Durchschnitt. Da ich mir aber unsicher bin, antworte ich nur: »Über die Geburt habe ich mir bislang noch keine Gedanken gemacht.«

»Du hattest mit den Parasiten ja auch andere Sorgen«, sagt Vincenzo verständnisvoll.

Das stimmt zwar, aber ich glaube, es liegt eher daran, dass ich mich zuvor mit dem Thema Elternschaft und allem, was dazugehört, nicht wirklich auseinandergesetzt habe. Ganz allgemein beschäftige ich mich kaum mit Dingen, die so weit in der Zukunft liegen. Mein Gefühl sagt mir, dass sich das mit einem Kind vielleicht gar nicht allzu sehr ändern muss. Als ich mit David darüber spreche, stellt sich heraus, dass er das sehr ähnlich sieht, was mich beruhigt. Wir sind Menschen, die im Moment leben und sich kaum Zukunftssorgen machen.

Zurück in Deutschland wird mir wieder einmal bewusst, dass wir mit dieser Herangehensweise eher die Ausnahme sind. Insbesondere beim Thema Kinder gibt es anscheinend unzählige Fragen zu beantworten: Kinderwagen oder Tragetuch? Windeln oder nicht? Wenn ja, welche? An Antworten mangelt es nicht. Ganz im Gegenteil: Von überall hagelt es Ratschläge. Gewollt und auch ungewollt. Online und offline. Vor allem gibt es viele extreme Lager. Die einen meinen, dass Babys getragen werden müssen, weil der Kinderwagen einer Folter gleichkomme. Andere vertreten die These, dass Babywippen zu Hüftschäden führen würden, und wieder andere, dass Brei alles andere als gut sei.

Nach einem kurzen Anflug der Überforderung setzt bei mir Unverständnis ein. Darüber, dass in Berlin und generell in Deutschland so viel Bohei ums Kinderkriegen gemacht wird. Über einen Kinderwagen wird beratschlagt, als ob es um den Kauf eines Luxusautos ginge, und auch die entsprechenden Preise werden gezahlt. Ich bin überwältigt vom Konsumrausch rund um Babysachen. Das wirkt alles so unverhältnismäßig auf mich – insbesondere angesichts der anderen Familien, die ich rund um den Globus kennengelernt habe.

Ich bin froh, dass ich über die Jahre gelernt habe, mich nicht so stark von meinen Ängsten bestimmen zu lassen. Ganz anders als viele Eltern, die sich aufgrund ihrer Sorgen das Geld aus der Tasche ziehen lassen. Sie fallen auf die Argumentation der Verkäufer*innen rein: Sie wollen sicherlich nur das Beste für ihr Kind. Und das Beste hat dann natürlich seinen Preis.

An diesem Kreislauf möchte ich mich nicht beteiligen. Also überlege ich genau, was ein Kind wirklich braucht und was nicht – und auch, was geliehen oder nur temporär genutzt werden kann. Das Einzige, was wir neu kaufen, ist ein Babyphone. Einen Kinderwagen kaufen wir gebraucht.

Alles andere bekommen wir geschenkt oder geliehen: von Stilltops, Spucktüchern über Babyklamotten und Babywippe bis hin zu einem Beistellbett mit Bettzeug, einer Babyschale, einer Babywanne und einer selbst gebauten Wickelauflage, die David auf eine alte Kommode montiert.

Allerdings mache ich etwas, das ich seit sieben Jahren nicht mehr getan habe: Ich unterschreibe einen Mietvertrag. Für die Wohnung von einem befreundeten Paar von mir, das nun wieder in Portugal lebt: Liv und Filipe. David freut sich über die gemeinsame Bleibe, auch weil er sich nicht von seinem Kiez trennen muss. Er hat einige Jahre zuvor nur ein paar Straßen entfernt gelebt. Für mich ist es ein komisches Gefühl. Brauche ich einen Mietvertrag? Ich fühle mich seltsam beengt, weil ich nun wieder an einen Ort gebunden sein werde. Dabei bin ich ja auf eine andere Weise noch wesentlich gebundener, nämlich an den neuen kleinen Menschen, der in mir heranwächst.

Und ich weiß noch nicht einmal, ob es Bambina gut geht, nachdem ich die Medikamente eingenommen habe. Wir vereinbaren deswegen einen Termin bei der Feindiagnostik, den wir sonst nicht ausgemacht hätten. Ich finde es nicht gut, dass der Optimierungswahn der Gesellschaft inzwischen so weit geht, dass in die Natur eingegriffen wird. Insbesondere nicht, wenn dafür invasive Methoden angewendet werden. Auch bei nicht invasiven Untersuchungen lässt sich ein Herzfehler oder das Downsyndrom feststellen, indem Organe und Körperteile vermessen werden. Dafür bewegt die Ärztin ein Ultraschallgerät über meinen Bauch, schaut konzentriert und tippt immer wieder etwas in ihren Computer. Fast eine halbe Stunde dauert die Untersuchung, und weil die Ärztin gar nicht mit uns redet, werde ich unruhig. Obwohl für uns schon vor der Diagnose klar ist, dass wir lediglich dann eingreifen, wenn das Kind nicht lebensfähig ist. Aber definitiv nicht im Fall einer Behinderung. Dann schaltet die Ärztin das Gerät ab und sagt: »Ich kann keine genetischen Defekte feststellen.«

Beruhigt atme ich auf. Gleichzeitig überlege ich, was heute alles als genetischer Defekt gilt und was die Gesellschaft von morgen als solchen erachten wird. Schon eine deformierte Hand? Einen leichten Sprachfehler? Ich bin froh, als David meinen Gedankenfluss unterbricht, indem er sagt: »Schön, dass ihr gesund seid.«

~

Mein Leben geht weiter. Genau wie meine Lesungen und die Pressetermine, zu denen ich quer durch die Republik fahre. Der Bauch wächst und wächst, und Bambinas Körperteile zeichnen sich deutlich darunter ab: Mal spüre ich eine Hand, mal einen Fuß oder einen Ellenbogen. Als Bambina etwa so

46

groß ist wie eine Wassermelone, fahre ich noch Fahrrad und gehe im See baden, denn es ist ein schöner Sommer in Berlin.

Die Jahreszeit neigt sich langsam dem Ende zu, und Bambina macht immer noch keine Anstalten, das Licht der Welt zu erblicken. Alle zwei Tage muss ich in die Charité, wo ich entbinden will. Den Ort der Geburt konnte ich nur sehr bedingt auswählen. Bei meiner Historie war ein Krankenhaus ein Muss, und viele waren schon ausgebucht oder nicht ausreichend spezialisiert für eine Patientin wie mich.

Der Entbindungstermin ist seit mehr als einer Woche überschritten, da wache ich nachts auf, weil das Bett feucht und rosa ist. Ich wecke David und sage: »Ich glaube, die Fruchtblase ist geplatzt.«

»Bist du dir sicher?«, fragt er noch ganz verschlafen.

»Keine Ahnung«, sage ich, ganz ähnlich wie nach dem Schwangerschaftstest, »aber eine Flüssigkeit mit der Farbe habe ich noch nie im Bett gesehen.«

Nervös springt er auf, bucht über eine Carsharing-App ein Auto und zieht sich an. Gemeinsam laufen wir zum Wagen. Da es mitten in der Nacht ist, sind die Straßen leer und wir in wenigen Minuten in der Charité. Dort ist aber viel los: alle Kreißsäle belegt. Kein Wunder, es ist der Monat mit den meisten Geburten im Jahr: September. Ein Paar, das wenige Sekunden nach uns kommt, wird in ein anderes Krankenhaus geschickt, weil die Kapazitäten der Charité ausgelastet sind. Bei mir werden die Wehen immer häufiger und schmerzvoller. Ich komme in einen Vorbereitungsraum, dann ziemlich schnell in einen Kreißsaal mit Blick auf den Reichstag. Nach über zehn Stunden ist mein Muttermund zwar schon weiter geöffnet, aber es kann noch sehr lange dauern. Die Ärzt*innen fragen mich, bevor sie in ihre Mittagspause gehen,

ob ich eine örtliche Betäubung haben will: eine Peridural-
anästhesie (PDA), um die Schmerzübertragung der Rücken-
marksnerven zu unterbrechen. Ich erinnere mich noch gut
an die Worte meiner Hebamme, dass es nicht schlimm sei,
sich für die PDA zu entscheiden – nur solle ich es nicht zu
spät unter der Geburt tun, damit ich etwas davon hätte. Auch
meine Freundinnen aus Frankreich, wo etwa siebzig Prozent
aller Geburten mit PDA verlaufen, haben mir gut zugespro-
chen: »Wir müssen die Schmerzen nicht aushalten.«

Vor der Betäubung klären mich die Ärzt*innen über die
möglichen Nebenwirkungen auf, wie bei jeder Anästhesie.
Mir wird mulmig, aber ich bin dankbar für die Spritze, da die
Schmerzen nun nachlassen. Ich kann mich etwas ausruhen
und tanze danach sogar, was die Geburt erleichtern soll. Das
sei der Ursprung des Bauchtanzes, erklärt mir die Hebamme –
es ist inzwischen die dritte, die bei mir ist. Sie ist erst gestern
aus Bangladesch wiedergekommen und erzählt, dass sie die
Frauen dort gern unterstützt, weil es in Bangladesch so gut
wie keine Hebammen gibt.

Weitere zehn Stunden und noch eine Hebamme später
kann David den Kopf von Bambina schon sehen und fühlen.
Aber aus irgendeinem Grund geht es nicht weiter. Dann verlassen auf einmal alle den Saal und erklären, dass es gleich so
weit sein werde und sie uns noch ein paar Minuten für uns
zu zweit geben wollen. David freut sich. Ich hingegen habe
das Gefühl, dass irgendetwas nicht stimmt.

Dem ist auch so. Als die Hebamme mit dem Oberarzt
zurückkommt, erklärt er uns, dass unser Kind wohl eine
Sternenguckerin ist. Bedeutet, dass sie nicht nach unten, sondern nach oben schaut und dadurch nicht, wie es normal gewesen wäre, mit dem Kopf Schwung holen kann, um mich

auf ihrem Weg nach draußen zu unterstützen. Wir brauchen eine andere Hilfe: Saugglocke, Zange oder Kaiserschnitt. In der Reihenfolge können wir es probieren. Ich denke nur, dass ich nach über zwanzig Stunden nun keinen Kaiserschnitt will. Da ich sehr gut presse, sind alle bereit, es mit der Saugglocke zu versuchen.

Um ein Gegengewicht zu schaffen und damit ich mich noch besser am Stuhl festhalten kann, werden weitere Griffe daran befestigt. Zudem muss ich auf einmal anders atmen.

Das bringt mich so aus der Ruhe, dass ich am ganzen Körper zittere. Ich denke immer nur: »Ich habe schon so viel gekämpft, nun schaffe ich das auch.« Außerdem denke ich an Amila, was sie alles schon gemeistert hat. Das hat mir auch in der schwierigen Zeit mit den Parasiten geholfen. Ihr Leid hat mein eigenes immer wieder relativiert. Und so geht es auch jetzt. Wenige Minuten und viele Schreie später ist Davids und meine Tochter da: Yva. Sofort trinkt sie an meiner Brust. Ich zittere immer noch am ganzen Körper, weine aber vor Freude. Sie ist gesund.

Nach zwei Tagen im Krankenhaus können wir nach Hause. Als ich Yva in der Babyschale dort absetze, lächelt sie das erste Mal, und ich weine wieder vor Glück.

Lange habe ich nicht mehr so pure Emotionen gespürt. Wahrscheinlich hat Yva mich angesteckt. Denn so rein, wie sie ist, sind auch ihre Emotionen: diese absolute Freude von ihr. Ihre bedingungslose Liebe. Ihr einzigartiger Geruch. Darauf will ich nicht mehr verzichten. Nun weiß ich eine gute Antwort auf die Frage, warum ich ein Kind bekommen wollte: deswegen. Es sind diese besonderen Momente mit Yva, von denen ich zwar vorher nichts geahnt oder gewusst habe, aber zu denen mich meine Intuition geleitet hat. Ich denke, dass die intensivsten Veränderungen genau jene sind, die ungeplant kommen. Die wir selbst nicht oder nur bedingt beeinflussen können. Es ist gut, wenn wir für diese Gefühle offen sind und ihnen vertrauen.

So schön allerdings solche Veränderungen sind, so schwer können die damit einhergehenden Herausforderungen sein. So ist es auch mit Yva. Ich gebe ihr in den ersten Wochen all meine Kraft, Zeit, Geduld und Liebe. Und vor allem: Milch. Denn ich stille, und das klappt gut. Aber Yva ist durstig, und deshalb wird das Stillen zu einer bestimmenden Aktivität in dieser Zeit. Das alles bedeutet, dass ich mich zurücknehmen und auf einige meiner eigenen Bedürfnisse verzichten muss: Unabhängigkeit, Reisen und Mobilität. Selbst banale Dinge, wie in Ruhe duschen, auf Toilette gehen oder essen, müssen sorgfältig organisiert werden.

Das ist eine neue Erfahrung für mich. Zum Glück habe ich mich bereits während der langen Krankheitsphase und Schwangerschaft zurücknehmen und einschränken müssen – quasi als Übung für die erste Zeit nach der Geburt. Zudem weiß ich, dass diese Phase nicht für immer dauern wird und auch meine Bedürfnisse bald wieder eine Rolle spielen. Und so ist es auch.

Nach einem guten Monat bin ich viel mit Yva unterwegs. Ich gehe nicht nur mit ihr spazieren, zum Einkaufen, sondern auch zu Fotoausstellungen und ins Kino. Zum Babykonzert, zum Schwimmen, auf einen Laternenumzug. Immer nach dem Prinzip: Alles kann, nichts muss. Im Hinterkopf habe ich, dass Yva eine Unternehmung vielleicht einmal nicht gefällt, und ich bin darauf vorbereitet, schnell wieder zu gehen.

In den meisten Fällen klappt's. Yva scheint neugierig und offen zu sein und gern Neues zu entdecken. Zudem ist sie gern unter Menschen und hat keinerlei Probleme damit, sich auszuklinken und zu schlafen, egal, was um sie herum passiert. Normalerweise bin ich mit der U-Bahn oder dem Bus unterwegs, auch wenn es an den Stationen keinen Aufzug gibt. Dann bitte ich einfach jemanden um Hilfe. Meist gibt es keine Probleme.

Auch Sport sollte nach dem Rückbildungskurs nicht zu kurz kommen. Ich jogge mit Yva im Kinderwagen, während sie die Blätter der Bäume bestaunt, und mache Kurse für sie, für mich oder uns beide. Wie Hot-Mama aka Bikram-Yoga für junge Mütter. Da Winter ist und Yva selten die Gelegenheit hat, nackt zu sein, bietet sich hier die ideale Möglichkeit. Der Raum wird für die Yoga-Session auf über vierzig Grad erhitzt, sodass ich bei den Übungen stark ins Schwitzen komme und Yva sich nackt bewegen kann. Sie kann sich gut mit sich und auch mit anderen beschäftigen. Sie schreit wenig und lächelt viel. Zum Jahreswechsel, Yva ist gerade vier Monate alt, reisen wir das erste Mal nach Frankfurt zu meinen Eltern, weil mein Vater seinen sechzigsten Geburtstag dort feiert.

~

Für einige deutsche Eltern scheint es ungewöhnlich, dass ich Yva zu allem mitnehme. Das hat wahrscheinlich viel mit dem Sicherheitsverständnis der Deutschen zu tun. Einer Umfrage des Frauenmagazins *Brigitte* zufolge ist sechzig Prozent der Eltern die Sicherheit des Kindes wichtiger als ihr eigener Freiraum oder der des Nachwuchses. Das führt im Zweifel zu Helikoptereltern, die sich permanent nah bei ihren Kindern aufhalten, um sie zu behüten. Ein anderer Begriff dafür lautet: *attachment parenting*. Das Ziel eines solchen Ansatzes ist die starke Bindung zum Kind; leider wachsen so jedoch auch viel mehr unselbstständige oder gar narzisstische Menschen heran. Hinzu kommt, dass die Eltern Schaden nehmen, wenn sie sich selbst aufgeben, weshalb Pädagog*innen stark davon abraten. Dennoch gelten Eltern in Deutschland, die ihren Kindern nicht bei jedem Schrei zur Seite stehen, häufig als Rabeneltern – und das will kaum jemand sein.

Wer definiert eigentlich, was richtig ist und was falsch? Warum beschäftigt uns das? Weil der Druck der Gesellschaft so groß ist? Weil uns wichtiger ist, was andere sagen, nicht das, was wir selbst für unser Kind als gut erachten? Weil wir alles so machen wollen wie die anderen? Wer sind die anderen denn überhaupt? Unser soziales Umfeld, unsere Familie? Warum nehmen wir uns nicht diese Freiheit, von der auch Pippi-Autorin Astrid Lindgren spricht: »Freiheit bedeutet, dass man nicht alles so machen muss wie andere Menschen.«

Und das versuche ich. Umso mehr schockieren mich die dogmatischen Ansichten, die ich wieder und wieder zu hören bekomme – wie an einem Abend, als ich Yva zum Geburtstag eines Freundes in ein Restaurant im Prenzlauer Berg mitbringe. Ich werde angefeindet, was das Kind denn dort zu tun habe und warum es überhaupt noch wach sei. Dabei hat Yva ganz offensichtlich Spaß an unserem Ausflug. Ein paar Tage später dreht sich an der Supermarktkasse eine ältere Dame zu mir um und fragt, ob mir bewusst sei, dass ich mein Kind quäle, weil ich es in eine Babytrage gesteckt habe. Obwohl Yva gern darin getragen wird, weil sie alles beobachten kann. Kurz darauf der Kommentar einer Passantin zu der Flasche, die ich in der Hand halte: »Mit Bier und Baby rumlaufen«, sie verdreht die Augen, »ich hoffe sehr, dass es alkoholfrei ist.«

Ich bin erstaunt über diese Grenzüberschreitungen und Pauschalurteile. Doch kann ich gut damit umgehen, weil ich weiß, dass die Konzepte von Elternschaft weltweit variieren und es ganz offensichtlich kein universelles Richtig oder Falsch gibt. Dabei kommen mir die Schlitzhosen in den Kopf, die Kinder traditionell in China und vielen anderen Teilen Asiens anstelle von Windeln tragen. Die *Kai Dang Ku*, was »offener Schritt Hose« bedeutet, haben eine große Öffnung im Windelbereich, damit die Kinder ihr Geschäft verrichten können, ohne die Hose dabei auszuziehen.

Mir sind die Hosen erstmals in China aufgefallen, wo ich David kennengelernt habe. Damals habe ich beobachtet, wie Eltern ihre Kinder auf einmal ins Gebüsch, in eine Ecke oder über den Mülleimer in einem Einkaufszentrum hielten, damit sich die Kleinen mit gespreizten Beinen erleichtern konnten. Mein allererster Gedanke dabei war – wohl sehr deutsch –, dass ihnen zu kalt werden und sie sich eine Nierenentzündung holen könnten. Dem ist aber nicht so. Die Hosen sind in China seit Langem üblich und werden erst langsam von Wegwerfwindeln abgelöst, obwohl diese sehr teuer sind. Das bedauert nicht nur die ältere Generation in China, sondern auch Umweltschützer*innen.

Interessant ist, dass die Schlitzhosen dafür andernorts, zum Beispiel in Europa, eine Renaissance erleben. Für alle, die sich mit dem Thema Windelfreiheit auseinandersetzen, sind sie eine Option. Da die klassischen Schlitzhosen nicht geeignet sind für alle Lebensbedingungen, wurden sie angepasst. Heute gibt es neue Modelle: beispielsweise welche, die im Schritt überlappen, um den Intimbereich der Kinder vor Blicken Fremder zu schützen.

Dezenter verhält man sich in China dafür beim Stillen. Das wird zwar allgemein befürwortet, aber im öffentlichen Raum meist nur mit verdeckter Brust getan, weswegen es in einigen Shoppingcentern auch extra Stillräume gibt.

Dort oder im Internet werden in der Regel Kinderartikel gekauft. Eher neu als gebraucht. Das Netz dient allerdings nicht nur zum Einkauf, sondern spielt bei Kinderthemen auch sonst eine entscheidende Rolle. Es ist die erste Adresse, um sich mit anderen auszutauschen, sei es in Foren oder in Social-Media-Gruppen, die Verabredungen im realen Leben meist vorgezogen werden. Die finden in der Regel mit der Familie statt. Insbesondere die Großeltern sind unabdingbar, da sie die Familien unterstützen und sogar mit auf Reisen kommen. Deswegen wird den Großeltern auch meist zugestanden, dass sie den Kindern schenken, was sie wollen. Freund*innen hingegen fragen, was wirklich gebraucht wird. Dazu gehören in China neben Kleidung und Pflegeprodukten vor allem Babytrage und Kinderwagen. Obwohl viele der Gehwege und Transportmittel nicht dafür ausgelegt sind. Doch davon lassen sich die Menschen in China nicht bremsen. Sie nutzen alle möglichen Verkehrsmittel: vom Fahrrad über Roller und Auto bis hin zum öffentlichen Nahverkehr.

Kinder werden sogar so abenteuerlich transportiert, dass wir ernsthaft um ihre Sicherheit bangen könnten – und zwar in einem anderen Sinne als in Deutschland, wo schon moniert wird, wenn Mütter mit einer Babytrage Fahrrad fahren oder Kinder keinen Helm tragen. In China kommt es nicht selten vor, dass das Baby beim Rollerfahren ohne Befestigung einfach so auf den Arm oder Schoß genommen wird. Manchmal wird es sogar ohne weitere Sicherung oben auf die Ware gesetzt, die auf Rad, Roller oder Auto geladen ist. Das habe ich in Peking schon erlebt. Einmal habe ich sogar mitbekommen, wie ein Kind mitten auf einer sehr stark befahrenen Straßenkreuzung runtergefallen ist. Verständlicherweise fing es an zu schreien. Doch der Vater sammelte das Kind absolut gelassen wieder ein und setzte es zurück auf seinen Roller.

In Restaurants und im öffentlichen Raum sind Kinder in China durchaus willkommen, trotzdem ist die Gesellschaft nicht wirklich gut für sie eingerichtet. Es gibt nur sehr wenige Spielplätze, und die sind in der Regel nicht zentral gelegen und häufig teuer. Kostenfreie gibt es nicht. Auch hinsichtlich Ausbildung und Gesundheitsvorsorge sieht es in China nicht gut aus für Kinder. Beides ist entweder schlecht, nicht vorhanden oder zu teuer.

»Frauen sollten sich gut überlegen, ob sie in China ein Kind bekommen«, erzählt mir die dreißigjährige Wan Ting, die ich in Peking dazu befrage. Die Ein-Kind-Politik habe die Denkweise verändert: Wenn ein Mädchen als einziges Kind geboren wird, muss es – anders als bei Söhnen – beide Geschlechterrollen bedienen.

»Die Aufgabe der chinesischen Frau: Karriere machen, um ihren Eltern eine gute Altersvorsorge zu bieten, und nach Möglichkeit sehr früh – am besten unter dreißig – heiraten und ein Kind bekommen«, erzählt Wan Ting. Sonst werden sie als *Sheng Nu* bezeichnet, was »Übriggebliebene« bedeutet. Das führt dazu, dass zahlreiche Chinesinnen bei der Männerwahl mehr auf den Kontostand des Zukünftigen achten, als auf ihr Herz zu hören. Es gibt dafür sogar ein Sprichwort: »Was nützt die Liebe, wenn sie weder deine Miete zahlt noch deine Kinder ernährt.«

Frauen, die keinen Mann mit Geld finden oder wollen, meistern den Spagat zwischen Berufs- und Privatleben. So wie Yan Yuhong aus Peking, die sagt: »Es ist ein Dilemma, denn für einen guten Job müssen die Frauen Zeit investieren. Gleichzeitig sollen wir für das Kind die Hauptbezugsperson sein.«

Bedeutet auch, dass Frauen in China erst eine Woche vor dem Geburtstermin aufhören zu arbeiten. Nach der Geburt können sie drei Monate zu Hause bleiben und bekommen auch Unterstützung von einer Nachsorgehebamme, der *Yuseao*. Sie hilft bei der Pflege des Neugeborenen, kocht und kümmert sich um den Haushalt. Sobald die Mütter arbeiten gehen, kümmert sich die Familie, in der Regel die Großeltern oder eine *Ayi* (Haushaltskraft), um die Kinder, bis sie mit drei Jahren in den Kindergarten kommen.

»Ich würde viel lieber mehr Zeit mit meiner eigenen Tochter verbringen«, sagt Wan Ting, »aber um die Karriere nicht zu gefährden und aufgrund des gesellschaftlichen Drucks muss ich arbeiten.«

So geht es den meisten Chinesinnen. Sie kehren so schnell wie möglich nach der Geburt wieder zur Arbeit zurück. Häufig wählen sie die Option, für sechs Monate in Teilzeit zu arbeiten, statt drei Monate ganz zu Hause zu bleiben.

Nur wenige Länder werden so stark vom Leistungsdruck dominiert wie China. Es ist aber nicht das einzige Land, in dem Frauen neben der Arbeit für ihren Nachwuchs sorgen müssen, was dazu führt, dass sehr viele Frauen überall auf der Welt in ständiger Zerrissenheit leben.

Auch ich bekomme diesen Zustand früher zu spüren als gedacht. Als Yva vier Monate alt ist, fragt mich eine Organisation, ob ich eine Konferenz für Journalist*innen mit organisieren möchte. An sich wollte ich noch mehr Zeit nur mit Yva verbringen, weshalb ich mich mit David beratschlage.

»Ist doch eine super Chance«, sagt er.

»Ja, ein guter Wiedereinstieg«, überlege ich, »aber ich weiß gar nicht, wie es ist, mit Kind zu arbeiten.«

»Das wirst du früher oder später ohnehin tun«, sagt David.

Wenn ich mich für die Konferenz entscheide, wohl eher früher. Aber wie soll ich das mit dem Stillen machen? Wie oft werde ich Yva noch sehen, und wie viel muss ich arbeiten?

Diese Fragen lassen sich schnell klären: Ich kann flexibel und großteils von zu Hause aus arbeiten, um Yva zu stillen, und die Stundenzahl dann allmählich erhöhen. Bleiben immer noch meine persönlichen Fragen: Wenn ich jetzt schon wieder anfange zu arbeiten, bin ich dann eine Rabenmutter? Braucht Yva mich nicht? Wie leicht oder schwer fällt es mir, Yva nach dieser intensiven Zeit loszulassen? Vielleicht tut es mir sogar gut, den Fokus zu verändern, wieder mehr an mich zu denken – oder ist es dafür noch zu früh?

Es ist eine Frage, die mich noch lange begleiten wird: Wie schaffe ich eine gute Balance zwischen Yvas und meinen Bedürfnissen?

Ich beginne, die Vorteile für Yva und David zu sehen. Für ihr Verhältnis wäre es eine Chance, wenn ich mich etwas herausnehme. Sie könnten viel Zeit miteinander verbringen. Das haben sie glücklicherweise auch jetzt schon getan, weil David sich viel Zeit freischaufelt, um sie mit uns zu teilen. Aber sobald ich arbeiten würde, wäre das eine deutlich intensivere Zeit für die beiden.

Ich entscheide mich, die Chance zu ergreifen und den Job anzunehmen. Ich weiß, dass es Yva nicht schaden wird und ich keine Rabenmutter bin.

Dass ich mich das überhaupt gefragt habe, zeigt wohl eindeutig meine deutsche Sozialisation. In anderen Ländern und Sprachen existiert der Begriff Rabenmutter nicht. Aber es gibt vergleichbare Begriffe, beispielsweise die Pelikanmütter. Laut der französischen Philosophin Elisabeth Badinter, die sich mit verschiedenen Mutterrollen ausgiebig befasst hat, handelt es sich hierbei um Mütter, die glauben, dass sie ihren Kindern volle Hingabe schuldig sind. Der Begriff basiert auf einer Legende aus der Antike, nach der Pelikanmütter ihre Jungen mit Blut füttern, um sie am Leben zu erhalten. Die frühchristliche Naturlehre nahm die Geschichte als Allegorie zum Opfertod Jesu Christi auf: Die Pelikanmütter öffnen mit ihrem Schnabel die eigene Brust, um tote Jungen mit ihrem so gewonnenen Blut wieder zum Leben zu erwecken.

Pelikanmütter ähneln also den Helikoptereltern, die das *attachment parenting* betreiben und sich selbst aufgeben. Aber das kann nicht die Lösung sein. Zumindest für mich nicht. Ich möchte weder Helikopter- noch Pelikanmutter sein. Auch wenn das bedeutet, dass viele Deutsche mich dann als Rabenmutter sehen – und das obwohl Deutschland alles andere als das kinderfreundlichste Land der Welt ist.

Mir ist es wichtig, andere Vorstellungen nicht einfach zu verurteilen oder zu verdrängen, ohne sich damit beschäftigt zu haben. So versuche ich in Situationen, die mich irritieren, Ruhe zu bewahren, die Perspektive zu wechseln und andere Standpunkte zu verstehen. Ich glaube, das gelingt nur, wenn wir genügend Informationen über fremde Sicht- und Denkweisen haben. Am Ende wäge ich ab, und nicht selten verstehe ich zwar die Logik der anderen, teile aber die Haltung nicht. Das ist ein frustrierender Augenblick, insbesondere wenn es sich um homophobe, diskriminierende Einstellungen handelt. Inzwischen weiß ich aber, dass es nichts hilft, sich in die eigene Ablehnung hineinzusteigern. Wir können nur versuchen, an anderer Stelle aktiv positiv etwas zu verändern.

WIE FRÜHER, NUR ANDERS

Portugal · Deutschland · Frankreich

»Freiheit bedeutet für mich: leicht zu bleiben und nicht
tausend Babytaschen dabeizuhaben.«

Bevor ich wieder anfange zu arbeiten, wollen wir mit Yva –
sie ist knapp ein halbes Jahr alt – noch das machen, was
David und ich so gern tun: reisen. Ins Ausland. Nach Portugal.

Den ersten Unterschied zu unseren vorherigen Reisen
bemerken wir im Flieger, als die Stewardess mir einen Kin-
dergurt für Yva in die Hand drückt und mich fragt, ob wir
wissen, wie er funktioniert. Ich verneine, folge ihren Anwei-
sungen und schnalle Yva auf meinem Schoß fest. Einen
Extrasitz hat sie nicht, wir müssen für sie aber auch nichts
zahlen. Ich lasse den Gurt etwas lockerer, während wir auf
das Rollfeld fahren und abheben, damit ich Yva stillen kann.
Das soll gut für den Druckausgleich sein, habe ich gehört.
Klingt logisch für mich, da es auch vielen Erwachsenen hilft,
bei Start und Landung zu schlucken oder zu gähnen.

Yva schläft – wie meistens – beim Stillen ein. Wir haben
die Flugzeit so gewählt, dass sie ihren Mittagsschlaf machen
kann. Unser Plan geht auf. Yva scheint das Fliegen absolut
nichts auszumachen. Sie schreit nicht und wacht erst nach
knapp zwei Stunden wieder auf. Da haben wir unser Ziel

schon fast erreicht. Lediglich in den restlichen Flugminu-
ten spielt David mit ihr, und erst beim Landeanflug wird sie
ungeduldig, sodass ich sie wieder stille.

Sobald die Anschnallzeichen erloschen sind, springen die
meisten Fluggäste auf und krümmen ihre Wirbelsäulen in
den engen Gängen des Fliegers. Wir bleiben entspannt sitzen
und warten, bis der Trubel vorbei ist. Das haben wir immer
schon so gemacht, aber mit Yva ergibt es noch mehr Sinn. Sie
beäugt derweil die vorbeidrängelnden Passagiere. Als fast alle
den Flieger verlassen haben, schnalle ich Yva vor meine Brust
in die Trage. Wir laufen gemeinsam zum Gepäckband, und sie
beobachtet das Treiben um uns herum. Ich sehe schon meinen Rucksackrollkoffer, und David geht weiter zur Ausgabe
vom Sperrgepäck, um den Kinderwagen abzuholen. Mehr
haben wir nicht dabei.

Mit der Metro fahren wir ins Stadtzentrum von Lissabon
zu der Adresse von Liv und Filipe, dem befreundeten Paar,
in dessen alter Wohnung in Berlin wir nun wohnen. In Lissabon überlassen sie uns sogar ihr Schlafzimmer, damit wir
mit Yva nicht im Hochbett schlafen müssen, das für Gäste
vorgesehen ist. Das freut uns sehr, viel mehr aber noch das
Wiedersehen!

Yva wird gut von Liv und Filipes sechsjähriger Tochter
versorgt, die sie in ihren kleinen Holzwagen setzt und durch
die Wohnung schiebt. Auch wenn sie Yva ein bisschen wie
eine Puppe behandelt, ihr macht das nichts aus. Ich muss an
meine erste Begegnung mit Liv und Filipe denken, als ihre
Tochter noch jünger war als Yva jetzt. Damals hatte ich sie in
Filipes Heimat, im Süden Portugals, in der Nähe von Faro
bei einer Recherche kennengelernt. Es ging um bewussten
Konsum, die beiden sind nachhaltige Designer. Danach habe

ich sie in Berlin wiedergetroffen, wo sie einige Jahre gewohnt und gearbeitet haben. Liv ist Deutsche.

Nach dem Abendessen bringen wir beide Mädchen ins Bett und sitzen noch lang zusammen. Für alle gibt es Rotwein und Porto, außer für mich. Eineinhalb Jahre habe ich nun schon auf Alkohol verzichtet, und es fällt mir bislang nicht so schwer, nur in Momenten wie diesem ist es etwas ungewohnt. Doch da Yva nachts hin und wieder aufwacht und durch das Stillen am schnellsten wieder einschläft, verzichte ich nach wie vor auf Alkohol.

Allerdings habe ich auch schon erlebt, dass Schwangere und Stillende anders mit Alkohol umgehen. Im Süden Europas treffe ich immer wieder auf Schwangere, die auf ihren Wein nicht verzichten wollen, dafür aber panisch und gründlich das Gemüse, das sie essen wollen, mit Backpulver abspülen. Doch bei allem, was ich bis dato weiß, ist der Verzicht auf Alkohol und Nikotin gerade in der Schwangerschaft und in den ersten Lebensmonaten des Babys sehr wichtig. Ich nehme das also ernst – an dieser Stelle entscheide ich mich problemlos für Yvas Wohl und gegen meinen persönlichen Genuss.

Noch etwas ist anders mit Yva: Wir machen viel mehr kleine Pausen. Das tut mir sehr gut. So stoppen wir nun immer wieder, während wir durch die Gassen Lissabons schlendern – meist, um Yvas Windel zu wechseln oder damit ich sie stillen kann. Es macht uns nichts aus, das im Freien zu tun, was hier aber eher ungewöhnlich ist. Um die Bedürfnisse aller zu respektieren, achte ich darauf, beides nicht zu freizügig zu machen. Dabei erinnere ich mich an meine Recherche, als ich für ein paar Monate in Lissabon gelebt habe. Wie ich damals erfuhr, war es noch nicht lange her, dass sich vieles hinter verschlossenen Türen abspielte, die Portugies*innen sich in ihren Wohnungen verschanzten. Das war vermutlich ein Überbleibsel der von António de Oliveira Salazar errichteten Diktatur, die vor knapp fünfzig Jahren durch die Nelkenrevolution beendet wurde. Nach dem Ende dieser Zeit sehnten sich die meisten in Portugal nach einem Neuanfang. In Lissabon äußerte sich das auch darin, dass ein Großteil der traumhaften alten Häuser in der Innenstadt bis heute leer steht, weil viele Menschen nicht mehr darin wohnen wollten. Stattdessen entstanden am Stadtrand Satellitenviertel mit Neubauten. Mittlerweile kommt hinzu, dass die Mieten in den portugiesischen Städten enorm gestiegen sind. Aber das hat nichts damit zu tun, dass viele in Portugal mit dem Alten, der Diktatur Behafteten, nichts mehr zu tun haben wollen und ihr Motto lautet: Hauptsache neu.

Auch bei der Ausstattung für Kinder. Es gibt zwar ein paar Secondhandgeschäfte, aber dort kaufen Eltern nur, wenn sie Geld sparen wollen, und selten aus ökologischen Gründen. Viele Eltern in Portugal achten kaum auf Nachhaltigkeit. »Viel weniger als in Deutschland«, sagt Liv, »es ist überhaupt kein Vergleich.« Diese Erfahrung mache ich auch. Zum Beispiel beim Windelkauf. Da wir bislang den Wechsel zu Stoffwindeln noch nicht geschafft haben, sind wir nach wie vor auf Wegwerfwindeln angewiesen. Die werden in Portugal, wie andere Pflegeprodukte, in gewöhnlichen Supermärkten verkauft, denn Drogerien gibt es hier nicht. Doch die ökologische Variante, auf die ich Wert lege, leider nicht. Zum Glück erinnere ich mich an einen Biosupermarkt im Zentrum von Lissabon, davon gibt es in der portugiesischen Hauptstadt bis heute nur rund zehn. Und dort ergattere ich Öko-Wegwerfwindeln, die dreimal so viel kosten wie in Deutschland. Aber Windeln sind hier ohnehin teurer, auch die herkömmlichen kosten doppelt so viel wie in Deutschland.

Ich bin einverstanden damit, dass ich für die ökologische Variante mehr Geld ausgeben muss. Viele fragen immer nur, warum etwas so teuer ist, statt sich zu überlegen, wie manche Produkte so supergünstig sein können. Ich habe bei meinen Recherchen häufig die Schattenseiten der Konsumgesellschaft gesehen, weswegen ich stark darauf achte, was ich kaufe. Die Produkte, die unter fairen Bedingungen hergestellt werden, können zumeist ganz einfach nicht zu Billigpreisen angeboten werden. Es ist eine Frage der Prioritäten. Auch für mich ist das Geld, das ich für ökologische Produkte aufbringen muss, nicht einfach so da. Es macht einen Großteil meiner Ausgaben aus. Dafür kaufe ich insgesamt weniger und verzichte an anderen Stellen. Aber natürlich können sich selbst das nicht alle leisten, auch wenn sie wollen.

Ich bin dankbar dafür, dass es mir möglich ist, denn am nächsten Tag wollen wir in den Süden fahren, wo wir etwas abgeschottet wohnen und so leicht nicht an Windeln, geschweige denn Öko-Windeln herankommen werden.

Am Abend treffen wir noch meine alte Mitbewohnerin Ana und ihren Freund. Sie sind überrascht, dass wir Yva mitnehmen, freuen sich aber, sie kennenzulernen.

»In Portugal sind die Kinder das Zentrum der Familie, aber sie haben sich zu benehmen«, erklärt Ana.

»Bei kleinen Kindern ist schwer vorherzusehen, wie sie sich verhalten werden, weshalb viele Eltern in Portugal sie erst zu ihren Verabredungen mitnehmen, wenn sie schon älter sind«, sagt Anas Freund. Trotzanfälle, Schreien und Weinen haben im öffentlichen Raum nichts verloren, und dafür gibt es auch kein Verständnis.

»Stattdessen gibt es hohe Erwartungen an Kinder«, sagt Ana, »es wird großer Wert darauf gelegt, wann sie ihr erstes Wort sagen, den ersten Schritt machen oder ab wann sie allein schlafen.« Ähnlich wie in vielen Ländern sind auch in Portugal die Geschlechtervorstellungen noch sehr konservativ: Für Mädchen und Jungen sind nur bestimmte Spielsachen, Kleidung oder Pflegeprodukte vorgesehen. Und das ist auch bei Erwachsenen so: Rasierer für Frauen sind häufig rosa oder lila und für Männer blau oder grün.

Zum Glück gibt es weltweit immer mehr Menschen, die versuchen, diese Stereotype zu vermeiden. Zum Beispiel sind die Windeln, die ich sonst in Berlin kaufe, unisex und sowohl farblich als auch gestalterisch viel neutraler.

Eine andere Sache, die mir in Portugal schon früher aufgefallen ist, bewahrheitet sich ebenfalls: Eltern, die ihre Kinder mit dem Bus, der Bahn oder dem Fahrrad zur Kita oder in die Schule bringen, sind die absolute Ausnahme. Meist werden sie mit dem Auto von A nach B kutschiert. Gerade wenn es sich um Babys handelt, sind Elterntaxis die Regel.

»Die meisten, die den öffentlichen Nahverkehr genutzt haben, geben dies nach der Geburt sofort auf«, sagt Ana. Die Begründung: weil es zu umständlich und nicht babyfreundlich sei. Diese Argumentation kenne ich aus anderen Städten und kann sogar nachvollziehen, dass die öffentlichen Verkehrsmittel mit Kind unbequemer sind. Aber das ist für mich kein Grund, mich in meiner Mobilität einschränken zu lassen. Im Gegenteil, es kommt sogar ein positiver Aspekt dazu. Denn ohne jede Hemmung quatsche ich Leute an, um sie um Hilfe zu bitten. Das führt hin und wieder zu schönen Gesprächen im automatisierten Alltag, in dem sich viele sonst mit ihren Geräten aus der Umgebung outzonen.

Portugal ist damit keine Ausnahme. Es gibt viele Länder, in denen Eltern sich extra für das Kind ein Auto anschaffen. Umso erstaunter sind viele, als sie erfahren, dass wir nun mit dem Zug in den Süden Portugals reisen und uns vor Ort kein Auto mieten wollen. Doch da wir selbst kein Auto haben, ist Yva lange Autofahrten nicht gewohnt. Im Zug kann jeder von uns sich mit ihr beschäftigen und auch mal eine Pause machen. Vor Ort mag es etwas unkomfortabler sein, aber das sollte uns nicht daran hindern, auf das Auto zu verzichten.

~

Von Livs und Filipes Wohnung aus nehmen wir die Metro zur nur wenige Stopps entfernten Station Entrecampos. Der Weg dorthin ist unproblematisch. Wir warten mit Kinderwagen und Koffer am Gleis. Kurz nach der Abfahrt fahren wir mit dem Zug über die Brücke des 25. Aprils, die 1966 fertiggestellt wurde und nach der Nelkenrevolution ihren heutigen Namen erhielt. Sie ist eines der Wahrzeichen der portugiesischen Hauptstadt und schon von Weitem gut zu erkennen. Mit ihrer Länge von über zweitausend Metern handelt es sich um die drittlängste Hängebrücke mit Eisenbahn- und Straßenverkehr weltweit. Ihr roter Anstrich und die fachwerkartigen Träger erinnern an die Golden Gate Bridge in San Francisco. Für mich ist es jedes Mal etwas Besonderes, auf dieser Brücke den Tejo zu überqueren. Auch Yva schaut neugierig durch die Fensterscheiben des Zuges.

Auf der anderen Seite angekommen, geht es durch die Region Alentejo. Wir fahren durch Weizenfelder, sehen in der Ferne Weinberge, Oliven- und Korkbäume. Gegen Mittag stille ich Yva, wodurch sie friedlich einschläft und erst eine gute

Stunde, bevor wir in Faro ankommen, wieder aufwacht. Dort steigen wir in den Bummelzug und fahren weitere zehn Minuten östlich in Richtung der spanischen Grenze bis Olhão.

In der kleinen Stadt an der Algarve angekommen, laufen wir zur Markthalle, die direkt am Atlantik liegt. Wir freuen uns alle über die frische Luft und setzen uns vor eine der kleinen Bars, trinken *Garoto* (Espresso mit einem Schuss warmer Milch) und essen Johannisbrotbaum-Gebäck, typisch für die Region. Die Sonne glitzert auf dem Meer, und wir sehen kleine, festgebundene Boote, in denen Menschen sich auf die dahinter gelegenen kleinen Inseln bringen lassen. Ein Hauch von Salz legt sich leicht auf unsere Lippen, und die Möwen kreischen. Ich bin überglücklich, diesen Moment nicht nur mit David, sondern auch mit Yva teilen zu können.

Dann klingelt mein Handy, und Henrique, der Host des Hauses, das wir hier für unseren Aufenthalt angemietet haben, ist dran. Er wartet auf der anderen Seite der Markthalle. Wir essen noch in Ruhe auf, denn Hektik ist in Portugal und gerade an der Algarve nicht angebracht. Henrique ist in der Zwischenzeit bestimmt selbst kurz aus dem Auto gesprungen, um noch etwas zu erledigen. Genau so ist es: Als wir auf der anderen Seite der Markthalle ankommen, tritt er gerade aus einem Geschäft, setzt sich seine Sonnenbrille auf, zündet eine Zigarette an und läuft auf uns zu.

»*Ola, tudo bem?*«, begrüßt Henrique uns. Er gibt mir ein Küsschen rechts, eins links, während ich »*Si, obrigada*« sage, »Ja, alles bestens«, und Henrique mich umarmt.

»Hi«, sagt David, der kein Portugiesisch spricht.

Trotzdem bekommt er die obligatorischen *beijinhos* (Küsschen) und die *abraço* (Umarmung) von Henrique, der nun auf Englisch weiterspricht. Er ist ebenfalls überrascht, dass wir mit Yva ganz ohne Auto unterwegs sind, hat aber extra für uns eine Babyschale organisiert, um uns abzuholen. Da wir sonst hätten zu Fuß laufen müssen, sind wir sehr dankbar. Auch dafür, dass er mit seinem Auto noch einen Stopp beim Supermarkt einlegt, damit wir uns ausstatten können. Wir überlegen uns gut, was wir zu dritt für eine Woche brauchen, und kaufen entsprechend ein. Dann fahren wir zu unserer Bleibe, die früher Teil einer Farm gewesen ist. Die Fenster- und Türrahmen des kleinen weißen Hauses sind mit blauer Farbe umrandet, von der Dachterrasse sehen wir nicht nur das Meer und die Felder, sondern auch ein altes Aquädukt und die restlichen Ruinen der Farm. Innen sind überall Geckos an die Wand gemalt, nun wissen wir auch, warum unsere Bleibe als *Casa de Osga* (das Gecko-Haus) im Internet beworben wurde. Die Räume sind einfach ausgestattet: offene Küche mit Sofa und Tisch, ein Schlafzimmer und ein Bad. Aber uns reicht das. Für Yva brauchen wir nichts extra, denn sie nutzt einfach alles, was da ist. Wir schlafen gemeinsam im Bett, sie isst meist auf unserem Schoß und spielt auf einer Decke auf dem Boden.

Am nächsten Tag wollen wir die Umgebung erkunden und machen uns auf in Richtung Meer. Yva liegt im Kinderwagen mit Blick nach vorn, damit sie besser sehen kann, wo sie ist und was um sie herum passiert. Das gefällt ihr. Nach etwa einer halben Stunde versperren uns Bahngleise den Weg. Genau die, über die wir angereist sind. Für uns kein Hindernis, wir tragen Yva samt Kinderwagen über die Gleise. Dann geht es weiter über kleine Feldwege. In diesem Augenblick bin ich sehr froh, dass ich bei der Wahl des Kinderwagens großen Wert darauf gelegt habe, dass wir ihn im Gelände benutzen können.

Knapp eine Stunde später haben wir das Meer erreicht. Das Ufer ist gesäumt von Kakteen, Palmen und Sträuchern. Auf der großen Sandfläche dahinter stehen kleine Holzboote, die wie gestrandet aussehen, dahinter ankern weitere im Meer. Ich laufe mit Yva im Kinderwagen über den Strand, die frische Meeresbrise weht durch meine Haare, und die Sonne wärmt mich sanft. Es ist März, aber noch etwas kühl. Ich nehme Yva, die bislang in ihrem Lammfell eingekuschelt lag, heraus, damit sie ebenfalls die wunderschöne Umgebung betrachten kann. Auch weil sie sich manchmal langweilt, wenn sie zu lange im Kinderwagen ist. Heute entdeckt sie zum Glück ihre Zunge, streckt sie immer wieder raus, grinst und hat Spaß. Und als ich sie auf den Arm nehme und ein paar Meter trage, strahlt sie. Durch das Tragen und Laufen wird mir immer wärmer. Ein guter Moment, um Yva zu stillen. Dafür hocke ich mich auf einen kleinen Stein. Sie schläft friedlich ein, und ich lege sie wieder zurück in den Wagen, rücke ihre Mütze zurecht und schiebe sie, bis wir den nächstgrößeren Ort Fuseta erreichen, wo auch der Zug hält, der uns zurück nach Olhão bringt.

Vom Bahnhof bis zu unserem kleinen Haus sind es zu Fuß zwanzig Minuten. Wir genießen es, an der frischen Luft zu sein, sind aber auch froh, als wir im Haus ankommen und uns etwas ausruhen können. Dann spielen wir mit Yva, kochen und essen gemeinsam.

Immer wenn wir Lust haben, machen wir einen Ausflug: nach Olhão, um einzukaufen oder um von dort die anderen Orte, Tavira und Faro, zu besuchen. Ich kenne sie noch sehr gut von meinen vorherigen Aufenthalten und freue mich, Yva und David meine Lieblingsorte zu zeigen. Zudem habe ich noch einige Freund*innen in der Gegend, die wir besuchen.

Sie bestehen darauf, uns mit dem Auto abzuholen oder zum Gecko-Haus zurückzubringen, wenn wir schon nicht bei ihnen wohnen wollen. Die Gründe: Wir wollen niemandem zu lange zur Last fallen und ungestörte Zeit zu dritt verbringen.

»Es ist toll, dass ihr nicht aufhört zu reisen«, sagt Jorge, ein Freund von mir, der mit seinen Kindern auch unterwegs ist, aber erst seitdem sie älter sind.

»Das ist in Portugal so üblich«, sagt er, »was daran liegt, dass die Zeit, die den Eltern mit ihren Kindern zusteht, ohne arbeiten zu müssen, deutlich kürzer ist als in Deutschland.«

Vor dem Geburtstermin dürfen Mütter einen Monat zu Hause bleiben, nach der Geburt sind es bis zu vier Monate. Wenn sie noch länger bei ihrem Kind bleiben wollen, können sie um weitere dreißig Tage verlängern, bekommen aber nur achtzig Prozent ihres Lohns. Vätern stehen nach der Geburt insgesamt dreißig Tage Elternzeit zu.

»Ich finde es schade, dass unser Land Familien nur so kurz und so wenig unterstützt«, sagt Raquel, eine andere Freundin aus Portugal, »obwohl Familie doch eigentlich so großgeschrieben wird.«

Da die meisten Mütter direkt nach ihrer Elternzeit zur Arbeit zurückkehren müssen, stillen sie dann in der Regel auch ab. »Ihnen stehen zwar pro Tag zwei Stunden zu, um nach Hause zu gehen und ihre Kinder zu stillen«, so Raquel, »aber nur die allerwenigsten nehmen das in Anspruch.«

»Hat sich das Reisen jetzt mit Kind verändert, für euch?«, fragt mich Jorge.

Ich muss kurz überlegen und antworte dann: »Ja – es ist langsamer geworden.«

Mir gefällt das neue Tempo, die Pausen, die es vorher nie gegeben hat. Wenn ich mit Yva beschäftigt bin, erdet mich das: Das Singen zum Einschlafen hat etwas Meditatives. Das Stillen ist ein besonderer Moment, um zur Ruhe zu kommen, und wenn Yva eingeschlafen ist und ich sie atmen höre, schlafe auch ich hin und wieder mit ihr ein. Mittagsschlaf! Wie lange habe ich den nicht mehr gemacht. Selbst eine kurze Pause wäre vorher in meinem Leben undenkbar gewesen.

»Bestimmt habt ihr deutlich mehr Gepäck dabei, oder?«, erkundigt sich Jorge.

»Etwas«, sage ich, »es sind nur Kinderwagen, Windeln, Trage und Babyklamotten dazugekommen.«

Das liegt vielleicht auch daran, dass es mir von Anfang an wichtig ist, nur etwas anzuschaffen, wenn wir es wirklich brauchen. So wie ich es bei mir selbst mache, will ich auch mit Yva an meiner Lebensphilosophie, meinen Idealen festhalten. Auch David ist es wichtig, dass wir uns treu bleiben. So steht für uns außer Frage, dass wir weiterreisen wollen. Freiheit hat nach wie vor einen sehr großen Stellenwert in unserem Leben. Für jeden Einzelnen und für uns als Familie zu dritt.

Dafür ist es unabdingbar, über die Bedürfnisse aller nachzudenken. Zum Beispiel stelle ich mir die Frage, ob Yva denn überhaupt reisen will. Ist es gut für sie – mit einem halben Jahr? Oder schleppen wir sie einfach mit, nur weil wir reisen wollen? Eine Antwort auf diese Frage fällt schwer, weil Yva in diesem Alter noch nicht sprechen oder sich anders dazu äußern kann. Ihr ist noch nicht bewusst, was Reisen bedeutet. Für David und mich gehört es so selbstverständlich zu unserem Leben wie das Essen, und auch da können

Eltern sich nicht immer genau an den Wünschen ihrer Kinder orientieren, wenn diese noch so klein sind, dass sie sich nicht äußern können. Oder sie wollen es nicht, später im Supermarkt, wenn die Kinder vor dem Süßigkeitenregal stehen. Als Eltern entscheiden wir am Anfang viel – fast alles – für unsere Kinder. Meist aus Fürsorge. David und mir ist es wichtig, nicht über Yvas Kopf hinweg zu entscheiden und ihr Raum zu geben. Das ist nicht einfach, weshalb wir viel über dieses Thema nachdenken. Ich frage mich, wie andere Mütter und Väter damit umgehen, genau deshalb bin ich so dankbar für den Austausch mit Eltern aus anderen Ländern – er dient mir selbst als wichtige Inspiration.

Nicht nur in Portugal, auch in Frankreich machen Frauen eine deutlich kürzere Babypause als in Deutschland. Sie arbeiten bis sechs Wochen vor dem Geburtstermin und fangen spätestens wieder an, wenn das Kind sechs Monate alt ist. Die meisten französischen Mütter kehren noch früher, nach zehn Wochen, an den Arbeitsplatz zurück. Sie arbeiten im europäischen Vergleich am häufigsten wieder in Vollzeit nach der Geburt ihres ersten Kindes. Kinder in Frankreich werden deswegen, wie auch in Portugal, früher abgestillt.

»So lastet weniger Druck auf den Frauen«, erzählen mir zwei französische Mütter, die ich beim Geburtsvorbereitungskurs in Berlin kennengelernt habe und seitdem treffe. Unsere Töchter spielen inzwischen miteinander.

»Es ist für Französinnen nicht dramatisch, wenn sie nicht stillen«, sagt Gaëlle.

»Auch wenn es nicht klappt, ist es nicht so schlimm«, sagt Thaïs, die andere der beiden Frauen. »Sie brauchen keinen medizinischen Grund dafür, sondern können sich selbst frei entscheiden, dass sie nicht stillen möchten.«

»Fläschchen geben ist stark verbreitet«, sagt Gaëlle. »Frauen, die ein Kind im Krabbelalter stillen, werden komisch angesehen.«

»Es ist auch eine feministische Motivation, die mit der Selbstbestimmung über den eigenen Körper zu tun hat«, so Thaïs und fragt: »Wie lange willst du denn noch stillen?«

»Ich bin mir noch nicht sicher«, sage ich. Eigentlich will ich ein Jahr lang stillen. Weil ich keinerlei Beschwerden habe, es Yva guttut und mir auch. Die Nationale Stillkommission empfiehlt Müttern, bis zum Ende des ersten Lebensjahres zu stillen. Die WHO, die Weltgesundheitsorganisation, sogar bis zum Ende des zweiten Lebensjahres. Das scheint mir etwas zu lang.

~

Zurück in Berlin klappt das Arbeiten mit Stillen sehr gut. Zum Glück. Denn Yva verweigert partout jedes Fläschchen, egal ob mit abgepumpter Milch oder Pulvermilch. Nun verbringen David und Yva mehr Zeit miteinander und entwickeln eine sehr intensive Beziehung. Es freut mich, dass das schon so früh passiert. Bei vielen Kindern beobachte ich, wie fixiert sie auf ihre Mutter sind. Meist, weil sie die Hauptbezugsperson ist, häufig die einzige Bezugsperson, weil die Väter arbeiten und das Kind – wenn überhaupt – nur kurz nach dem Aufwachen und kurz vorm Schlafen sehen.

Sehr schade meiner Meinung nach, denn Väter in Deutschland können seit der Einführung des Elterngeldes 2007 viel mehr Zeit mit ihren Kindern verbringen. Machen viele aber nicht. Zwar ist der Anteil der Väter, die sich eine Auszeit für die Betreuung ihres Kindes nehmen, gestiegen, dennoch gehen nur vier von zehn Vätern in Elternzeit, wie eine Studie des Deutschen Instituts für Wirtschaft (DIW) gezeigt hat. Im Vergleich dazu bleiben nicht nur über neunzig Prozent der Mütter zu Hause, sondern tun dies auch deutlich länger als die Väter. In der Regel pausieren Väter nur für zwei Monate und gehen dann wieder arbeiten – zumeist aus Sorge, dass ihnen sonst ein beruflicher Nachteil entsteht.

Den haben allerdings auch Mütter. Von vielen höre ich, dass sie nach langer Babypause keine Projektverantwortung mehr bekommen, ihnen keine Jobs mehr angeboten werden und auch Auslandsaufenthalte nicht mehr möglich sind, weil sie zu lange aus dem Job gewesen und nun zeitlich unflexibel seien. Ich bin sehr froh darüber, dass es mir nicht so ergeht. Das liegt an meinen Auftraggeber*innen, aber bestimmt auch daran, dass David Yva deutlich früher und länger betreut als andere Väter.

»In Frankreich sind die Rollen zwischen den Eltern ganz anders verteilt«, erzählt mir Jean, Vater zweier Kinder aus Frankreich, der seit ein paar Jahren in Berlin lebt. Es herrsche nicht so ein Ungleichgewicht wie in Deutschland, wo Mutter und Baby quasi eins seien und Väter erst anfangen, eine Rolle zu spielen, wenn das Kind älter ist. In Frankreich fungieren Väter schon im Säuglingsalter als gesunder »Trennfaktor« von Mutter und Kind. Unabhängig davon, ob noch gestillt werde oder nicht, und obwohl französische Väter nur elf Tage nach der Geburt des Kindes zu Hause bleiben können.

»Der Vater wird in seiner Freizeit mehr eingebunden«, so Jean. »Er kann sich genauso um das Kind kümmern wie die Mutter, weil französische Kinder früher und auch länger, in der Regel von acht bis achtzehn Uhr, in die Kita gehen.«

So ist die Zeit, in der Mütter für die Betreuung der Kinder zuständig sind, viel kürzer.

Davon sind Thaïs und Gaëlle ebenfalls ausgegangen. Grundsätzlich ist es in Berlin möglich, Kinder fremdbetreuen zu lassen, auch für deutsche Verhältnisse recht früh, weil es dort Kitas gibt, die Kinder ab wenigen Monaten aufnehmen. Aber da seit 2018 Kitaplätze in Berlin, als erstes Bundesland, komplett kostenfrei sind, ist die Nachfrage enorm. Die Lage ist prekär. Auch Tagesmütter sind schwer zu bekommen. Nicht wenige Eltern lassen sich für eine Kita-Zusage auf unverhältnismäßige Forderungen ein, wie Voraus- oder Extrazahlungen und sehr aufwendige und individuelle Bewerbungen. Deshalb mache auch ich mich unmittelbar nach der Geburt von Yva auf die Suche nach einer Kita und fülle bei mehr als fünfzig Einrichtungen einen Interessent*innenbogen aus. Es hagelt Absagen. Zum Glück haben wir noch etwas Zeit, da wir Yva mit etwa einem Jahr in die Kita geben wollen. Unsere Elternzeit haben wir extra so gelegt: nur zwei Monate gleichzeitig, damit wir die vierzehn Monate, die uns zu zweit zustehen, in genau einem Jahr unterbringen können.

Deutsche Eltern, so meine französischen Freund*innen, seien grundsätzlich abenteuerlicher als die in ihrer Heimat. Sie geben ihren Kindern mehr Freiräume. Sie dürfen viel mehr. »Rumschreien, allein rumlaufen und dreckig werden«, so Gaëlle. »Die Erfindung der Matschhose ist sehr gut dafür, die gibt es in Frankreich nicht.« Doch nicht alles wird andernorts so gut aufgenommen.

»Tragetücher sind verpönt und gelten in Paris als Hippie-Kram, und Geburtshäuser gehören genau wie Secondhandsachen eher in die Esoterik-Ecke«, erklärt Gaëlle.

Es wird deutlich weniger Bohei um Kinder gemacht, scheint es. Schwangere werden von Frauenärzt*innen betreut. »Mit einer Hebamme kann man ab dem vierten Monat einen Termin vereinbaren«, so Thaïs, »um über die Entbindung und mögliche Ängste zu sprechen. Regelmäßige Treffen wie in Deutschland gibt es aber nicht.«

Kinder werden in der Regel in Krankenhäusern geboren, insgesamt gibt es in Frankreich nur zehn Geburtshäuser. So viele sind es allein in Berlin. Eine Nachsorge durch Hebammen findet nur auf Nachfrage und nur an einem Tag statt. Zudem schläft das Kind meist schon im ersten Monat im eigenen Bett, vorher im Beistellbett. Dass es bei den Eltern mit im Bett schläft, ist die absolute Ausnahme. Auch sonst gibt es nicht so viel Schnickschnack: kein Lammfell, keine Wärmelampe, keine Snacks. Gegessen wird zu den Mahlzeiten. Gespielt nur bei der Betreuung und nicht in Extragruppen. Auf die Toilette wird so früh wie möglich gegangen, Windeln sind schließlich teuer, auch in Frankreich.

»Kinder müssen besser funktionieren, weil sie eben nicht der Mittelpunkt der Welt sind in Frankreich – von ihnen wird mehr erwartet«, sagen alle französischen Eltern, mit denen ich spreche.

»Zum Beispiel, dass sie, egal in welchem Alter, immer alle begrüßen und verabschieden. Sie dürfen nicht schreien, wenn es absolut unangemessen ist, und sollen lernen, mit ihrer Frustration umzugehen«, so Jean.

»Für französische Eltern sind Regeln und ein geregelter Tagesablauf, le cadre, sehr wichtig«, erklärt Gaëlle.

»Das kann aber auch schnell zu weit gehen«, sagt Thaïs, »sodass die Erziehung zu streng wird und nicht mehr auf die Bedürfnisse der Kinder eingegangen wird.«

Insgesamt wirkt es so, als ob Elternschaft in Frankreich viel nüchterner verstanden wird, was seine Vor- und Nachteile hat. Hauptnachteile: weniger Optionen für die individuelle Entfaltung und Selbstständigkeit der Kinder. Hauptvorteile: mehr Raum für das Erwachsenenleben. Mir gefällt zudem, dass nicht wie in Deutschland aus allem rund um die Kinder so eine Wissenschaft gemacht wird.

Hierzulande spielen in letzter Zeit auch ökologische Gründe eine größere Rolle dabei. Beispielsweise beim Thema Windeln. Deutsche Eltern müssen zunächst entscheiden, ob ihre Kinder überhaupt welche tragen sollen oder nicht. Hier wird das sogenannte Windelfrei-Konzept immer beliebter. Dabei bekommen Babys keine Windeln um, sondern werden »abgehalten«, sobald sie erste Anzeichen machen, ein Geschäft verrichten zu müssen. Dazu werden sie allerdings permanent beobachtet. In meinem Umfeld gibt es einige Mütter, die das ausprobieren. Ich sehe sie dann immer wieder mit ihrem Kind verschwinden, meist auf die Toilette, wo sie das Kind über der Kloschüssel balancieren, weil es noch zu klein ist, um sich hinzusetzen. Selten mit Erfolg. Dass sie so viel Zeit auf der Toilette verbringen müssen, tut mir sowohl für die Kinder als auch für die Eltern leid. Dabei gibt es gute Gründe für dieses Konzept: sowohl gesundheitliche, etwa dass die Kinder keinen wunden Po bekommen, als auch ökologische: Allein in Deutschland landen täglich knapp achteinhalb Millionen Windeln im Hausmüll. Sie sind schwer brennbar und nicht kompostierbar. Eine Windel braucht außerdem dreihundert bis fünfhundert Jahre zum Verrotten. So viel Müll! Das bringt auch mich zum Nachdenken.

Aber so ganz ohne Windel, das kann ich mir auch nicht vorstellen und bin froh, dass es noch eine Option zwischen

Wegwerfwindel und windelfrei gibt: entweder traditionelle Stoffwindeln oder die sogenannten Hybridwindeln. Letzteres hat eine Freundin bei ihrem Kind ausprobiert und leiht mir ihr erstes Set. Anders als bei den Stoffwindeln muss ich nicht so viel waschen, weil die Stoffhülle der Hybridwindel in der Regel unbeschmutzt bleibt und ich nur die Windeleinlage waschen muss. Preislich ist es, abhängig davon, wie lange das Kind auf Windeln angewiesen ist, günstiger oder kostet genauso viel wie Wegwerfwindeln. Für uns ist es sogar preiswerter, weil wir das Set umsonst geliehen bekommen haben und nicht neu anschaffen müssen.

Als Yva noch ganz klein ist, kommen uns die Hybridwindeln aber zu groß vor – und deshalb vertagen wir dieses Vorhaben. Das führt leider dazu, dass sich Bequemlichkeit einschleicht. Anfangs haben wir zudem sogar noch Wegwerf-Wickelunterlagen, die wir schnell abschaffen, weil eine von ihnen fast doppelt so viel Müll verursacht wie eine Windel. Stattdessen steigen wir auf Stoff um, auch für das Säubern des Genitalbereichs. Mit Wasser und Waschlappen klappt das gut, und nur unterwegs benutzen wir noch Feuchttücher.

Jetzt, wo Yva aus dem Gröbsten raus ist, wünsche ich mir, dass sie endlich die Hybridwindeln trägt. Obwohl ich neben der Arbeit weniger Zeit habe, mich darum zu kümmern. David findet das Konzept auch löblich, aber am Ende zu unpraktisch, weil wir Yva viel häufiger wickeln müssen. Außerdem krabbelt Yva inzwischen schon, und wir haben den Eindruck, dass sie die Hybrid- oder Stoffwindeln dabei behindern. Obwohl die Freundinnen von mir, die ihren Kindern konsequent die Stoff- oder Hybridwindeln angezogen haben, das klar verneinen. Ich bewundere alle Eltern, die das mit ihren Kindern durchziehen.

Wer mich kennt, ist nun vielleicht überrascht, da ich an sich eine konsequente Person bin und kein Problem damit habe, mich neuen Herausforderungen zu stellen. Wieso schaffe ich es bei diesem Thema nicht, den sinnvollsten Weg zu gehen? Wieso tappe ich in die gleiche Falle wie die meisten? Warum bin ich so bequem und bemühe mich nicht ein wenig mehr?

Weil eben auch ich mich nicht immer gegen die Macht der Gewohnheit wehren kann. Weil ich mir eingestehen muss, dass auch ich nicht alles so mache, wie es wünschenswert ist. Weder in meinem eigenen Leben noch in dem von Yva. Niemand ist perfekt. Ich auch nicht. Ich bin immer wieder damit konfrontiert worden, wie ich Nachhaltigkeit proklamieren und gleichzeitig durch die Welt fliegen kann. Das war – bevor ich mein Verhalten geändert habe – eine der häufigsten an mich gerichteten Fragen. Und wie kann es sein, dass ich hin und wieder Produkte konsumiere, deren Ursprung ich nicht genau kenne? Der Grund ist, dass ich entspannt leben möchte. Für mich ist es bedeutsam, auf viele Dinge zu achten, weil mir unser Planet am Herzen liegt. Gleichzeitig ist es mir auch wichtig, nicht dogmatisch zu werden. Ich möchte das Leben genießen: so gut wie möglich mit so wenig Schaden wie möglich. Aber sich selbst zu kasteien, davon halte ich nichts. Achtsamkeit sollte für alle Bereiche gelten, auch der eigenen Person gegenüber.

In Bezug auf Yva ist mir das sehr wichtig. Ich werde möglichst keine Plastikspielzeuge für sie kaufen. Aber für mich ist es okay, wenn sie damit spielt oder welche geschenkt bekommt. Es wird sicher bald passieren, dass Yva etwas haben will, das ich nicht gut finde: Was mache ich dann?

Ich werde mit ihr sprechen und ihr viel erklären, damit sie ein Bewusstsein für diese Dinge entwickelt. Aber auch sie soll frei sein und so leben, wie sie selbst es möchte. Ich werde ihr möglichst nichts verbieten, was sie sich selbst aussucht. Ich hoffe sehr, dass sie durch unsere Gespräche lernt, was wichtig ist im Leben. Natürlich wird sie von David und mir beeinflusst, so wie alle Kinder von ihren Eltern. Das lässt sich gar nicht vermeiden. Gleichzeitig wollen wir ihr so viele Freiheiten wie möglich lassen, damit Yva sie selbst sein und für sich selbst entscheiden kann. Für manche mag das zu viel Individualismus sein. Für mein Verständnis nicht. Ich fände es schön, wenn Yva ein solidarischer und sozialer Mensch wird, aber zunächst einmal soll sie ihren eigenen Weg gehen, ihre eigenen Erfahrungen machen, so wie andere und ich das vor ihr getan haben. Nur so kann sie sich nachhaltig entwickeln und selbst lernen, wie sie sich verhalten möchte. Und ich bin gespannt, für welches Leben sie sich am Ende entscheiden wird.

~

Inzwischen sind vier Monate vergangen, in denen ich wieder arbeite, und in der Zeit ist vieles anders geworden. Je näher die Konferenz rückt, die ich organisiere, desto mehr gibt es zu tun, und desto weniger Kapazitäten habe ich für Yva. Das ist nicht so schlimm, weil David voll und ganz für sie da ist, was mich beruhigt. Yva fühlt sich mit uns beiden sehr wohl. Sie freut sich, wenn ich da bin. Aber sie lässt mich arbeiten gehen, wenn ich muss, und weint dann auch nicht.

Auch unser Zusammenspiel zu dritt hat sich verändert: David ist viel sicherer und eigenständiger im Umgang mit Yva. Nicht, dass er das nicht von Anfang an gewesen wäre, aber ich hatte natürlich ein anderes Verhältnis zu ihr. Allein durch die Schwangerschaft, in der ich sie in meinem Bauch gespürt habe. Diese Bindung habe ich durch das Stillen noch verfestigt, und es ist schön, zu spüren, dass Yva und ich sie nach wie vor haben, auch wenn wir uns nun etwas seltener sehen.

David und Yva haben andere Ebenen, auf denen sie so verbunden sind. Sie albern zum Beispiel herum, und David kümmert sich fast immer um ihren Brei. Dafür bin ich sehr dankbar. Er kennt sich viel besser mit den Kombinationen aus, ob nun Pastinake-Karotte oder Kartoffel-Brokkoli angesagt ist. Oder doch kein Brei, stattdessen lieber Banane oder Spaghetti. Dass jeder seine Zuständigkeitsbereiche hat, die sich natürlich ergeben haben, tut uns allen gut. Ich vertraue ihm, er mir, und wenn wir uns doch uneinig sind, sprechen wir darüber, meist wenn Yva schläft.

Dadurch, dass David nun mehr Zeit mit Yva verbringt, verpasse ich natürlich ein paar Augenblicke mit ihr. Als Yva das erste Mal krabbelt, bin ich noch mit dabei. Beim ersten Löffel Brei ruft mich David dazu. Doch als Yva das erste Mal sitzt, bin ich woanders, nämlich im Büro, weil die Konferenz naht und ich häufiger arbeiten muss. Als mir David Bilder schickt, wie Yva sich das erste Mal auf der Schaukel vergnügt, bin ich freudig und etwas traurig zugleich, denn ich wäre gern mit dabei.

Apropos erste Male – das erste Wort von Yva ist »Mama«, was mich sehr freut und mir zeigt, dass ich meine Verbindung zu ihr sicher nicht verloren habe. Es berührt mich und bestärkt mich darin, dass ich fürsorgliche Mama sein und gleichzeitig arbeiten kann. Diese positiven Rückmeldungen brauche ich – auch deshalb, weil die Konferenz ansteht und ich Respekt davor habe. Bislang kann ich zwar immer Stillslots bei meiner Arbeit einbauen, aber die Tätigkeiten sind bis jetzt auch flexibler als die bevorstehende Konferenz. So frage ich mich: Wird alles klappen? Kann ich stillen und gleichzeitig allen Verpflichtungen während der Konferenzzeit gerecht werden? Was, wenn Yva krank wird?

Mir kommt wieder ein Zitat von Pippi Langstrumpf in den Sinn: »Das habe ich noch nie vorher versucht, also bin ich völlig sicher, dass ich es schaffe.« Das motiviert mich.

Am Vortag der Konferenz reisen wir zu dritt mit dem Zug nach Hamburg, wo sie stattfindet. Es geht sehr schnell, und Yva ist inzwischen erfahrene Zugfahrerin. Es gefällt ihr, die anderen Züge und Menschen zu beobachten. Am nächsten Morgen verabschiede ich mich nach dem Frühstück von Yva und David. Die beiden gehen in den Zoo und ich zur Arbeit. Nicht mal eine knappe Stunde später ruft mich David an und sagt: »Es gab einen Unfall. Der Krankenwagen ist auf dem Weg.« Dann legt er auf. Ich lasse alles stehen und liegen und flitze zu den beiden. Genau das, was ich befürchtet habe, denke ich und frage mich, was Yva passiert ist. Auch wenn ich mich sehr bemühe, ruhig zu bleiben, kommen mir immer wieder Horrorszenarien in den Kopf.

Aus der Ferne sehe ich David im Rollstuhl sitzen. Eine fremde Frau hat Yva auf dem Arm. Ihr ist zum Glück nichts passiert. Sie schreit nicht und guckt nur etwas verstört. David ist böse umgeknickt und hat Schmerzen. Der Zoo musste aus Versicherungsgründen einen Krankenwagen rufen, der David dann zum nächsten Arzt bringt. Ich bleibe mit Yva im Zoo. Erst wirkt sie noch etwas irritiert und will nur bei mir auf dem Arm bleiben und nicht zurück in den Kinderwagen. Doch ich kann sie später mit den Tieren gut von dem Vorfall ablenken. Während sie begeistert die Giraffen und Elefanten anschaut, mache ich mir Sorgen um David. Zum Glück gibt er schnell Entwarnung: Er kann zwar nicht besonders gut laufen, sich aber um Yva kümmern. Nachdem David aus dem Krankenhaus zurück ist, richtet er sich mit Yva im Hotelzimmer ein; sie spielen, gucken sich Bücher an, und ich laufe zurück zur Arbeit.

Am nächsten Tag stehe ich früh auf, um ohne Hektik für Yva da zu sein und mich um David zu kümmern. Als beide nach dem Frühstück versorgt sind, eile ich zur Konferenz. Nach ein paar Stunden flitze ich ins Hotel, um Yva zu stillen, und danach wieder zurück zur Konferenz. Das wiederhole ich mehrere Male an dem Tag. Wenn ich bei Yva bin, bin ich ganz ruhig, das tut uns beiden gut. Yva kann sich so fallen lassen und mir ganz nahe sein. Und obwohl das Stillen keine Erholung für mich ist, freue ich mich immer über die schönen Momente mit Yva und darüber, mich einfach kurz hinsetzen zu können.

Ursprünglich wollte David mir Yva zum Stillen bringen, aber das geht in seinem Zustand noch nicht. Dafür aber am nächsten Tag, da humpelt er mit dem Kinderwagen, auf dem er sich abstützt, zur Konferenz, und ich freue mich, die beiden dort zu sehen. Yva beobachtet alles aufmerksam und klatscht hin und wieder, was sie gerade erst gelernt hat. Manchmal macht sie auch ein paar Schritte an meiner Hand, wenn ich Zeit habe, oder ich nehme sie auf dem Arm mit zu den Sachen, die ich erledigen muss. Viele, die mich sehen, sind überrascht, dass ich auf einmal ein Kind auf dem Arm habe, und noch mehr, als sie erfahren, dass es mein eigenes ist.

Das haben sie nicht erwartet, vielleicht weil ich Yva bis dato komplett aus dem Arbeitskontext rausgehalten habe. Ich wollte nicht, dass meine Arbeit in Abhängigkeit von meiner Mutterrolle beurteilt und ich dann anders behandelt werden würde. Nach der Konferenz freue ich mich, dass alles trotz Zwischenfall so gut geklappt hat. Nicht nur das: Es scheint, als könnte ich mir mit Yva treu bleiben und mich gleichzeitig weiterentwickeln. Wieder einmal wird mir bewusst, was für eine spannende Reise mir bevorsteht – oder besser gesagt: uns.

LEBEN AUS DEM KOFFER

Deutschland · Niederlande · Polen · Schweiz

»Freiheit bedeutet für mich: mit meinen Kindern zu reisen.«

Nach vollbrachter Arbeit wollen wir zu dritt ein bisschen den Sommer genießen, was uns möglich ist, da wir beide im Juli Elternzeit haben. Wir sind viel draußen. Das müssen wir allerdings auch, weil sich unsere Wohnung in eine Baustelle verwandelt, denn wir bekommen ein Zimmer der angrenzenden Wohnung, welches früher zu unserer gehört hat, zurück. Dafür muss die komplette Elektrik bei uns erneuert werden, was den Vermieter lange zögern ließ. Auch ich bin anfangs etwas unsicher und deshalb dankbar für das Hin und Her, das mir Zeit gibt, mich mit der Situation anzufreunden.

In den vergangenen Jahren habe ich gar keine Wohnung gehabt, vor einem Jahr einen Mietvertrag unterzeichnet, und nun stehen Baumaßnahmen an. Für mich macht es einen großen Unterschied, dass es dabei zumindest nicht um mein Eigentum geht. Denn was für die einen Sicherheit ist, ist für mich eine Last. Trotz des Umbaus habe ich noch die Möglichkeit, irgendwann aus der Mietwohnung auszuziehen. Das beruhigt mich, denn allzu sehr möchte ich mich nicht festlegen. Da wir uns aber alle wohl in der Wohnung fühlen und sie uns als Basis gefällt, freuen wir – inklusive mir – uns, dass unser Vermieter dem Umbau schließlich zustimmt. Frei nach Pippi Langstrumpf: »Wenn es etwas Gutes gibt, muss man sich ranhalten.«

Das bedeutet auch, dass wir die Wohnung ausräumen müssen. Gut, dass ich nicht viel besitze. Meine Sachen sind schnell zusammengesucht. Ganz anders geht es David. Er braucht Tage, um alles zu packen, auch weil er – zu meiner großen Freude – vieles aussortiert. Zwischendurch raunt er vor sich hin: »Ja, ja, ich weiß, weniger ist mehr und so.«

Ich schmunzle und sage nichts. Dann meint er: »Nein, mal im Ernst, gerade beneide ich dich ein wenig.«

Ich biete ihm meine Unterstützung an, aber er will die Dinge lieber allein durchgehen. Ich widme mich Yva. Sie räumt derzeit Kisten lieber aus als ein. Deshalb gehe ich mit ihr nach draußen, damit David seine Ruhe hat.

Nachdem alles gepackt und in der Wohnung nebenan, die wir während der Umbauzeit zum Glück als Zwischenlager nutzen können, verstaut ist, fahren wir mit dem Zug nach Sylt, um dort gemeinsam mit meinen Eltern Urlaub zu machen.

Wir sind dankbar für den Tapetenwechsel. Yva baut Sandburgen und planscht mit meinen Eltern und David in der Nordsee, während ich ein bisschen im Strandkorb entspanne. Im Anschluss daran fahren wir zu Davids Eltern, die in einem kleinen Ort, nur wenige Autominuten von Hamburg entfernt, direkt am Waldrand wohnen. Auch hier verbringen wir die meiste Zeit draußen, am liebsten unter dem Apfelbaum, der uns in diesem warmen Sommer den ganzen Tag über kühlen Schatten spendet.

Hin und wieder hebt Yva einen oder zwei der Äpfel von der Wiese auf und stellt sich ganz stolz hin. Meist verliert sie schnell das Gleichgewicht, wenn sie versucht, sich zu bewegen. Es erinnert mich daran, dass mir mal jemand erzählt hat, dass Kinder woanders auf der Welt mithilfe des Ausbalancierens von Orangen laufen lernen. Bei Yva passierte das durch Zufall mit den Äpfeln. Es ist aber auch anstrengend für sie, weswegen sie nach kurzer Zeit die Äpfel gegen einen Wagen eintauscht, den sie vor sich herschiebt. Oder sich auf die Schaukel oder ein Schaukelpferd setzt.

Nach zwei Wochen kehren wir nach Berlin zurück, um unsere Wohnung selbst zu streichen. Da sie während der Bauarbeiten unbewohnbar ist, kommen wir in Thaïs' Wohnung unter. Sie verbringt den Sommer mit ihrer Tochter und ihrem Freund in Frankreich. Yva ist jetzt elf Monate alt, noch zu klein, um sie mit auf die Baustelle zu nehmen. Weil David gern werkelt, kümmere ich mich um Yva, und er übernimmt den Großteil der Renovierung. Zum Glück unterstützen uns Freund*innen. Meist für ein paar Stunden am Abend, da sie tagsüber arbeiten müssen oder selbst im Urlaub sind.

Die Bauarbeiten dauern länger als gedacht. Thaïs und ihre Familie kommen aus Frankreich zurück und brauchen ihre Wohnung wieder, und ich nutze die Gelegenheit, um einige Freund*innen in München und Umgebung zu besuchen und meine erste Reise allein mit Yva zu machen. Seit die ICE-Fahrt von Berlin nach München nur noch gute vier Stunden dauert, ist es noch entspannter. Yva spielt im Kinderabteil – mit mir oder mit anderen Kindern. Dabei lerne ich Anneloes kennen, die gerade frisch nach Berlin gezogen ist. Sie stammt aus den Niederlanden, hat zwei Söhne, einer jünger und einer älter als Yva, und erzählt mir, dass sie auch so gern mit ihnen unterwegs ist.

»Als unser Älterer so jung gewesen ist wie Yva jetzt, sind wir als Familie für einige Wochen nach Südamerika gereist«, erzählt Anneloes. Ich freue mich darüber und sage: »Genau das wollen wir im Winter auch machen, nur länger.«

Wir scheinen viele Gemeinsamkeiten zu haben. Auch in Bezug auf die Elternschaft gibt es viele Parallelen. Zum Beispiel hat Anneloes ihre Söhne im Krankenhaus geboren, obwohl in den Niederlanden viele Kinder zu Hause zur Welt kommen. In den Sechzigerjahren waren es sogar rund siebzig Prozent. Und auch heute sind die Niederlande in Europa noch das Land mit den meisten Hausgeburten, sie machen etwa dreißig Prozent aus.

Ansonsten unterscheiden sich die Niederlande nicht so stark von Deutschland wie andere Länder: Der Mutterschutz beginnt in den Niederlanden ebenfalls sechs Wochen vor der Geburt, und junge Mütter werden die ersten zehn Tage nach der Geburt von Hebammen betreut. Auch in den Niederlanden spielt Nachhaltigkeit eine sehr wichtige Rolle: Es gibt viele Secondhandläden, nachhaltige Schnuller und ökologische Windelsysteme. Selbst das Alter, in dem Frauen ein Kind bekommen, ist in beiden Ländern identisch: mit dreißig Jahren durchschnittlich. Die Anzahl der Kinder liegt sowohl in den Niederlanden als auch in Deutschland bei etwa 1,6 pro Frau. Auch das Stillen wird befürwortet.

»Je gebildeter, desto mehr wird gestillt«, sagt Anneloes. Man könnte auch sagen: je wohlhabender. Denn die Stillzeit hängt in den Niederlanden, wie andernorts auch, häufig von der Berufssituation und den Äquivalenten zur Elternzeit ab. Mütter haben sechzehn Wochen lang Mutterschutz, und alle Partner haben einen Anspruch auf einen Partnerurlaub von fünf Wochen. Das ist allerdings deutlich kürzer als die Elternzeit in Deutschland. Dafür dürfen Eltern in den ersten acht Lebensjahren des Kindes ein halbes Jahr den *Ouderschapsverlof* (unbezahlten Erziehungsurlaub) nehmen. Das ermöglicht Gutverdienern wie Anneloes immerhin Reisen mit ihrem Nachwuchs. Ansonsten kommen die Kinder in der Regel im Alter von drei Monaten in die Kita. Die Gebühren werden von manchen Arbeitgeber*innen oder Gemeinden in Abhängigkeit von der Einkommenssituation bezuschusst.

Ähnlich wie in den meisten deutschen Bundesländern hängen die Kitagebühren außerdem vom Alter ab. In Bayern müssen mehrere Hundert Euro für ein Kind, das jünger als drei Jahre alt ist, aufgebracht werden. Dafür gibt es aber noch das Familiengeld, das für jedes Kind im zweiten und dritten Lebensjahr gezahlt wird. In Hamburg müssen Eltern erst dann zahlen, wenn die Betreuung mehr als fünfundzwanzig Stunden pro Woche in Anspruch genommen wird.

So unterschiedlich die Konzepte der Betreuungskosten sind, so unterschiedlich sind die Ansichten der Eltern. Das merke ich auch, als ich mich – in Bayern angekommen – mit meiner langjährigen Freundin Nele austausche. Seit dem Studium kennen wir uns, sie ist inzwischen Stewardess und lebt mit ihrem Sohn, der nur wenige Monate älter ist als Yva, sowie ihrem Mann in einem sehr kleinen Ort in der Nähe von Erding. Kurz vor meiner Ankunft erfahre ich, dass Yva einen Kitaplatz hat, und freue mich sehr darüber. Nele versteht das nicht.

»So früh wollt ihr euer Kind schon in die Kita geben?«, fragt sie besorgt.

»Ja, wir finden das überhaupt nicht früh«, entgegne ich. Ich erzählte ihr von der Situation und meinen Freund*innen aus anderen Ländern.

»Aber nur weil der Kitaplatz nichts kostet, schicke ich mein Kind doch nicht so früh in die Kita«, sagt Nele.

Ich versuche ihr zu erklären, dass das definitiv nicht der Grund ist. Allem voran steht Yvas Wohl. Ihr gefällt es gut, Zeit mit anderen Kindern zu verbringen. Außerdem weiß ich von meiner Erfahrung als Betreuerin in England, dass es vielen Kindern guttut, ein anderes Umfeld, andere Bezugspersonen zu haben. Hinzu kommt, dass David und ich arbeiten müssen und auch wollen.

»Jeder kann das doch für sein Kind selbst entscheiden«, betone ich.

»Ja, aber ich sehe das anders«, sagt Nele und ist da wohl auf einer Linie mit ihrem Mann, der die Meinung vertritt, dass eine Mutter mit ihrem Kind, bis es zwei Jahre alt ist, so viel Zeit wie nur irgendwie möglich verbringen sollte. Sonst würde die Mutter ihr Kind nicht lieben.

Mir gefallen diese Pauschalurteile und Bewertungen nicht. Weder in den Gesprächen mit ihnen noch mit anderen Leuten. Ich habe absolut kein Problem damit, mich auszutauschen oder verschiedener Meinung zu sein. Aber ich finde es wichtig, dass unsere Haltungen nebeneinanderstehen können. So, wie Nele und ihr Mann es machen, ist es richtig, meinen sie. Dass wir Yva mit einem Jahr in die Kita geben, ist laut ihnen genauso falsch, wie sie impfen zu lassen.

David und ich haben da eine andere Meinung und uns sehr intensiv mit dem Thema beschäftigt. Ich bin alles andere als eine Impfgegnerin, aber anfangs war ich etwas kritisch, weil sich bei dem Mädchen, das ich in England betreut habe, erst unmittelbar nach einer Impfung ihre Behinderung zeigte. Es konnte jedoch bis heute kein direkter Zusammenhang zwischen dem Impfstoff und der Erkrankung nachgewiesen werden. Es war wohl wie meistens ein ungünstiger Zufall. Fest steht, dass die Zahl der Menschen, die durch Impfungen gerettet werden, deutlich größer ist als die Zahl derer, die an Nebenwirkungen erkranken. Dennoch ist es mir sehr wichtig, dass wir genau überlegen, welche Impfungen notwendig sind und wann. Yva haben wir deswegen so spät es ging, gerade rechtzeitig vor Beginn der Kita, impfen lassen, für die einige Impfungen Pflicht sind. Sie hat alles sehr gut vertragen.

David und ich wollen andere nicht belehren und halten beide nichts von Dogmen. Wir lassen anderen ihre Meinung. Bei Nele und ihrem Mann machen mich die Unterhaltungen aber besonders traurig, weil sie mir über die Jahre ans Herz gewachsen sind. Das Thema Elternschaft stellt unsere Freundschaft auf eine harte Probe, zumindest fühlt es sich für mich so an, und ich bin froh, als Yva und ich die letzte Nacht bei einer anderen Freundin in München verbringen. Rosi kenne ich noch länger, aus Bristol, wo wir zeitweise in derselben Einrichtung gearbeitet haben. Zufälligerweise haben wir uns vor einigen Jahren in New York wiedergetroffen, als wir dort für einige Zeit gelebt und gearbeitet haben. Rosi als freie Fotografin, ich als Journalistin. Seitdem versuchen wir es einzurichten, dass sich unsere Wege möglichst häufig kreuzen. So wie jetzt.

Da Rosi keine Kinder hat, bin ich gespannt, wie es wird, mit Yva bei ihr zu sein. Aber da Rosi – wie ich – schon mit Kindern gearbeitet hat und entspannt ist, sollte es klappen, denke ich. Dennoch möchte ich, wenn ich irgendwo zu Gast bin, keine Umstände machen. Deswegen gehe ich mit Yva zum Breiessen ins Badezimmer.

»Ihr müsst zum Essen doch nicht ins Bad gehen!«, sagt Rosi leicht erstaunt.

»Ich weiß«, sage ich, »aber es vereinfacht die Sache.« Es ist eine gute Idee, da meist einiges danebengeht und ich Yva, genau wie die Fliesen, im Anschluss gleich abwaschen kann. Den Wasserspaß genießt sie. Später gehen wir zu dritt in ein Restaurant mit Biergarten. Rosi und die anderen Gäste sind etwas überrascht, dass Yva mit dabei ist. Es ist allerdings noch nicht mal acht Uhr abends, und Yva würde frühestens in zwei Stunden schlafen. Zudem genießt sie es, in Gesellschaft zu sein. So auch hier: Sie hält sich an den Bänken fest, um zu den anderen Tischen zu wackeln und die Gäste anzulächeln oder mit Sachen auf den Tischen zu spielen. Hin und wieder kommt sie zu uns und probiert etwas von unserem Essen. Ungestört sind wir nicht, aber zum Glück macht das weder mir noch Rosi etwas aus, und so können wir einen schönen Abend draußen verbringen. Bei Rosi zu Hause dürfen wir mit in ihrem Bett schlafen. Yva wacht ab und zu auf, schläft aber, nachdem ich sie gestillt habe, gleich wieder ein.

»Haben wir dich in der Nacht gestört?«, frage ich Rosi am nächsten Morgen etwas besorgt.

»Nein, überhaupt nicht«, sagt sie, »ich finde es schön, wie entspannt ihr seid.«

»Du aber auch«, sage ich.

»In Bayern ist es nicht wirklich üblich, abends mit den Kindern unterwegs zu sein«, sagt Rosi.

»Wieso?«, frage ich.

»Keine Ahnung, für mich spricht nichts dagegen. Ich finde es viel schöner, wenn die Kinder ein Teil vom Leben sind, so wie bei euch. Alles ganz entspannt«, sagt Rosi.

»Schön«, sage ich und freue mich über die Gelassenheit.

Die brauche ich auch auf der Rückfahrt. Denn noch auf dem Weg zum Bahnhof bemerke ich, dass Yva Durchfall hat.

Mitten in der S-Bahn muss ich die Windel wechseln. Und nicht nur die, sondern auch ihre kompletten Klamotten. Zum Glück ist Sommer, und es sind nicht so viele. Leider habe ich so spartanisch gepackt, dass Yva keinen unbenutzten Body mehr hat. Also muss einer herhalten, den sie schon getragen hat und der nicht allzu verschmutzt ist. Ich klappe zwei S-Bahn-Sitze herunter und lege eine Wickelunterlage und dann Yva darauf. Da die S-Bahn bei der Fahrt so stark wackelt, ist das Umziehen und Windelwechseln eine echte Herausforderung. Mit einer Hand halte ich Yva fest, mit der anderen ziehe ich ihr die Klamotten aus. An einer der Haltestellen kümmere ich mich um die Windel, dafür brauche ich beide Hände. Yva schreit leider durchgängig. Ihr scheint es nicht gut zu gehen. Also singe ich ein Lied aus dem *Dschungelbuch* – obwohl ich nicht singen kann: »Probier's mal mit Gemütlichkeit, mit Ruhe ...«

Sie beruhigt sich und hört ein paar Sekunden vor dem Hauptbahnhof auf zu schreien. Ruhe. Ich habe es geschafft. Aber nun liegen noch einige Stunden Zugfahrt vor mir, und ich weiß nicht, wie es Yva gehen wird. Wahrscheinlich hat sie sich bei dem Sohn von Nele angesteckt, der gerade einen Magen-Darm-Infekt hinter sich hatte. Sprich: Yva könnte noch länger mit Durchfall kämpfen und sich vielleicht auch übergeben.

Ich habe nur noch zwei Windeln und zwei Feuchttücher in meiner Tasche. Denn ich habe jeden Tag der Reise genau kalkuliert – unter normalen Umständen hätte alles gereicht. Aber was, wenn ich nun mehr brauche? Dann müsste ich, wie ich es schon mal gemacht habe, andere Eltern ansprechen. Aber ich habe Glück: Yva ist wohlauf, und die Windel bleibt leer. Bis kurz vor der U-Bahn-Station in Berlin, bei der wir aussteigen müssen. Es stinkt. Doch die paar Meter halten wir noch aus. Auch Yva scheint es nicht zu stören. Ich wickle sie erst in der Wohnung des Freundes, bei dem wir unterkommen, da unsere noch immer nicht fertig ist.

Etwas später treffen wir David zum Abendessen. Wir sind froh, uns wiederzusehen, David sieht müde aus. Tagelang hat er in unserer Wohnung geschuftet und ist leicht frustriert, dass wir nach wie vor nicht einziehen können. Yva heitert ihn mit ihrem Lächeln auf: Sie steht neben mir und hält sich an meinem Stuhl fest. Dann lässt sie los und wackelt über den Asphalt rüber zu David. Es sind drei kleine Schritte.

»Wow, wie toll!«, ruft David. »Seit wann kann sie das?«

»Es ist das erste Mal«, sage ich.

Wir strahlen alle, was Yva ermutigt, gleich noch einmal zu mir zurückzugehen.

~

Eine Woche bevor Yva ein Jahr alt wird, schlafen wir das erste Mal in dem neuen Zimmer. Zu dritt auf der neuen Matratze, die David und ich uns gekauft haben, kurz nachdem Yva auf die Welt gekommen ist. Zuvor haben wir immer auf der alten von ihm geschlafen, die allerdings zu dritt recht eng wurde. Ein komisches Gefühl für mich, zu wissen, dass ich nun quasi eine halbe Matratze besitze.

Am nächsten Morgen packen für wir Yva eine Decke, ein paar Spielsachen und auch die Kommode mit Wickelauflage in das Zimmer. Die anderen sind noch nicht bewohnbar. Die Farbe ist noch nicht trocken, und der Dielenboden muss noch abgeschliffen werden. Es passt aber gut, denn das neue ist Yvas Zimmer. Dafür kriegt sie zum Geburtstag vom einen

Großelternpaar zwei Stühle und einen Tisch aus Holz und vom anderen einen Fahrradhelm. Wir haben sie gebeten, mit uns die Geschenke abzustimmen, damit Yva etwas bekommt, was sie wirklich braucht. Wir schenken ihr eine Regenjacke und eine Matschhose. David rahmt noch selbst geschossene Tierbilder ein, die er in ihrem Zimmer an die Wände hängt. Da Yva mit einem Jahr noch nicht versteht, was Geburtstag ist, und das erste Jahr vor allem für unsere kleine Familie etwas Besonderes gewesen ist, wollen wir nur zu dritt feiern. Wir schlafen lange aus, das machen wir alle gern, frühstücken und legen Yvas Geschenke auf ihren Tisch. Sie läuft eigenständig hin, steuert als Erstes den Kuchen an, den ich für sie – noch ohne Zucker – gebacken habe. Danach die Geschenke und die Luftballons, mit denen sie spielt. Yvas Geburtstag ist der erste Tag, an dem alle Zimmer wieder bewohnbar sind, und wir sind sehr dankbar für etwas Ruhe nach dem Herumtingeln in den vergangenen Wochen.

Auch weil es am nächsten Tag zum allerersten Mal für Yva in die Kita geht. David radelt mit ihr hin, und schon nach einer Stunde sind sie wieder zurück. Von Tag zu Tag bleiben sie etwas länger. Yva gefällt es gut. Für die Eingewöhnung in Deutschland, die meist mehrere Wochen dauert, soll sich ein Elternteil Zeit nehmen, damit das Kind sich langsam an die Kita gewöhnen kann. Bei uns macht das David, und es dauert nicht so lange wie gedacht. Da Yva kontaktfreudig und offen ist, interagiert sie viel mit den anderen Kindern und entdeckt schnell ihre neue Umgebung. Nach einer Woche kommt der Moment der »Trennung«. David verlässt die Kita, hält sich aber noch in der Nähe auf.

»Es war ein komisches Gefühl, aber nicht so schlimm, wie ich gedacht habe«, erzählt er mir. Wahrscheinlich, weil es nicht das erste Mal ist, dass wir Yva in die Betreuung anderer geben. Zuvor haben die Großeltern schon für ein paar Stunden auf sie aufgepasst, und wir haben sie vielen Freund*innen auf den Arm gedrückt, was Yva sichtlich gefiel. Als David sie das erste Mal in der Kita zurücklässt, schaut sie ihm nur kurz nach, weint aber nicht und lässt sich von den Betreuer*innen schnell zum Spielen verführen. Die Kita scheint ihr gutzutun. Sogar so gut, dass sie schon nach wenigen Tagen dort ihren Mittagsschlaf macht. Nach zwei Wochen ist Yva eingewöhnt.

Kurz darauf muss ich beruflich für ein paar Tage nach Warschau. Da ich Yva zumindest morgens und abends noch stille, muss sie mit. David auch, da er sie tagsüber betreuen wird, während ich arbeite. An sich hätte David ebenfalls zu tun, und ich bin sehr froh, dass er sich freinimmt und mir meinen Trip ermöglicht. Damit David nicht zu viel Zeit für seine Aufträge verliert und Yva möglichst nur kurz aus der Kita heraus ist, in die sie sich gerade erst eingelebt hat, nehmen wir den Flieger. Ich bin noch sehr ans Fliegen gewöhnt, dass ich mir die Folgen für das Klima nicht ausreichend bewusst mache. Aus heutiger Sicht ist das für mich selbst nicht mehr nachvollziehbar. Ich würde nun mit Sicherheit den Zug nach Warschau nehmen oder im Zweifel den Job ganz absagen. Doch damals ist das Fliegen für mich eine Normalität, von der ich mich erst noch verabschieden muss.

Im Flieger stille ich Yva wieder beim Abflug und der Landung, weil wir damit auf dem Flug nach Portugal so gute Erfahrungen gemacht haben. Damit sie schlafen kann, legen wir die Flugzeit auf die Mittagsstunden. Für uns alle ist es der erste Besuch in Warschau. Wir schlafen nicht, wie die anderen Teilnehmer*innen vom Journalismus-Summit, für den ich hier bin, in einem Hotel, sondern in einer Airbnb-Wohnung. Die ist nicht groß. Wichtig sind uns nur zwei Zimmer, damit Yva in einem schlafen und wir uns in dem anderen aufhalten können. Auch die Möglichkeit zu kochen scheint uns mit Yva sehr nützlich zu sein. Beides hat sich beim Reisen bewährt.

Speziell auf Kinder ist die Wohnung nicht ausgelegt, was Yva schon am ersten Abend schmerzlich erkennen muss. Wie sonst auch erkundet sie ihre Umgebung und entdeckt einen Kaktus, der so interessant wirkt, dass sie ihn gleich in die Hand nimmt, furchtbar erschrickt und anfängt zu schreien. Sofort nehme ich ihre Hand, um sie von den Stacheln zu befreien, was gut funktioniert, aber zur Folge hat, dass ich die unzähligen kleinen Stacheln nun in meiner Hand habe. Trotzdem ist es mir wichtiger, Yva zu beruhigen, und so mache ich, was ich häufig mache, um das zu erreichen: Ich laufe singend mit ihr auf dem Arm herum. Es funktioniert. Ich gebe sie dann David, um die Stacheln aus meiner Hand zu entfernen.

Die nächsten zwei Tage sehe ich Yva und David so gut wie nicht. Von morgens bis abends bin ich auf dem Summit. Währenddessen entdecken David und Yva die Stadt. Abends erzählen sie mir davon, und besonders begeistert sind sie von den tollen Spielplätzen. Ich kann mir nur am letzten Tag einen kleinen Eindruck von Warschau machen, als ich mit David und Yva durch die Stadt schlendere. Ich bin erstaunt darüber, wie kinderfreundlich die Menschen in der Hauptstadt sind. Yva bekommt von einer älteren Dame an der Straßenbahnstation eine Blume geschenkt und freut sich. Auch sonst sind die Menschen liebenswürdig und aufmerksam. Sie helfen uns häufig dabei, den Kinderwagen in die Bahn zu bekommen, und lächeln Yva an, auch wenn sie schreit – anstatt mit den Augen zu rollen, wie wir das aus unserer Hauptstadt kennen.

Am Abend soll es ein Abschlussessen geben, zu dem wir gemeinsam mit der Straßenbahn fahren. Yva darf dabei sein. Aber als wir dort ankommen, wird uns klar, dass wir mit ihr nicht bleiben können. Es ist verraucht und so laut, dass es schwer ist, mich nur kurz von den anderen zu verabschieden.

Ich will Yva und David nicht allein lassen. Zumal Yva ohnehin nicht so gut drauf ist, sie scheint zu kränkeln. Sie weint immer wieder und will eigentlich nur auf meinen Arm. Sie braucht Ruhe und Schlaf. Aber wir müssen noch was essen. Nachdem David zwei Tage hintereinander die landestypischen gefüllten Teigtaschen *Pierogi* in der Mietwohnung gekocht hat, würde er nun gern etwas anderes essen. Leider ist es inzwischen zu spät, um noch etwas einzukaufen und selbst zu kochen. Zum Glück erinnern wir uns an ein Restaurant in der Nähe unserer Wohnung. Also fahren wir wieder zurück, ergattern tatsächlich einen Platz dort und sind positiv überrascht: Es gibt extra eine Spielecke für Kinder. Die findet sich in Polen häufig, das ist mir schon zuvor aufgefallen, aber bei einem so exklusiven Lokal wie diesem haben wir absolut nicht damit gerechnet. Genauso wenig mit der Freundlichkeit, mit der Yva behandelt wird. Die Bedienung spricht sie persönlich an, was sie essen, was sie trinken will, welches Besteck sie möchte und ob sie einen Kinderstuhl für sie bringen soll. Yva guckt zwar interessiert, aber antworten kann sie noch nicht. Das machen wir. Ihre Stimmung bessert sich schlagartig, sie möchte sogar gleich von meinem Arm in die Spielecke.

Dieser Abend ist ein Beispiel dafür, dass wir Yva überall mit hinnehmen und das nicht immer funktioniert. Beim Abendessen kommt es auf das Ambiente an: Laute Musik und Rauch sind nichts für sie. Mit einer guten Spielecke und gutem Essen hingegen ist Yva zufrieden. Lange haben wir keinen so schönen Abend mehr gehabt. Das Essen ist vorzüglich und alle Menschen um uns herum so entspannt.

Als wir am nächsten Tag am Flughafen sind, kommen wir aus dem Staunen nicht heraus: Es gibt extra einen Kinder-Check-in mit einer kleinen Treppe, wodurch Yva mit dem Personal der Fluggesellschaft auf Augenhöhe ist, eine Kinder-Lounge mit Spielplatz in Form eines Fliegers, und Familien werden bei den Sicherheitskontrollen sogar vorgelassen. Es gibt zahlreiche Wickelräume, wie auch in anderen Ländern. Aber selten sind sie, wie hier, sowohl für Männer als auch für Frauen zugänglich.

Ich frage mich, ob diese Anreize bewusst gesetzt sind, damit Polinnen mehr Kinder bekommen. Denn seit einigen Jahren bringen sie, wenn überhaupt, nur ein Kind zur Welt. Damit zählt Polen gemeinsam mit Spanien, Portugal, Italien und Ungarn zu den geburtenschwächeren EU-Ländern. Als wir wieder zurück in Berlin sind, will ich wissen, wieso, und recherchiere dazu.

Die Emanzipation ist in Polen auf dem Vormarsch. Frauen kämpfen dort schon länger für Gleichberechtigung. Dazu gehört auch, dass sie nicht, wie ihre Mütter, nur für die Familie da sein wollen, sondern ihr Leben selbst in die Hand nehmen. Junge Polinnen gehören wohl zu den am besten ausgebildeten Frauen in Europa. Statt zu arbeiten, sollen sie aber, wenn es nach der Politik ginge, mehr Kinder bekommen. Durch ein vergleichsweise höheres Kindergeld sollen sie entsprechend beeinflusst werden. Sie bekommen das Geld aber erst für zwei Kinder: monatlich zweihundertfünfzig Euro. Das entspricht etwa einem Drittel des monatlichen Durchschnittsgehalts, das mit achthundert Euro nicht mal bei der Hälfte des deutschen liegt.

Trotzdem bekommen Polinnen nicht mehr Kinder. Vielleicht auch, weil bei der öffentlichen Geburtshilfe alles knapp ist: das Personal, die Medikamente und das Material. Sogar an Fäden mangelt es, wie eine Hebamme berichtet, die vom zuständigen Arzt nach einem Kaiserschnitt beim Nähen zur Sparsamkeit angehalten wurde, damit es noch für die nächste Frau reiche. Die meisten Schwangeren in Polen entscheiden sich deshalb für eine Kombination aus privaten Arztbesuchen und staatlichen Versicherungsleistungen. Zu Letzteren gehören Routineuntersuchungen, die alle drei bis vier Wochen stattfinden. Da die Ultraschallgeräte aber meist nicht so gut sind, gehen manche der werdenden Mütter zu Privatärzt*innen. Zudem hoffen sie dadurch auf einen sicheren Platz im Krankenhaus für die Geburt. Das ist deswegen so wichtig, weil nicht wenige – aufgrund von Platzmangel und Personalengpässen – selbst dann abgewiesen werden, wenn die Wehen bereits eingesetzt haben. Privatärzt*innen sind natürlich nicht günstig, weswegen sie sich die meisten Familien in Polen nicht leisten können.

Das Gleiche gilt für private Kindergärten, für sie müssen die Eltern mehr als die Hälfte eines Durchschnittsgehalts aufbringen. Die öffentlichen Einrichtungen kosten zwar weniger, etwa siebzig Euro monatlich, sind in der Regel aber auch nicht so gut. Daher werden viele Kinder in Polen bis zum fünften Lebensjahr, ab dem Kindergartenpflicht besteht, von den Großeltern betreut, damit die Eltern arbeiten gehen können.

Ein Paar in Polen muss sich also gut überlegen – selbst wenn keine privaten Gründe gegen ein Kind sprechen –, ob es sich die Familiengründung leisten kann. Denn die Kosten für ein Kind sind hoch. Auch für Windeln, die zwar in Polen denselben Preis haben wie in Deutschland, im Vergleich zum Durchschnittsgehalt aber doppelt so teuer sind. Gleiches gilt für andere Kindersachen. Es ist ein Phänomen, das mir schon auf vielen Reisen aufgefallen ist: Nicht alles, was zuerst positiv wirkt, ist es am Ende, insbesondere für die Menschen vor Ort. Genauso ist es hier. Was auf uns kinderfreundlich wirkt, muss nicht schlecht sein, ist aber anscheinend die Folge der konservativen Linie Polens.

In Deutschland sind die Mehrkosten für Kinder nicht so erheblich. Im Gegenteil: Paare ohne Kind haben im Monat nur etwa vierzig Euro weniger Konsumausgaben als Kleinfamilien. Laut dem statistischen Bundesamt geben Eltern weniger Geld für Kleidung aus, sie kaufen eher ihren Kindern etwas statt sich selbst, und das ist in der Summe günstiger. Die Kosten für Nahrungsmittel steigen nur minimal an. Das Gleiche gilt für Pflegeprodukte. Etwa gleich bleiben die Kosten für Telekommunikation, Transport und Gesundheit. Lediglich die Kosten für die Wohnung steigen deutlich an, weil in der Regel etwas mehr Platz benötigt wird. Dafür sinken wiederum die Kosten für Aktivitäten und Restaurantbesuche.

David und mir geht es ähnlich. Wir geben durch Yva nicht mehr Geld aus. Das können wir auch gar nicht, denn mein Elterngeld liegt nur leicht über dem Mindestsatz von dreihundert Euro. Das liegt daran, dass für Selbstständige als Berechnungsgrundlage der letzte Steuerbescheid vor der Geburt herangezogen wird und alle meine Honorare in den vorherigen Steuerjahren abgerechnet wurden. Hinzu kommt meine langwierige Parasitenerkrankung. Unsere günstige Miete sowie die wegfallenden Kitagebühren und verhältnismäßig günstigen Lebenshaltungskosten in Berlin sind unsere Rettung.

Das wird uns auch noch mal stark bewusst, als wir in die Schweiz reisen. Leider wieder mit dem Flieger, was ähnliche Gründe hat wie bei unserer Reise nach Warschau. Ein Rätsel für mich aus heutiger Sicht: Gerade einen Kurzstreckenflug hätte ich doch leicht durch eine Zugreise ersetzen können, so wie ich es inzwischen ja auch tue. Wie konnte ich damals die persönliche Zeitersparnis über das Wohl unseres Planeten stellen? Zumal ich doch sonst der Meinung war und bin, dass Verlangsamung so viele gute Seiten hat? Wahrscheinlich war es genau das: Der Prozess des konsequent anderen Handelns hat noch Zeit gebraucht, so wie vieles Zeit braucht. Und das ist auch total in Ordnung so: Lieber braucht etwas Zeit, sodass es sich grundsätzlich und bewusst ändert, als dass es eine Übersprunghandlung und damit nur von kurzer Dauer ist. Denn das ist alles andere als nachhaltig.

~

In Zürich übernachten wir bei Freund*innen ohne Kinder und sind froh, dass das geht, obwohl wir Yva dabeihaben. Wie schon in Lissabon überlassen auch sie uns ihr eigenes Bett. Wir sind sehr froh darüber, denn die Schweiz ist sehr teuer, und wenn man hier mit Kindern lebt, noch viel mehr, wie wir von meinen Freund*innen erfahren.

Ein Kitaplatz pro Kind kostet hundertzwanzig Schweizer Franken am Tag. Monatlich sind das über 3500 Euro. Für viele mehr als ihre Mietkosten. Nirgendwo auf der Welt sind die Kosten für die Betreuung von Kleinkindern so hoch wie in der Schweiz. Dafür soll sie auch besonders gut sein: modern ausgestattet, überhaupt nicht überfüllt, und die Betreuer*innen werden fair bezahlt.

Trotzdem: Viele Schweizer Familien können sich den Luxus Kita nicht leisten und schicken ihre Kinder nur ein paar Tage die Woche oder gar nicht hin. Meist springen Familienmitglieder ein, häufig die Großeltern. Außerdem versuchen die Eltern, fast immer die Mütter, diesen Zustand mit Teilzeitarbeit zu kompensieren. Es gibt, ähnlich wie in Deutschland, zwar auch Subventionen und Kindergeld. Doch für sehr viele Familien ist das nur ein Tropfen auf den heißen Stein, sodass sie ihre Kinder weiter privat betreuen müssen.

Woher kommt aber die Haltung, dass Kinder in der Schweiz als Privatsache angesehen werden? Justus, ein Freund von dort, den ich noch aus Hamburg kenne, erklärt mir die Historie der Kinderbetreuung: Lange war die Familie auf sich allein gestellt, man hatte sehr viele Kinder, die sich quasi gegenseitig großzogen. Wie in vielen Ländern war die Mutter für den Haushalt und der Vater für das Einkommen zuständig. In der Schweiz kam die Emanzipation recht spät: Das Frauenwahlrecht wurde 1971, knapp fünfzig Jahre später als in Deutschland, eingeführt, und auch der institutionalisierte Mutterschutz (allerdings nur nach der Geburt, dann vierzehn Wochen und achtzig Prozent des Gehalts) existiert erst seit zwanzig Jahren.

»In der Schweiz gibt es keine Elternzeit, und Vätern steht nach der Geburt nur ein freier Tag zu«, sagt Justus, »das ist nicht förderlich, um etwas an der Situation zu verändern.« Im Parlament kam zwar die Idee auf, die Zeit für

Väter um zwei Wochen zu verlängern, doch es wurde dagegen gestimmt. »Grund dafür ist wahrscheinlich: Ein Vater, der sich mehr Zeit nach der Geburt seines Kindes nimmt, wird kritisch beäugt, weil es seiner Karriere schaden könnte«, meint Justus, der trotzdem viereinhalb Monate mit seinen Zwillingen und der Mutter zu Hause blieb. Er hatte Glück, weil sein Arbeitgeber ihm zwei Wochen bezahlten Vaterschaftsurlaub gab und ihn im ersten Lebensjahr seines Kindes so viel unbezahlten Urlaub nehmen ließ, wie er wollte.

»Damit bin ich die absolute Ausnahme, aber ich würde mir wünschen, dass noch mehr Väter sich so entscheiden«, sagt er, denn ihm zufolge gilt das Prinzip: »Beide Elternteile können alles.«

Wenn die Mutter nicht stillt, sondern abpumpt, wie bei ihnen, können beide die Babys mit der Flasche füttern. Beide können gleich viel arbeiten, gleich viel Haushalt machen und gleich viel Zeit mit den Kindern verbringen.

»Für mich sind die Eltern ein Vorbild für ihre Kinder«, sagt Justus, »die ein gleichberechtigtes Familienmodell leben.«

Dafür müsse aber nicht nur für die Väter, sondern auch für die Mütter etwas am Arbeitsplatz getan werden. In der Schweiz passiere das zumindest auf Betriebsebene häufiger: Viele Arbeitgeber*innen bieten flexible Zeiten und Arbeiten von zu Hause aus an.

Für Amélie, eine Schweizer Freundin von mir, ist das sehr hilfreich, wie sie mir erzählt: »Ich musste keine Geschäftsreisen machen und konnte von zu Hause arbeiten.«

Das ist auch für das Stillen wichtig, was die meisten Frauen in der Schweiz, wie viele in Europa, für ein halbes Jahr machen. Es ist zwar in der Öffentlichkeit nicht verboten, doch ich sehe nur wenige Frauen, die stillen.

Sonst gibt es zahlreiche Parallelen zu Deutschland: Tragetuch und Kinderwagen sind weitverbreitet und viele Eltern
versuchen, den Konsum sowohl durch Secondhandware als
auch durch Tauschsysteme einzudämmen, ähnlich wie in
Deutschland.

»Mir ist es wichtig, dass Sachen mehrfach genutzt und
möglichst keine neuen gekauft werden«, sagt Amélie.

»Ich habe vor der Geburt kein Kleidungsstück gekauft«,
sagt Justus.

Ähnlich unklar wie bei deutschen Eltern ist, ob es immer
eine bewusst nachhaltige Entscheidung ist. Denn auch in der
Schweiz gibt es Eltern, denen vor allem Trends wichtig sind.
Manchmal fällt beides zusammen, Trendbewusstsein und
der Wunsch nach Nachhaltigkeit, weswegen beispielsweise
das Angebot von Biobabyprodukten ähnlich groß ist wie in
Deutschland.

Bei Windeln siegt Komfort über Nachhaltigkeit, denn in
der Schweiz ist es eine Ausnahme, keine Wegwerfwindeln
zu verwenden. Selbst Eltern, die ökologisch denken, sind die
Windelalternativen – ähnlich wie uns – zu aufwendig. Hinzu
kommt, dass viele keine eigene Waschmaschine besitzen, sondern nur ein Gerät pro Haus oder sogar Block zur Verfügung
steht.

Dafür sind Schweizer*innen beim Transport meist sehr
umweltfreundlich. »Viele Eltern befördern ihre Kinder auf
Fahrrädern«, so Justus, »besonders in der Stadt ist das sehr
beliebt.« Ich sehe den Nachwuchs der Schweizer*innen häufig auf Kindersitzen, in Lastenrädern oder Anhängern. Zudem
ist der Autoverkehr mäßig. Trotzdem ist es einigen, ähnlich
wie in Deutschland, zu lästig, mit Kindern im öffentlichen
Nahverkehr unterwegs zu sein.

»In Zürich sind die fehlenden Aufzüge nicht der Grund, sondern die alten Trams«, erklärt Amélie. Die Stufen sind häufig so hoch, dass man den Kinderwagen hinaufhieven muss – diese Erfahrung machen wir auch. »Aber ich warte einfach auf die nächste«, so Amélie, »jede zweite ist besser zugänglich.«

Ich bin dankbar für den Tipp, auch wenn wir zu zweit unterwegs sind und zurechtkommen. Unangenehmer ist für uns, dass die Kinderfreundlichkeit sich in Grenzen hält.

»Kinder werden hier eher toleriert als geschätzt, ich würde mir mehr Kinderliebe für die Schweiz wünschen«, so Amélie. Vielleicht könne das ja auch dazu führen, hofft sie, dass der Staat mehr für die Kinder vor dem vierten Lebensjahr tue. Erst dann werden die Kosten für den Kindergarten von den Kantonen übernommen – weil in der Schweiz ab diesem Alter die offizielle Schulzeit beginnt.

In die Schule führt mich auch meine Arbeit, denn ich bin zu zwei Lesungen eingeladen. Es sind wahrscheinlich die am besten ausgestatteten Schulen – sowohl für Lehrer*innen als auch für Schüler*innen –, die ich je von innen gesehen habe. Hier fällt sofort auf, dass viel Geld ausgegeben wurde, und auch die Fragen der Schüler*innen zielen darauf ab.

»Brauchen Sie nicht mehr Geld?«, fragen mich viele.

»Wofür?«, frage ich zurück.

»Um Ihrer Tochter etwas bieten zu können«, lautet die Antwort.

»Ich bin mir sicher, dass das Beste, was ich Yva bieten kann, nichts mit Geld zu tun hat«, entgegne ich.

Ob Yva das in ein paar Jahren auch so sehen wird oder eher so wie die Schüler*innen hier, weiß ich nicht. Natürlich kann auch ich mich nicht vollkommen frei machen von Geld, immerhin leben wir in einer kapitalistischen Gesellschaft. Ich brauche das Geld für meine Art des Lebens – was das Reisen beinhaltet. Wofür es von den Schweizer*innen immer wieder großes Verständnis gibt, weil sie selbst so gern reisen, ob mit oder ohne Kinder. Die meisten lauschen interessiert meinen Erzählungen, aber viele von ihnen beäugen meinen Lebensstil trotzdem eher kritisch.

»Die Schweizer*innen sind eher in sich gekehrt und misstrauisch gegenüber Lebenskonzepten, die anders sind als ihre eigenen«, sagt Amélie, die in der Schweiz geboren, aber schon in sehr vielen unterschiedlichen Kontexten unterwegs gewesen ist. »Außerdem spielt die Sicherheit eine zentrale Rolle«, fügt sie hinzu.

Sicherheit ist auch mir nicht vollkommen egal, und mir ist bewusst, dass ich mit Yva anders dafür sorgen muss. Sie ist wehrlos, und den Schutz, den sie braucht, will ich ihr immer ermöglichen. Was sich aber auch mit weniger üppigen Mitteln umsetzen lässt. Natürlich stellt sich dabei die Frage, was genau Sicherheit ist und wer oder was einem diese Sicherheit gibt. Viele glauben, dass Eigentum oder ein fester Job zwingend notwendig sind. Als weniger solide gelten Freiberuflichkeit und das Leben in einer Mietwohnung. Aber auch Eigentum kann beschädigt werden. So ist es Gaëlle und ihrer Familie in Berlin ergangen: Kurz nachdem sie ihre Eigentumswohnung gekauft haben, gab es einen Brand im Haus, und die Wohnung war lange nicht bewohnbar. Arbeitgeber*innen können pleitegehen oder ihren Mitarbeiter*innen kündigen. Oder es gibt gesellschaftliche Krisen und so weiter und so fort.

Mir persönlich verschaffen Besitztümer kein Gefühl von Sicherheit. Ich habe den Eindruck, dass ich Yva mehr geben kann, wenn ich ihr meine Unerschrockenheit vermittle und nicht voller Angst und übervorsichtig durchs Leben gehe. Das ist auch der Grund, weswegen ich mir für Yva besonders eines wünsche: Urvertrauen. In sich selbst, in uns und in die Welt, die wir zusammen erkunden wollen.

WEITERREISEN

USA

»Freiheit bedeutet für mich: die Welt zu bereisen; zu meinen
Bedingungen zu leben und nicht beurteilt zu werden.«

Als wir aus der Schweiz zurück sind, haben wir noch zwanzig Tage, bevor es weitergeht. Diesmal wollen wir noch weiter weg. So weit wie noch nie mit Yva: nach Südamerika mit
Stopp in New York. Das bedeutet, dass Yva nach zehn Wochen
ihre Kita für vier Monate wieder verlässt. Wir sind sehr froh,
dass dies kein Problem darstellt. Von anderen Einrichtungen
haben wir gehört, dass beispielsweise auch hinsichtlich der
Bring- und Abholzeiten sehr strenge Regelungen gelten. Das
ist bei uns nicht so, was vieles entspannt. Trotzdem stelle ich
mir wieder einmal die Frage, ob Yva das Reisen überhaupt
gefällt. Ob sie sich selbst für eine so lange Reise entscheiden würde oder nicht lieber in der Kita bleiben würde. In
Berlin knüpft sie Freundschaften und findet Bezugspersonen,
die nicht David oder ich sind. Und wie wichtig die für ein
Kind in Yvas Alter sind, habe ich selbst gelernt bei meiner
Arbeit als Betreuerin in England. Wieso wollen wir sie dann
aus ihrer gewohnten Umgebung herausnehmen? Sind das
nun die Freiheit und der Freiraum, die uns für Yva so wichtig sind? Oder muss sie sich nicht viel mehr unseren Wün-

schen unterordnen und allein deshalb die Südamerikareise machen?

Ich merke, dass all diese Fragen auf eine gewisse Art und Weise nicht neu sind. Denn ich habe sie mir schon einmal gestellt. Nicht in Bezug auf Yva, sondern auf mich selbst. Ich habe mich gefragt, ob mein starkes Bedürfnis zu reisen nicht auch selbstsüchtig ist. Seit ich zuletzt darüber nachgedacht habe, sind einige Jahre vergangen, und ich weiß inzwischen, dass es nicht nur ums Reisen und Loslassen geht, sondern dass es auch wichtig ist festzuhalten, insbesondere an immateriellen Werten. Und das sind für Yva ihr Leben und ihre Kontakte in der Kita. Aber ich weiß auch, dass es möglich ist, sie aus der Ferne zu pflegen, dass wir zu Menschen, die uns besonders am Herzen liegen, zurückkehren können. Und mir ist bewusst, welche Horizonterweiterung Reisen bedeuten kann.

Letztlich ist trotz allen Nachdenkens nichts richtig oder falsch. Also entscheiden wir nach dem Prinzip, nach dem wir meist in Bezug auf Yva entschieden haben: Es ist einen Versuch wert. Wenn es Yva nicht guttun sollte, können wir die Reise immer noch abbrechen. Die andere Möglichkeit wäre, diese Chance einfach verstreichen zu lassen und niemals herauszufinden, ob es vielleicht gut gewesen wäre.

Bevor unsere Reise beginnt, gibt es aber noch einiges zu erledigen. Angefangen mit der Gelbfieberimpfung, die wir alle sehr gut vertragen. David und ich sind von unseren vorherigen Reisen impftechnisch gut versorgt, aber wir achten bei der Auswahl der Reiseländer auch immer darauf, dass wir uns nicht zu viel impfen müssen. Das spielt auch bei dieser ersten großen Reise mit Yva eine wichtige Rolle. Wir wollen ihr eine Malaria-Prophylaxe und weitere Impfungen ersparen.

Wir sind froh, dass wir in Sachen Reisevorbereitung so routiniert sind und nun nur Yva mitdenken müssen. Sie braucht zum Beispiel einen Reisepass. Bisher hat sie sich nicht ausweisen müssen, weil sie Europa nicht verlassen hat. Als wir den Reisepass bekommen, müssen wir lachen: Da Kleinkinder sich so wahnsinnig schnell verändern, sieht sie dem Passfoto, das wir vor mehreren Wochen haben machen lassen, nur noch entfernt ähnlich.

Zum Glück benötigen wir keine Visaanträge. Lediglich für die USA müssen wir einen elektronischen Anreiseantrag (ESTA) für uns alle stellen. Beim Ausfüllen für Yva erscheinen viele der ohnehin schon abwegigen Fragen noch absurder: ob Yva in terroristische Aktivitäten involviert war zum Beispiel. Ich fülle dennoch alles stoisch aus. Eine Auslandskrankenversicherung ist ebenfalls unabdingbar. Zwar steht Sicherheit für mich nicht über allem, ist aber durchaus wichtig. Und da ich selbst schon mehrfach im Ausland erkrankt bin, weiß ich, wie wichtig sie werden kann. Yva wollen wir so gut es geht absichern.

Meinen Eltern ist das nicht genug. Sie sind gegen unsere Reise und haben kein Verständnis dafür. Dass wir Yva damit aus ihrem gewohnten Umfeld reißen, spielt eine geringere Rolle dabei als der Sicherheitsgedanke. Das versuchen sie uns noch einmal zu verdeutlichen, als sie uns kurz vor unserer Abreise in Berlin besuchen.

»Yva ist noch zu klein für so eine Reise«, sagt mein Vater.

»Wieso?«, frage ich.

»Was ihr da alles passieren kann«, sagt meine Mutter.

»Nicht mehr als hier«, sagt David.

»Wer weiß«, sagt mein Vater. »Hier könnt ihr jedenfalls sicher sein, dass ihr gut versorgt seid.«

»Aber dort doch auch«, sage ich.

»Woher wollt ihr das wissen, ihr wart noch nie da«, so meine Mutter.

»Ich glaube, ihr habt eine ganz falsche Vorstellung von Südamerika«, sagt David.

»Wir haben uns bewusst ein Reiseziel ausgesucht, wo es eine gute Versorgung gibt«, sage ich.

»Ja, aber, Katharina«, sagt meine Mutter eindringlich, »du weißt doch noch, wie schlecht es dir in Asien ging – willst du das noch mal erleben?«

»Nein, möchte ich nicht«, sage ich. »Aber wir reisen auch nicht nach Asien, sondern nach Südamerika.«

»Aber in Südamerika lauern auch Gefahren«, meint mein Vater.

»Natürlich, überall auf der Welt lauern Gefahren«, sagt David.

Das hat uns bisher nicht vom Reisen abgehalten und wird es auch in Zukunft nicht. Selbst mit Yva nicht. Mit ihr achten wir auf Sachen, die für uns allein früher kein Thema waren – wir sind also vorsichtiger geworden. Aber wenn wir eines nicht wollen, dann uns von Angst beherrschen oder lähmen zu lassen. Mir ist das wichtig, gerade nach der letzten langen Reise, die in der Tat nicht einfach für mich war. Ich will die Negativerfahrungen mit neuen, positiven Momenten überschreiben, statt den Ängsten noch mehr Raum zu geben.

»Aber Yva wird sich sowieso an nichts erinnern«, sagt meine Mutter.

»Für Yva ist diese Reise eine Zumutung«, so mein Vater.

»Das sehen wir anders«, sage ich. »Wir haben viel darüber nachgedacht. Wir glauben, es ist eine Chance, denn selbst wenn sie sich nicht an alles bewusst erinnern wird, wird sie die Reise prägen.«

»Habt ihr wenigstens genug Medikamente eingepackt?«, fragt meine Mutter, die selbst immer großen Wert auf eine umfangreiche Reiseapotheke legt.

»Was ist schon genug?«, frage ich und erkläre dann: »Nein, wir haben so gut wie keine Medikamente dabei.«

Meine Eltern gucken mich schockiert an.

»Die Länder, in die wir reisen, unterscheiden sich nicht sonderlich von hier«, erklärt David erneut und versucht sie mit »Wir können uns dort genauso gut versorgen« zu besänftigen.

Das bedeutet für unsere Reiseapotheke: Weniger ist mehr. Was ja grundsätzlich meine Philosophie ist. In letzter Zeit habe ich auch hinsichtlich des Reisens vermehrt darüber nachgedacht: wie häufig ich reise, wie weit weg ich möchte und vor allem wie ich dort hinkomme. Das Fliegen ist an diesem Punkt meines Lebens etwas, das noch stark verbesserungswürdig ist. Was die Umweltbelastung angeht, ist es mein größtes Manko. Ich zahle zwar den Beitrag für den Emissionsausgleich, trotzdem kann ich die Augen vor den negativen Auswirkungen nicht länger verschließen. Yvas Gegenwart verstärkt meine Zweifel am Fliegen noch einmal erheblich: Ich will ihr keine Welt hinterlassen, in der die Klimakrise noch dramatischere Ausmaße angenommen hat als jetzt schon. Es geht bei meiner Lebensführung und bei meinem Konsum nicht nur um mich selbst, sondern auch um die anderen. Ganz konkret: um die Zukunft meines Kindes. Seit ich Yva jeden Tag hautnah erlebe, ist es mir noch viel wichtiger, mich solidarisch zu verhalten. Es geht nicht mehr nur um meine Selbstfindung und meine persönliche Freude am Herumreisen. Ich möchte so handeln, dass es für unseren Planeten langfristig gut ist.

Ich spreche mit David viel darüber. Wir recherchieren gemeinsam, was es für Optionen gibt, um nach Südamerika zu reisen. Kreuzfahrtschiffe kommen nicht infrage, weil sie eine zu schlechte Klimabilanz haben. Bleiben also nur noch Flieger oder Frachter, die Passagier*innen mitnehmen. Wir finden leider keinen, der uns mit einem kleinen Kind wie Yva transportieren würde. Die einzige Option, die uns bleibt, ist der Flieger. Wir überlegen lange, ob wir wirklich buchen sollen. Wir kommen am Ende – ähnlich wie bei den Überlegungen mit Yva – zu dem Schluss, dass die Reise eine Chance ist, die wir so schnell nicht mehr bekommen werden. Gleichzeitig treffe ich die Entscheidung, dass dies vorerst meine letzte Fernreise sein soll.

»Aber du musst dich doch selbst nicht so einschränken«, sagt David zu mir.

»Nein, muss ich nicht«, sage ich. »Aber ich will es.«

»Okay, einen Versuch ist es ja wert«, sagt er. »Ich fände es schön, wenn wir mal nähere Ziele erkunden und auch Deutschland besser kennenlernen.«

»Genau«, stimme ich ihm zu, »und dafür brauchen wir den Flieger nicht!«

»Mal sehen«, sagt David etwas zögerlich und dann sehr entschlossen: »Ich möchte mich da nicht festlegen.«

»Ich meine auch nicht, dass ich nie wieder fliege«, sage ich. Aber mir ist klar, dass ich das Fliegen stark minimieren und nach dieser Reise erst einmal darauf verzichten will.

Nun buchen wir also die Tickets für Südamerika. Dabei achte ich darauf, welche Airline wenig Emissionen ausstößt, und zahle dafür dann den Ausgleich. Beides bei atmosfair.

Pro Person sind das insgesamt etwas über hundertfünfzig Euro. Durch diesen Spendenbeitrag werden weltweit Klimaprojekte finanziert, bei denen Emissionen vermieden oder Treibhausgase aus der Atmosphäre gebunden werden sollen. Quasi ein Versuch, die selbst verursachten Schadstoffe wieder auszugleichen.

Da Kinder bei den meisten Fluggesellschaften bis zum zweiten Lebensjahr umsonst mitfliegen, zahlen wir nichts für Yvas Flug, und da es sich um einen Transatlantikflug handelt, haben wir bei unserer Fluggesellschaft zwei Gepäckstücke pro Person frei. Das schöpfen wir aber nicht komplett aus, da wir nicht vier Monate lang mit vier Gepäckstücken oder mehr unterwegs sein wollen. Wir entscheiden uns, dass jeder das Gepäckstück mitnimmt, das wir immer dabeihaben: David seinen Reiserucksack und ich meinen Rucksackrollkoffer. Doch da müssen nun auch noch die Dinge von Yva rein, also müssen wir unsere Sachen weiter reduzieren.

Gar nicht so leicht. Denn anders als bei vielen unserer Reisen, wo wir aufgrund der hohen Temperaturen nur leichte Kleidung brauchten, müssen wir diesmal für jede Wetterlage gewappnet sein. Von Bikini bis Schneeanzug muss alles mit, in Südamerika ist gerade Sommer und in New York bald schon Winter.

Außerdem wollen wir durch unterschiedliche Regionen Südamerikas reisen, für die wir unterschiedliche Kleidung brauchen. Den Schneeanzug für Yva leiht uns eine Bekannte aus der Schweiz. Eine Freundin von mir aus Berlin borgt uns ihre Kraxe, also die Rückentrage, die sie auf dem Flohmarkt ergattert hat. Und bei Freund*innen, die zuvor viel mit ihren Kindern unterwegs waren, erkundige ich mich nach Tipps. Die Antworten enthalten meist einen Satz wie: »Wie wichtig es ist, das Gepäck zu minimieren, brauch ich dir ja nicht sagen.«

Das von anderen empfohlene Breipulver brauchen wir nicht, weil ich weiter stillen will, auch um das Reisen zu erleichtern. Dafür packen wir eine kleine Schale und zwei Kinderlöffel ein. Genau wie Sonnenhut, Sonnencreme, UV-Shirt und Gallseife, um die wenigen Kleidungsstücke regelmäßig auszuwaschen.

Nun ist die Frage: Wie viele Kleidungsstücke sind wenig, und wie viele wird Yva brauchen? Bevor sie auf die Welt kam, habe ich gedacht, dass insgesamt acht Bodys für sie reichen. Doch nachdem sie nun manchmal innerhalb von einem Tag alles verdreckt hat und uns die Kleidung ausgegangen ist, habe ich doch lieber ein paar mehr zu Hause und auch auf der Reise dabei. Zumal wir nicht wissen, wo und wie häufig wir waschen können und wie schnell die Klamotten wieder trocknen. Am Ende packe ich acht Bodys, vier Pullover, vier Strumpfhosen, sechs Paar Socken, jeweils fünf Lang- und Kurzarmshirts, zwei Schlafanzüge, sechs lange und vier kurze Hosen sowie Regenhose und -jacke, noch eine Jacke, drei Paar Schuhe, Mütze, Schal und Schneeanzug für Yva ein. Das Spielzeug für sie muss dafür umso minimalistischer ausfallen: fünf dünne Bücher, zwei Stifte, ein Kuscheltier und drei Fingerpuppen. Dazu noch Yvas Schnuller, ihr Reisepass, Sonnenbrille, Decke, Windeln, Feuchttücher, Baumwollwickelunterlage, ein Jutebeutel, zwei Cremes, Fieberthermometer, Kochsalzlösung und Zäpfchen. Außerdem zwei Trinkflaschen und Lätzchen. Auf den von Freund*innen empfohlenen UV-Anzug, der Kinder vor sehr starker Sonneneinstrahlung schützt, verzichten wir, da Yva keinen hat und wir nicht extra einen anschaffen wollen. Doch bei einer Sache sind wir uns unsicher: Kinderwagen oder nicht? Es wäre ein zusätzliches Gepäckstück. Zudem groß und schwer. Für den Transport unserer Sachen allerdings nicht schlecht, und wir wissen nicht, wie Yva die neue Kraxe gefällt, die haben wir bisher nur einmal in Berlin ausprobiert.

Es bleibt noch genau eine Woche bis zum Abflug. Nach langem Hin und Her entschließen David und ich uns, einen Kinderwagen mitzunehmen, allerdings einen einfacheren, den wir klein zusammenfalten können. Ich ergattere ihn in letzter Minute in einem Secondhandgeschäft bei uns im Kiez.

Nun haben wir alles, was wir brauchen. Eventuell sogar etwas zu viel. Das wird sich im Laufe der Reise zeigen.

~

Der Abflug ist am Morgen um Viertel vor zehn vom Flughafen Berlin Tegel. Wieder fliegen wir so, dass Yva ihren Mittagsschlaf machen kann. Warum wir nicht nachts reisen, haben uns einige Freund*innen gefragt. Unsere Antwort ist einfach: Einen so langen Flug, neun Stunden, haben wir noch nie zuvor mit Yva gemacht. Wir wissen einfach nicht, wie sie sich verhalten wird. Ob sie viel schlafen oder wach sein, laut oder leise sein wird. Wir wollen die anderen Fluggäste nicht stören und wissen nicht, ob wir selbst schlafen können. Daher wollen wir zuerst lieber tagsüber fliegen.

Als wir überlegten, nach Südamerika zu reisen, war neben dem CO_2-Ausstoß die Flugzeit nach Buenos Aires mit über zwanzig Stunden das, was uns am meisten abgeschreckt hat. Um das zu umgehen und da es ohnehin keinen Direktflug von Berlin nach Buenos Aires gibt, wollen wir in New York einen Zwischenstopp einlegen. So können wir die Flugzeit fast halbieren. Außerdem habe ich früher in der Stadt gelebt, und David und ich wollten schon lange einmal gemeinsam dorthin reisen. So fällt der Halt etwas länger aus: eine gute Woche. Jetzt steht uns aber erst noch der Flug bevor.

Wir haben ein Baby-Bassinet für Yva gebucht, weil uns die Fluggesellschaft das empfohlen hat. Es ähnelt einer Kinderwagenwanne und wird vor die Sitze geschraubt. Weil das nur in der ersten Reihe möglich ist, sind unsere Plätze dort. Nebeneinander, aber durch den Gang getrennt, sodass nur einer von uns genau bei Yva sitzen kann. Sie will nicht schlafen, und das Bassinet nimmt viel Platz ein, weswegen wir es erst einmal nicht befestigen.

Yva ist jetzt am Morgen hellwach und will sich bewegen und spielen. David und ich laufen abwechselnd mit ihr den Gang entlang. Für sie ist es das allererste Mal in einem großen Flugzeug. Sie inspiziert alles neugierig und lächelt die anderen Passagier*innen freundlich an. Viele sind aber nicht begeistert davon, dass wir mit ihr durch die Gänge laufen. Auch die Flugbegleiter*innen nicht. Sie verteilen Getränke, Kopfhörer und Essen und wollen dabei niemanden in ihrem Weg haben. Das lassen sie uns unmissverständlich wissen. Also versuchen wir, Yva möglichst auf unseren Plätzen zu beschäftigen. Mit Büchern, Singspielen oder Fingerpuppen.

Zum Glück sitzt ein sehr freundliches älteres Ehepaar neben uns, das fortwährend lächelt. Bislang gibt es auch keinen Grund, sich zu beschweren, denn Yva grinst und verhält sich ruhig. Bis sie ein paar Stunden später müde wird. Dann lässt David sich von einer der Flugbegleiter*innen erklären, wie er das Bassinet befestigen kann. Ich stille Yva, bis sie einschläft. Doch als ich versuche, sie vorsichtig ins Bassinet zu legen, fängt sie an zu schreien. Das gefällt ihr gar nicht. Ich stille sie noch einmal, sie nickt ein, wacht aber auf, sobald ich sie in Richtung Bassinet hebe. Ich wiederhole das ein paarmal, aber es endet jedes Mal mit Gebrüll von Yva. Wir versuchen, sie schnell reinzulegen, doch sie kann sich nicht beruhigen und schreit pausenlos. Ich entscheide mich, sie auf meinem Arm schlafen zu lassen, auch um die Nerven der anderen Fluggäste zu schonen. Dafür polstere ich meine Ellenbogen mit Kissen ab, denn schon auf den kürzeren Flügen habe ich gemerkt, dass die den meisten Druck und auch Gewicht in der Position abbekommen.

Diesmal kommt noch hinzu, dass ich meine Beine nicht ausstrecken kann, weil das Bassinet vor mir befestigt ist. David bittet eine Flugbegleiterin freundlich, es abzunehmen, aber die erklärt uns schroff, dass wir es behalten müssen, wenn wir es gebucht haben. Von Kinderfreundlichkeit oder Zuvorkommen beim Flugpersonal keine Spur. Meinen Kopf kann ich auch nirgends anlehnen. Denn auf der einen Seite sitzt die ältere Dame, die in der Zwischenzeit eingeschlafen ist, und auf der anderen Seite ist der Gang, über den ich zu David schaue, der nun auch eingenickt ist. Alle sind entspannt, nur ich nicht.

Innerlich beruhige ich mich damit, dass alles noch viel schlimmer sein und Yva stundenlang schreien könnte, wir sie gar nicht zur Ruhe bekämen. Das kommt bei ihr zum Glück selten vor. Andere Eltern haben mir erzählt, dass ihr Kind den ganzen Flug durchgeschrien hat und sich gar nicht mehr hat beruhigen lassen. Also bin ich froh und dankbar, dass Yva auf meinem Arm friedlich schläft. Statt mich zu ärgern, lasse ich Gelassenheit walten und nehme die Situation an.

Auf dem Bildschirm vor mir wird die noch verbleibende Flugzeit angezeigt: über fünf Stunden. »Was soll ich bloß mit der Zeit machen?«, frage ich mich. Viel bleibt mir nicht übrig. Lesen geht nicht, denn ich halte Yva fest. Zum Musikhören und Filmschauen brauche ich Kopfhörer, und wie soll ich die in meine Ohren stecken ohne freie Arme? Nun ja, ich will es probieren. Ich halte Yva nur noch mit einem Arm fest und stütze sie mit meinen Beinen, damit sie nicht runterfällt. Dann stecke ich mir einhändig die Kopfhörer in die Ohren und schalte einen Film ein. Das machen ja auch viele so, die ohne Kind fliegen und nicht schlafen können. Ich kann eigentlich immer und überall schlafen. Aber ich schaue auch gern Filme, also alles halb so schlimm. Yva schlummert entspannt bis zum Abspann. Kurze Zeit später wacht sie auf. David schläft immer noch. Jetzt bin auch ich mit meiner Geduld am Ende, ich brauche Entlastung und muss vor allem auf die Toilette. Deswegen wecke ich David und gebe ihm Yva.

»Wie lange habe ich geschlafen?«, fragt er mich, als ich von der Toilette komme und meine Arme zwischen den Handgepäckfächern dehne.

»So drei Stunden«, sage ich.

»Was, so lange? Yva auch? Wieso hast du nichts gesagt?«, fragt er erstaunt.

»Es war doch am einfachsten so für alle, ich habe einen Film geguckt«, sage ich.

»Okay, dann mache ich jetzt was mit Yva«, sagt er.

Ich bin erleichtert und trinke erst mal viel, auch das konnte ich in den letzten Stunden nicht wirklich. Dabei ist viel Flüssigkeit gerade auf Flügen und beim Stillen besonders wichtig. Ich laufe noch etwas durch den Flieger, denn auch ich sehne mich nach Bewegung und kann deswegen gut verstehen, dass Yva gemeinsam mit David durch die Gänge schlendern will. Zu lange Stillsitzen ist für niemanden angenehm.

Zur Landung nehme ich Yva wieder auf meinen Schoß, stille sie, und wir kommen auf amerikanischem Boden an. Nun steht uns nicht nur das Gepäckabholen, sondern auch die Einreise in die USA bevor, die in New York – ich habe das zuvor schon erlebt – meist sehr viel Zeit in Anspruch nimmt. Auch heute sind die Schlangen lang, und wir werden nicht, wie in Polen, mit unserem Kleinkind bevorzugt behandelt.

»Soll ich mal gucken, ob sie uns vorlassen?«, fragt mich David.

»Nein, bloß nicht auffallen«, sage ich, weil ich häufiger mitbekommen habe, dass genau das bei der Einreise nicht gern gesehen wird.

Wir sind froh, dass Yva alles so geduldig mitmacht. Nach zwei Stunden steigen wir endlich in den Zug, der uns nach Manhattan bringt. Von dort nehmen wir die Personenfähre nach Staten Island. Die Insel südwestlich von Manhattan ist eines der fünf *Boroughs* (Stadtbezirke) von New York.

Es ist nun Nachmittag, und wir sind schon seit über zwölf Stunden unterwegs. Trotzdem gehen wir zu Fuß zu dem Haus von Frida, meiner Bekannten, wo wir schlafen. Ich erinnere mich noch gut an den Weg, obwohl es inzwischen schon fünf Jahre her ist, dass ich hier gewesen bin.

»Woher kennst du Frida noch mal?«, fragt mich David.

»Über eine gemeinsame deutsche Freundin. Sie kennen sich aus München, wo Frida gewohnt hat, bevor sie nach New York gezogen ist. Sie lebt hier mit ihrem amerikanischen Mann, zwei Töchtern und zwei Katzen«, erkläre ich. Ich hätte fast auch einmal dort gewohnt, weil das Haus so groß ist, dass die Familie ein Zimmer und das ausgebaute Keller-geschoss vermietet. Derzeit ist aber alles belegt, sodass wir im Kinderzimmer schlafen. David in dem Bett der einen Tochter, Yva und ich in dem der anderen. Zahlen sollen wir dafür auf keinen Fall, hat Frida mir geschrieben und mich nur gebeten, ihren Töchtern Pippi-Langstrumpf-Bücher mitzubringen, was wir selbstverständlich gemacht haben.

Als wir ankommen, essen wir alle zusammen zu Abend. Yva wird freudig von den Mädchen aufgenommen. Doch allzu lange halten wir nicht durch, weil wir so erschöpft sind von der Reise, und gehen ins Bett. Yva schläft sehr gut. David auch. Nur ich wieder nicht. Meine Augen brennen, und ich habe sehr starke Atembeschwerden wegen meiner Katzen-allergie. Als ich das Fenster öffnen will, wird Yva wach und schreit, also lege ich mich wieder hin, da Frida, ihr Mann und ihre Töchter genau nebenan schlafen.

Am nächsten Morgen wecken uns die Stimmen der zwei Mädchen, die neugierig sind und mit Yva spielen wollen. Die Katzen laufen quer über die Betten und unser Gepäck.

»Wie siehst du denn aus?«, fragt David mich, und dann: »O Shit, so schlimm mit den Katzen?«

Ohne zu antworten, reiße ich das Fenster auf. Schon viel besser. Leider kann es nur kurz offen bleiben, weil es draußen sehr kalt ist und wir noch im Schlafanzug sind. David zieht sich schnell etwas über, nimmt Yva und geht zu den anderen, damit ich in Ruhe duschen kann. Er weiß, dass das häufig bei meiner Allergie hilft. Zerknittert erscheine ich am Früh-stückstisch. Die anderen sind schon alle fertig.

»Jetlag?« fragt mich Frida.

»Nein, die Katzen, hätte nicht gedacht, dass die Reaktion so stark ist«, sage ich.

»Oh, das tut mir leid«, sagt Frida.

Nun springt David unter die Dusche, ich ziehe Yva an und gebe danach Frida die Bücher. Sie freut sich sehr darüber und reicht jedem Mädchen eins. Die Siebenjährige sagt: »Pippi Langstrumpf.«

»Genau«, singt Frida, »diejenige, die ihren Freund*innen rät, nicht zu warten, bis jemand sie anlächelt, sondern ihnen zeigt, wie es geht.«

Das passt irgendwie auch zu den USA, denke ich. Denn der Umgang hier ist meist sehr positiv, und viele lächeln. Der Ursprung für diese optimistische Gesinnung liegt wohl im American Dream, zu dem aber auch harte Arbeit gehört, was ich damals selbst zu spüren bekam. Ich bin neugierig, wie sich New York verändert hat. David auch, deswegen wollen wir die Stadt gemeinsam erkunden und alte Freund*innen von mir treffen.

~

Am nächsten Morgen fahren wir mit der Staten Island Ferry nach Manhattan. Dort lassen wir Yva im Battery Park herumlaufen und die gelben Taxis bestaunen, die an uns vorbeirauschen. Dann nehmen wir die Subway in den Norden Manhattans, nach Uptown, zum Times Square. Yva weiß gar nicht, wohin sie zuerst schauen soll bei so viel Trubel in der Bahn. Am Times Square ist sie vor allem von den Stufen der Tribüne fasziniert, die sie sofort erklimmt. Oben angekommen, ist sie begeistert von den vielen verschiedenen Leuten und bunt blinkenden Lichtern um sie herum.

An dem Konsumangebot hat sich nichts geändert in den vergangenen Jahren, in denen ich nicht hier gewesen bin, und auch nicht an den Menschenmassen in Manhattan. Umso dankbarer sind wir, als wir im Anschluss etwas abseits vom Trubel im Central Park meine Freundin Ariane und ihren Sohn Luca treffen, der genauso alt ist wie Yva.

Ariane kommt, wie wir, mit dem Kinderwagen, bislang haben wir von denen wenige gesehen. Kein Wunder, denn Kinder können sich in Manhattan nicht gut frei bewegen – von den Grünanlagen einmal abgesehen.

»In Bussen sind Kinderwagen sogar verboten«, erzählt uns Ariane später, »außer man klappt sie zusammen.«

»Und Fahrradfahren?«, fragt David.

»Viel zu gefährlich in der Stadt, vor allem mit Kindern. Aber außerhalb machen wir das gern.«

Umrahmt von den Hochhäusern sitzen Yva und Luca auf der Schaukel. Wir unterhalten uns währenddessen: Ariane ist in Deutschland geboren und besucht dort hin und wieder noch ihre Mutter. »In Deutschland gefallen mir die Spielplätze deutlich besser«, sagt sie, »und dass Kinder dort mehr draußen sind.«

Die Betreuung von Schwangeren, die Geburt und die Zeit danach liefen auch ganz anders ab. »In den USA arbeiten die meisten Frauen bis kurz vor der Geburt, außer sie werden vorher noch krankgeschrieben«, sagt Ariane. »Betreut werden sie von den Frauenärzt*innen.«

»Hebammen gibt es wenige«, sagt Mike, ein Bekannter von mir, der mit seiner Frau in New York lebt, in den USA geboren wurde und eine *Doula* engagiert hat. Dieser Beruf der nicht medizinischen Helferin, die Eltern vor, während und auch nach der Geburt emotional und körperlich zur Seite steht, entstand in den USA, und inzwischen nutzen auch werdende Eltern in anderen Ländern die Unterstützung der

Frauen. Bei Mike kam sie dreimal vor der Geburt und ein paarmal danach. Insgesamt hat ihr Service zweitausend US-Dollar gekostet.

»Die Geburt findet in den USA meist im Krankenhaus statt«, so Mike.

»In New York gibt es seit Kurzem aber nur noch den Kreißsaal dafür«, erzählt Ariane, »keine Extraräume mehr wie zuvor.«

»Trotzdem ist die Geburt sehr teuer: Zehntausend US-Dollar kostet sie im Schnitt. Bei einem Kaiserschnitt noch mal fünftausend US-Dollar mehr«, so Mike.

Doppelt so viel wie in Deutschland, wo der Preis für eine komplikationslose Entbindung zwischen dreitausend und fünftausend Euro liegt und von der Krankenversicherung übernommen wird. In den USA müssen die allermeisten trotz Versicherung noch sehr viel dazuzahlen. Mike beispielsweise siebentausend US-Dollar.

Und nach der Geburt? »Kümmert sich keiner wirklich um die Mutter«, sagt Mike. Ariane erzählt: »Die Frauen gehen zwar zur frauenärztlichen Nachsorge. Aber sonst gibt es so gut wie keine Unterstützung.« Sie bedauert das sehr, weil die Nachsorge sowohl in körperlicher als auch in psychischer Hinsicht wichtig sei – zahlreiche Frauen litten nach der Entbindung an Depressionen. In New York würden ihnen eigentlich acht Wochen Mutterschutz zustehen, eine der besten Regelungen in den USA. Trotzdem kehren die meisten Mütter nach sechs Wochen wieder zur Arbeit zurück. »Auch in New York, denn die meisten kommen hier nicht anders über die Runden«, erklärt Ariane.

»Väter bleiben in der Regel gar nicht zu Hause«, so Mike, »nur sehr wenige nehmen sich unbezahlten Urlaub.«

»Diejenigen, die sich das nicht leisten können, bewerben sich beim Staat um eine Ausgleichszahlung«, so Ariane.

»Diese Regelung läuft unter dem *Disability Act*, sodass bei der Bewerbung beispielsweise eine Frage lautet: ›*When did your disability start?*‹ Bei uns werden das Elterndasein und die Pflege des Kindes also als Behinderung eingeordnet«, erklärt Mike.

Weil viele früh wieder in den Job zurückkehren, stillen die meisten Amerikanerinnen nur drei Monate; lediglich bei einem Drittel dauert diese Phase ein ganzes Jahr. Sich dafür in den Park zu setzen, so wie ich es gerade tue, »ist zwar erlaubt, aber es machen nur wenige, und wenn verdeckt«, erzählt Ariane. »An manchen Orten wie zum Beispiel am Flughafen gibt es Extraräume dafür.«

Dann verlassen wir gemeinsam den Park, Ariane bringt uns zur nächsten Subway-Haltestelle und geht nach Hause. Wir fahren zurück nach Staten Island. Auf der Fähre schließt Yva schnell Freundschaft mit neuen Spielkamerad*innen. Es ist schön zu sehen, auch wie sie mit den beiden Töchtern von Frida spielt, bevor wir alle erschöpft ins Bett fallen. Die Nacht ist für mich – Katzenhaare *hello again* – wieder alles andere als eine Erholung. Zum Glück schlummern Yva und David, denke ich, während ich wach liege. Ich schlafe noch einmal kurz ein und werde dann von Yva geweckt. Mit ihr auf dem Arm mache ich das Fenster auf, aber es ist noch kälter als am Vortag. Also schnell Fenster wieder zu und Yva anziehen. Zum Glück haben wir viele Wolle-Seide-Sachen eingepackt.

»Die wiegen nicht viel, wärmen schön und können gut übereinander getragen werden«, haben mir Freund*innen empfohlen. In diesem Moment bin ich sehr dankbar, dass ich ihrem Rat gefolgt bin. Nachdem David aus der Dusche zurück ist und ich Yva und mich permanent niesend angezogen habe, machen wir uns ohne Frühstück direkt auf den Weg zur Fähre.

»Ich muss schnell an die frische Luft«, sage ich zu David.

»Immer noch die Katzen?«, fragt er.

»Leider ja«, sage ich.

»Haben wir denn noch andere Optionen?«, erkundigt er sich.

»Natürlich«, sage ich, »aber die sind viel teurer.«

Die meisten meiner Freund*innen in der Stadt wohnen in so kleinen Wohnungen oder Zimmern, dass sie uns drei nicht zusätzlich unterbringen können. Eine Zwischenmiete oder ein Hotel in New York würde unser Reisebudget noch mehr belasten, als es die Stadt, in der ein Cappuccino vier Euro kostet, ohnehin schon tut.

Und die Preise steigen weiter, habe ich den Eindruck. Das bestätigt uns Toni, eine Freundin von mir, die wir in Brooklyn treffen. Als ich damals dort gewohnt habe, war die Lage in dem *Borough* noch wesentlich entspannter. Doch in der Zwischenzeit sind auch hier die Preise gestiegen. »Es ist sehr schwer, als freie Fotografin in New York zu überleben«, erzählt Toni.

Ich weiß ganz genau, was sie meint. Ich habe die gleiche Erfahrung gemacht, dass New York ein Ort ist, an dem Leute leben, um zu arbeiten, anstatt zu arbeiten, um zu leben. Das ist auch der Grund, weswegen die Stadt eher ungeeignet ist, um eine Familie zu gründen, denn das muss man sich erst einmal leisten können. Ohne Geld kommt man hier nicht weit.

»*If you don't have a bit of money, you are fucked*«, sagen viele deshalb über New York – und mit Kindern gilt das noch mehr. Das, was vom Staat an Unterstützung geboten wird, ist meist sehr wenig und deckt nur bescheidenste Bedürfnisse. Die Eigenfinanzierung hingegen ist kostspielig: egal, ob es um Gesundheit, Bildung oder Kinderbetreuung geht.

»Zwischen tausenddreihundert und dreitausend US-Dollar kostet ein Kitaplatz in New York, und das, obwohl die Erzieher*innen meist nicht einmal gut ausgebildet sind«, sagt Ariane.

»Manche Nannys sind etwas günstiger«, erzählt Mike, »aber die lassen die Kinder häufig Videos auf dem Smartphone oder dem Tablet gucken.«

Ein Plus bei einigen Tagesmüttern sei allerdings, dass sie eine andere Sprache sprechen und die Kinder somit bilingual aufwachsen. Das passt sehr gut zum Leistungsgedanken der Gesellschaft, der in den USA schon früh greift. So erzählt Frida, dass »der Terminkalender der Kinder oftmals voller ist als der ihrer Eltern: Musik-, Sport- und Sprachklassen.«

Aber auch hier gilt: Mitspielen darf nur, wer Geld hat. Spätestens da bröckelt das Konzept des *American Dream*, denn nicht alle haben die gleichen Chancen. Von Geburt an ist die Schere zwischen Arm und Reich groß. Eigentlich beginnt die Ungleichheit sogar schon davor, bei der Erstausstattung für die Kinder. Der Großteil davon wird angehenden Eltern in den USA meist bei sogenannten *Baby Showers* geschenkt.

»Gebrauchte Babysachen werden nur weitergegeben, wenn Eltern ökologisch denken«, so Ariane, »oder sich nichts anderes leisten können. Diejenigen, die etwas auf sich halten, kaufen Kinderartikel neu, weil sie vermeintlich ›sauberer‹ sind.« Am liebsten online. Bei Amazon oder auf einer Website mit dem Namen *buybuybaby*. Die Sachen kosten in den USA etwa ein Viertel mehr als in Deutschland.

Seit 2011 reise ich regelmäßig nach Indien, um über den Subkontinent zu berichten. Hier auf meiner Rechercheroise 2017 in Rajasthan.

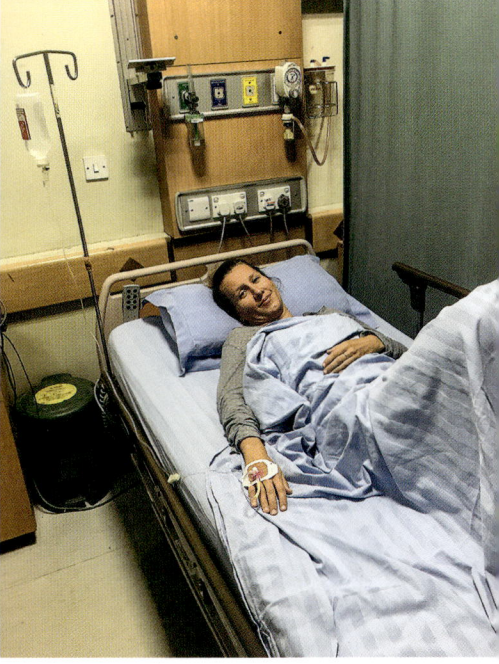

Gewalt gegen indische Frauen ist ein Thema, dem ich mich angenommen habe.

Mehrfach muss ich ins Krankenhaus, aber keiner weiß genau, was mir fehlt.

2016 reise ich zum ersten Mal nach Myanmar: vom Süden bis zu den Tempeln und Heiß-
luftballons in Bagan. In Yangon und Mandalay mache ich positive Schwangerschaftstests.

Den letzten Urlaub vor der Geburt verbringen wir auf Sizilien.

Die Zeit, wenn unsere kleine Tochter schläft, nutze ich, um Dinge zu erledigen.

Unsere Tochter hindert uns nicht daran, viel unterwegs zu sein. Ganz im Gegenteil: Sie inspiriert unsere Reisen, und wir lassen uns durch sie auf Neues und auch Anderes ein.

2018 besuchen wir viele Freund*innen und unsere Familie innerhalb Deutschlands. Unsere Tochter liebt es, alles zu inspizieren und sich zwischendurch zu stärken.

Sie ist neugierig und will nicht nur Sylt, sondern auch den Rest der Welt in all seiner Vielfalt entdecken. Ihr Papa David hält diese Momente in Bildern fest.

Wir wagen uns immer weiter, reisen durch Europa und in die Schweiz. Es klappt sehr gut, und meine kleine Familie unterstützt mich bei der Arbeit. Sowohl in Zug ...

... als auch in Zürich, wo ich bei Lesungen und Vorträgen über meinen minimalistischen Lebensstil und meine Recherchereisen berichte.

Als unsere Tochter etwa ein Jahr alt ist, machen wir unsere erste Fernreise und fliegen zu dritt über den Atlantik nach New York, was für uns alle aufregend ist.

Mit ihr in Manhattan unterwegs zu sein ist ganz anders als zu der Zeit, als ich hier gelebt und gearbeitet habe. Anders, aber erfrischend und ausgesprochen schön.

Danach geht es weiter nach Buenos Aires. In der Hauptstadt Argentiniens erfreuen wir uns am bunten Treiben auf den Straßen und an der Entspanntheit, die hier herrscht.

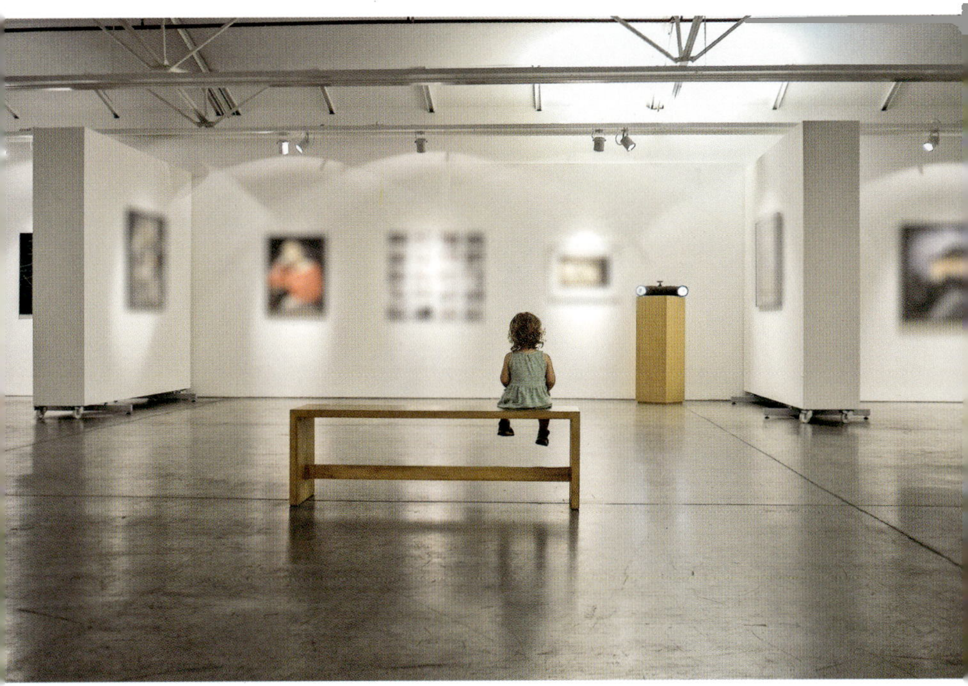

Das Kulturprogramm ist vielfältig. Nicht fehlen dürfen dabei Fotoausstellungen, die wir drei uns gerne anschauen. Wenn auch jede*r auf seine*ihre Weise.

Alles andere als trubelig ist die Península Valdés, wo wir zahlreiche Tiere bestaunen können. Die Magellanpinguine haben es unserer Tochter ganz besonders angetan.

Noch weiter südlich im argentinischen El Bolsón machen wir unsere ersten großen Wanderungen, die sehr abenteuerlich sind, wie hier am Cajón del Azul.

Auch in Bariloche und Umgebung bestaunen wir beeindruckende Natur. Diesmal nicht nur geprägt von Gebirgszügen, sondern auch von vielen Seen.

Der Gletscher Perito Moreno ist ein Highlight unserer Reise: Vor unseren Augen brechen riesige Eisbrocken in die angrenzenden Gewässer.

Voller Energie strotzen wir im Norden von Argentinien bei den Salinas Grandes, deren Salzschicht im Schnitt dreißig Zentimeter dick und steinhart ist.

Unsere Tochter inspiziert die 820 Quadratkilometer große Fläche genau und hat Spaß, an einem so ungewöhnlichen Ort mit anderen spielen zu können.

Beim Stadtfest von Humahuaca unweit des Salzsees treffen wir auf festlich gekleidete *Gauchos* (die hiesigen Cowboys) und ihre Pferde.

Ob Baum-, Tiny- oder Domo-Haus, Zelt, Surfshack oder Mühle – wir fühlen uns überall wohl, Hauptsache, wir sind zusammen. Außerdem haben wir immer das Nötigste dabei, das reicht uns vollkommen.

Im Nationalpark Torres del Paine im Süden von Chile erwartet uns auf 2420 Quadratkilometern atemberaubende Natur mit beeindruckenden Felsmassiven.

Wir wandern zu den »Türmen des blauen Himmels« – die drei Granitberge sind das Wahrzeichen des Parks in Patagonien und geben ihm seinen Namen.

Unsere Tochter hat sich zu einer wahren Bergsteigerin und Entdeckerin entwickelt.
Sie genießt es, das bunte Valparaíso statt in der Kraxe auf eigene Faust zu erkunden.

Bei der Wanderung zum Fitz Roy, der sich sowohl in den argentinischen als auch in den chilenischen Anden befindet, stoßen wir – vor allem ich – an unsere Grenzen.

Im Norden von Chile lassen wir uns von den Farben und der Weite der Atacama-Wüste beeindrucken. Für unsere Tochter ist es ein riesengroßer Sandkasten.

Immer wieder begegnen wir auf unserer Reise Tieren in freier Natur, wie den *Guanakos*, wildlebenden Lamas, hier auf der Península Valdés.

Südlich vom argentinischen Salta kommen wir durch die Quebrada de las Conchas mit ihren roten Sandsteinformationen, die in der Kreidezeit durch Erosion entstanden sind.

Die Wasserfälle von Iguazú dehnen sich über knapp drei Kilometer aus. Es gibt 255 kleinere und zwanzig größere Kaskaden, die bis zu 82 Meter hoch sind.

2011 wurden die Iguazú-Wasserfälle in die Liste der Sieben Weltwunder der Natur aufgenommen. Sie liegen am Dreiländereck von Argentinien, Brasilien und Paraguay.

Wir sind mit so gut wie allen Verkehrsmitteln unterwegs: Ob in Autos, Bussen oder Schiffen – überall stille ich meine Tochter, wenn sie es braucht, weil es ihr guttut.

In Uruguay wollen wir zur Ruhe kommen. Besonders gut gelingt uns das in kleinen Fischerorten wie hier am Cabo Polonio an der Südküste des Landes.

Zurück in Europa steigen wir 2019 das letzte Mal in den Flieger, um in das Land zu fliegen, aus dem die »Flugscham« stammt: Schweden.

Unsere Tochter ist das Reisen inzwischen gewohnt und hat Spaß daran. Besonders gut gefällt es ihr – wie auch uns – auf der Göteborg vorgelagerten Insel Brännö.

In die Toskana fahren wir – mit Halt in München – mit dem Zug. Dort genießen wir den italienischen Spätsommer und Herbstbeginn, wie hier in Semproniano.

Den Sommer 2020 verbringen wir in der näheren Umgebung, entdecken Ravensburg und das Allgäu und fahren auch für einen Tag in die Alpen nach Österreich ...

... wo wir das Bergpanorama bestaunen.   Ein weiterer Stopp ist Bamberg.

Nicht selten erkunden wir die Welt direkt vor der Haustür, wie hier am Wukensee in Brandenburg, wohin unsere Tochter das erste Mal eine Freundin mitnimmt.

Sehr viel Freude haben wir auch am Bodensee und auf der Insel Mainau, wo nicht nur Open-Air-Badewannen, sondern auch Tiere und Parkours zum Spielen einladen.

Bekannt ist die drittgrößte Insel am Bodensee aber vor allem für ihre vielfältige Vegetation, weswegen die Mainau auch »Blumeninsel« genannt wird. Uns gefällt's.

»Nachhaltigkeit spielt ohnehin eine viel kleinere Rolle als in Deutschland«, so Frida. Nur sehr wenige Eltern kochen den Brei für ihre Kinder selbst, statt Gläschen zu kaufen, oder wählen die Biovariante beim Einkaufen.

Bei den Windeln gibt es ein ähnliches Angebot wie in Deutschland, aber die meisten Eltern greifen auch in den USA zu Wegwerfwindeln. Als wir im East Village an der Wohnung von einem befreundeten Paar vorbeilaufen, muss ich an einen Service denken, den die zwei für ihren Sohn genutzt haben: Die gebrauchten Stoffwindeln werden abgeholt und sauber wieder zurückgebracht. Das erleichtert diesen »Scheißjob« im wahrsten Sinne des Wortes. Allerdings habe ich mich damals schon gefragt, ob es wirklich eine so nachhaltige Option ist, wenn die Windeln quer durch Manhattan gekarrt werden und dafür Benzin verbraucht wird.

~

Nun haben wir noch genau zwei Tage, und ich entscheide mich, die auch noch mit den Katzen durchzuhalten. Wir sind ohnehin fast die ganze Zeit unterwegs, trotz starkem Schnee. Wir lassen den Kinderwagen aber lieber stehen und stecken Yva mit Mütze und Schneeanzug in die Kraxe, um mobiler zu sein. So sind wir bestens gewappnet für die Fotosafari, die ich David versprochen habe. Über den Broadway, Union Square, vorbei an Flatiron und Empire State Building bis zum Grand Central und von dort aus zum Rockefeller Center. Immer wenn David zum Fotografieren anhält, nutze ich die Zeit, um Yva zu stillen oder ihre Windel zu wechseln. Zwischendurch wärmen wir uns in einer Fotogalerie auf. Die Zeit vergeht wie im Flug.

Am allerletzten Tag wollen wir noch einmal Ariane besuchen und vorher unbedingt etwas in Chinatown essen. Denn schließlich haben David und ich uns in China kennengelernt und das Essen dort genossen. Es gibt wenige Orte außerhalb Chinas, wo das Essen so ursprünglich chinesisch schmeckt. Toni hat uns einen Laden empfohlen. Schon von Weitem sehen wir, wie beliebt er ist, da sich trotz der Kälte eine große Traube von Menschen davor gebildet hat.

»Warteliste«, sage ich zu David.

»Was?«, fragt David erstaunt. »Nein, nicht im Ernst?«

»Doch«, sage ich, »aber in New York ist das üblich, also no worries!«

Es geht sogar recht schnell − zwanzig Minuten später kommen wir dran und setzen uns an einen der vielen großen Tische, um die herum sich die Menschen drängen. Kinder gibt es wenige, und wenn, sind sie älter als Yva.

Nachdem wir bestellt haben, fragt mich David unsicher: »Meinst du, es wird nicht ein bisschen zu viel für Yva?«

»Jetzt ist eh zu spät, oder?«, entgegne ich gelassen.

»Stimmt. Eigentlich glaube ich auch, dass es aufregend für sie ist«, sagt David. Und er hat recht. Yva kann nicht genug bekommen. Mit Stäbchen kann sie noch nicht essen und nimmt deswegen ihre Hände, um sich die Nudeln und den Reis in den Mund zu schaufeln. Die anderen Gäste um uns herum scheint das nicht zu stören. Im Gegenteil, sie lächeln Yva an, und ich erinnere mich daran, dass Ariane mir erzählt hat, dass Kinder in den USA nicht als so störend empfunden werden wie in Deutschland und es hier eine größere Toleranz gegenüber ihnen gibt.

Mit vollen Bäuchen machen wir uns auf den Weg zu ihr. Yva will noch ein letztes Mal mit Luca spielen, der heute seinen ersten Tag in der Kita hatte, weswegen wir erst am Nachmittag bei ihm und seiner Mutter vorbeischauen. Sie wohnen in einem Hochhaus im vierzehnten von über dreißig Stockwerken. Die Aussicht ist beeindruckend, David zückt gleich seine Kamera.

»Wie war der erste Kitatag?«, frage ich. Doch Ariane reagiert zunächst nicht. Sie zeigt Yva Lucas Zimmer, wo beide spielen können. Ich frage noch einmal, dann erzählt mir Ariane, dass sie enttäuscht und besorgt sei, weil Luca recht verstört gewesen sei, als sie ihn abgeholt hat. Ich kann mir das schwer vorstellen, da ich ihn als sehr offen erlebe, und frage: »Wie lange war er denn da?«

»Den ganzen Tag«, antwortet Ariane. Sie habe über eine App Benachrichtigungen bekommen über seine Aktivitäten, seine Mahlzeiten, sein Schlafverhalten und den Inhalt seiner Windeln.

»Eine Eingewöhnung gibt es hier nicht«, sagt sie, »dafür haben die meisten Eltern auch gar keine Zeit.«

In New York müssen beide Elternteile arbeiten, um sich ein Kind und das Leben in der Stadt leisten zu können. Die meisten Kinder werden deswegen schon kurz nach der Geburt in Fremdbetreuung gegeben. In die Kita kommen sie, sobald sie alle Impfungen erhalten haben.

»Viele sind von morgens bis abends in der Einrichtung. Die Eltern wecken ihre Kinder häufig nur und geben ihnen dann abends einen Gutenachtkuss«, so Mike.

»In Deutschland ist das deutlich besser«, findet Ariane. Genau wie William, ein Bekannter von mir aus den USA, der in Berlin lebt und dort zweifacher Vater geworden ist.

»Ich würde mich immer wieder dafür entscheiden, ein Kind in Deutschland zu bekommen«, sagt er. »Erst wenn es sechs Jahre alt ist und die eigenen Finanzen stimmen, wären die USA eine Option.« Denn was ihm, genau wie allen Eltern, mit denen ich gesprochen habe und die in den Vereinigten Staaten leben, gefällt, ist, wie warm die Amerikaner*innen sind, gegenüber Kindern ganz besonders. Sie begrüßen es, wenn die Kinder neugierig und unverstellt sind, und es wird viel weniger kritisiert als in Deutschland. Es scheint in anderen Kulturen weniger Bewertungen zu geben. Vor allem bei der Elternschaft. Das deckt sich auch mit meinen Erfahrungen.

Ich bin gespannt, was ich in Südamerika beobachten werde. Nach unserem Besuch bei Ariane machen wir uns auf den Weg zum Flughafen. Unser Flieger nach Buenos Aires soll um zehn Uhr abends abheben. Ariane gibt uns noch Tipps mit auf den Weg, denn sie hat ihre Flitterwochen in Patagonien verbracht. Weitere Informationen lese ich, während Yva auf mir schläft. Diesmal fast den ganzen Flug, elf Stunden. Kein Wunder, denn sie ist erschöpft von den Tagen in New York. Da wir über Nacht fliegen, schläft auch David neben mir ein. Er hat mir angeboten, Yva zu nehmen, aber ich möchte lieber einen ruhigen Flug ohne Ungewohntes für Yva – dafür nehme ich die kleine Unannehmlichkeit gern in Kauf.

Nachdem ich mit einer Hand gelesen und noch einen Film geschaut habe, bin auch ich so erschöpft, dass ich endlich einschlafen kann. Diesmal habe ich etwas mehr Platz, weil wir bewusst auf das Bassinet verzichtet haben. Und Katzen gibt es auch keine!

HOCH HINAUS

Argentinien

»Freiheit bedeutet für mich: zu wissen, wer ich bin, woher ich komme, wohin ich will, und meine Wünsche zu leben.«

Nach knapp elf Stunden Flugzeit landen wir in Buenos Aires. Als wir den Flieger verlassen, ist es heiß. Also ziehen wir einige Kleidungsstücke aus, die wir für das verschneite New York gebraucht hatten. Yva lassen wir laufen, nachdem sie sich im Flugzeug nicht viel bewegen konnte. Freudig wackelt sie los, inspiziert alles und setzt sich vor einem Fahrsteig vor ein Schild mit der Aufschrift »Que te inspira« (was dich inspiriert). Ich lächle, das passt ja gut!

Das letzte Mal, als ich hier gewesen bin – vor knapp acht Jahren –, habe ich mich alles andere als wohlgefühlt und bin statt der geplanten drei Monate bloß für eine Woche in der argentinischen Hauptstadt geblieben. Damals hatte das Reisen vorübergehend den Reiz für mich verloren. Wahrscheinlich, weil ich in kurzer Zeit zu viel gesehen hatte und übersättigt war von den Eindrücken. Ich wollte nichts Neues mehr entdecken, ich fühlte mich leer, entwurzelt und vor allem einsam. Mir wurde bewusst, dass Freiheit auch mit Einsamkeit verbunden sein kann und dass Loslassen nicht nur Vorteile hat.

Jetzt, wo ich wieder hier bin, fühlt es sich ganz anders an. Gemeinsam mit David und Yva bin ich weder einsam noch leer, stattdessen gebunden durch Partnerschaft und Kind. Das bedeutet aber nicht, dass ich mich gefangen fühle oder weniger frei. Die Bindung zu David und Yva bedeutet Verschmelzung, Zusammenhalt und Geborgenheit; sie ist keine Fessel für mich. Mein Leben kommt der Definition von Freiheit sogar sehr nahe: die Möglichkeit, ohne Zwang zwischen verschiedenen Optionen auswählen zu können. Die Frage stellt sich, ob ich durch David und Yva nicht auch eingeschränkt bin? Aber dem ist nicht so. Sie hindern mich an gar nichts. Ganz im Gegenteil: Sie unterstützen mich, weil ich das Glück habe, dass David und ich bei den essenziellen Entscheidungen so ähnlich ticken, dass wir uns meist für das Gleiche entscheiden. Natürlich gibt es auch bei uns temporäre Einschränkungen, wie beispielsweise durch das Stillen. Aber die sind in der Regel von absehbarer Dauer.

Für mich ist die Gemeinsamkeit noch wertvoller als die Freiheit. David und ich zum Beispiel haben immer wieder darüber geredet, dass wir gern noch einmal nach Buenos Aires und Südamerika reisen wollen, da wir beide unsere vorherigen Reisen hierher abgebrochen haben. Es ist ein gemeinsamer Traum, der nun in Erfüllung geht. Dass tatsächlich auch Yva dabei sein würde, hätten wir nicht gedacht – obwohl wir früher oft davon geträumt haben, ein Kind zu haben und es mit auf unsere Reisen zu nehmen. So gehen für uns nun also gleich zwei Träume in Erfüllung. Ich bin sehr dankbar und sehr gespannt, wie Yva es erleben und was wir mit ihr entdecken werden. Eltern zu sein und zu reisen hat etwas gemeinsam: Beides eröffnet neue Perspektiven. Weil die Elternschaft letztlich auch eine Form von Reise ist.

Wir fahren mit einem Taxi zur Airbnb-Wohnung. Da sie sich im zehnten Stock befindet, habe ich darauf geachtet, dass auch ein Aufzug vorhanden ist, weil das mit Yva einfacher ist. Ansonsten ist uns wichtig gewesen, dass wir etwas kochen können und zwei Zimmer haben. Auf der einen Seite unserer Wohnung gibt es eine durchgehende Glasfront, durch die wir einen schönen Ausblick haben; ich entdecke, dass sich genau vor unserer Tür ein Spielplatz befindet. David und Yva wollen sofort hin. David duscht noch schnell und zieht sich und Yva kurze Sachen an. Nachdem ich das ebenfalls gemacht habe, hole ich sie am Spielplatz ab.

Gemeinsam erkunden wir den Stadtteil San Telmo, an den unsere Mietwohnung grenzt: Kleine Straßen mit vielen Altbauten prägen das Bild des *Barrios* (Viertels), das zum Großteil unter Denkmalschutz steht. In vielen Gebäuden sind im Erdgeschoss Bars und Cafés untergebracht. Wir steuern eins an, um etwas zu essen: *Empanadas*, gefüllte Teigtaschen mit Käse, Spinat und Tomaten. Gesättigt kehren wir für den Mittagsschlaf gemeinsam zurück zum Apartment, denn wir sind alle erschöpft. Ohne Katzen und mit viel Platz in einem Bett zu schlafen ist ein willkommener Luxus.

Danach gehen wir noch mal kurz auf den Spielplatz, dann zum Supermarkt, und später kochen wir uns etwas. Viel mehr bekommen wir heute nicht mehr hin. Müssen wir aber auch nicht. Wir haben mehrere Tage für Buenos Aires eingeplant, um alles in Ruhe zu machen. Auch weil wir nicht wissen, wie es nach dem langen Flug und in einer neuen Umgebung für Yva sein wird. Bisher macht sie alles mit Begeisterung mit, was uns freut und sich deutlich von dem unterscheidet, was uns einige prophezeit haben.

Außerdem sind wir froh, dass wir – ähnlich wie in New York – zwar neugierig auf die argentinische Metropole sind, sie aber schon kennen. Anders als viele Tourist*innen haben wir keine Liste, die wir abhaken müssen. Nur an ein paar Orte wollen wir gern zurückkehren.

Am nächsten Tag machen wir uns auf nach Boca. Das ist eines der bekanntesten *Barrios* von Buenos Aires, und da es an das Viertel, in dem wir wohnen, angrenzt, laufen wir zu Fuß. Nur wenige Minuten später kommen wir durch einen Park mit einem *patio de juegos* (Spielplatz) und sind überrascht, dass es davon so viele gibt. In Berlin hatte uns eine Argentinierin erzählt, dass es keine Spielplätze in ihrer Heimat gebe. In den vergangenen Jahren hat sich anscheinend einiges verändert.

Wir bereuen keine Sekunde, dass wir hergereist sind. Im Gegenteil: Wir sind sehr froh, dass wir uns von niemandem haben abschrecken lassen. Der Spielplatz ist, genau wie der vor unserer Wohnung, bunt und zum Großteil mit Spielgeräten aus Plastik ausgestattet. Leider gibt es wenig Schatten, sodass Yva nur kurz schaukeln kann. Sie steuert zwar immer wieder die Rutsche an, doch sobald Yva sie berührt, zieht sie ihre Hände weg. Wir versuchen ihr zu erklären, dass sie zu heiß ist. Doch Yva versteht das noch nicht so gut. Wir versprechen ihr, dass wir später zurückkommen, und setzen sie in ihren Buggy.

Eine halbe Stunde später erreichen wir *La Bombonera*, das berühmte Stadion vom Fußballclub Boca Juniors, einst Heimatverein von Diego Maradona. Heute ist außerordentlich viel los, da hier das Probetraining für das große Finale der *Copa Libertadores*, des wichtigsten südamerikanischen Fußballwettbewerbs, vergleichbar mit der Champions League in Europa, stattfindet. Daran haben wir leider nicht gedacht.

Also zwängen wir uns durch die Fanmassen und erblicken bald schon die bunten Häuser, die aus dem Blech abgewrackter Schiffe erschaffen und mit Schiffslack bemalt wurden. Wohl am bekanntesten ist der kleine Weg El Caminito, wo viele Künstler*innen ihre Werke verkaufen. Yva klettert auf alle Stufen, an denen wir vorbeikommen, und bleibt immer wieder stehen, um sich aufmerksam umzusehen.

Besonders entzückt ist sie von einer Filzfigur: Mafalda. Da die Comicheldin des argentinischen Malers Quino für Weltfrieden, Gerechtigkeit, Demokratie und die Frauenbewegung steht, ist das nicht die schlechteste Wahl, denke ich mir und kaufe sie ihr. Yva freut sich, und David sagt neckend: »Ach ja, so eine Figur braucht Yva unbedingt.«

»Nein, aber sie ist trotzdem schön«, sage ich und rolle mit den Augen, denn ich bin inzwischen genervt, dass ich mich ständig rechtfertigen muss, weil ich im Alltag auf vieles achte und einen bewussten Konsum pflege. Es liegt wahrscheinlich vor allem daran, dass ich einen Diskurs in der Öffentlichkeit darüber angestoßen und mich zu engagieren begonnen habe. Das macht mich natürlich angreifbarer. Aber es scheint mir manchmal so, als würde ich bestraft dafür, dass ich mich so bemühe, und das finde ich unangemessen.

~

Nach ein paar Tagen in Buenos Aires geht es weiter in das 1300 Kilometer südlich liegende Puerto Madryn. Dort, im Norden Patagoniens angekommen, leihen wir uns ein Auto, um für ein paar Tage die Península Valdés zu erkunden. Hier ist es ganz anders als im belebten und heißen Buenos Aires: recht windig, karg, und Menschen gibt es nur wenige. Aber wir sind auch für etwas anderes hier: die Tiere. Vor allem für Seelöwen, See-Elefanten, Wale, Delfine und Pinguine ist die Insel bekannt. Wir wollen Yva die Möglichkeit geben, sie in freier Natur zu sehen.

Nachdem wir den Eintritt für das Naturreservat gezahlt haben, das seit 1999 UNESCO-Weltkulturerbe ist, fahren wir auf einer Schotterpiste durch die patagonische Steppe. Die Fahrt ist anstrengend, weil wir unaufhörlich durchgerüttelt werden und weil Yva nicht ans Autofahren gewöhnt ist. Ich versuche, sie bei Laune zu halten, sitze neben ihrem Kindersitz auf der Rückbank. Ich spiele mit ihr, gebe ihr etwas Obst zu essen. Aber all das hilft meist nur ein paar Minuten. Mit dem Blick aus dem Fenster kann ich sie leider auch nicht ablenken, denn es gibt nicht sonderlich viel zu sehen auf der Strecke. Die wenigen Fahrzeuge, die uns entgegenkommen, erkennen wir aus der Ferne schon an den Staubwolken. Ab und zu laufen ein paar Guanakos vorbei, wild lebende Lamas. Nur wenn sie am Rand der Schotterpiste stehen bleiben, was selten passiert, da die Wildtiere vor Fahrzeugen zurückschrecken, können wir sie Yva zeigen. Das gelingt uns zweimal, als wir langsam fahren. Yva betrachtet die Tiere aufmerksam. Doch die Begeisterung hält nicht lange an. Es hilft mehr, wenn ich sie stille. Dafür müssen wir anhalten, und im Grunde sind wir dankbar für diese Pausen, denn das ruckelige Fahren zusammen mit dem Genörgel oder Geschrei von Yva ist anstrengend für uns alle. Uns war klar, dass Autofahren eine Herausforderung werden würde. Aber dass der erste Trip gleich derart mühsam sein würde, hätten wir nicht gedacht.

»Wir haben die Schotterpiste unterschätzt«, sagt David.

»Ja, aber es kann auch nicht immer alles super laufen«, seufze ich.

Nach hundert Kilometern erreichen wir, inmitten von Sanddünen gelegen, Puerto Pirámides. Mit seinen rund fünfhundert Einwohner*innen ist es nahezu der einzige Ort mit Übernachtungsmöglichkeiten auf der Halbinsel. Unser Hostel ist nur ein paar Schritte von der Bucht am Atlantik entfernt.

Am nächsten Tag heißt es wieder: Schotterpiste. Die Fahrt ist eintönig und lang, und Yva hat überhaupt keine Lust. Erst recht nicht unmittelbar nach dem Aufstehen, wo ihr Bewegungsdrang meist am größten ist. Ihre Energie kann sie gut bei unserem ersten Stopp an der Steilküste rauslassen. Dort gibt es viele Magellanpinguine. Anders als die Guanakos sind sie überhaupt nicht scheu. Ganz im Gegenteil: Sie recken ihre Hälse in die Luft und rufen aus voller Brust. Yva lacht und ahmt die schwarz-weißen Tiere nach. Obwohl der starke Wind uns kräftig durchpustet, lässt die Begeisterung für die Vögel, die etwa so groß wie Yva selbst sind, nicht nach. Wir freuen uns, sie so zu sehen und sie ein wenig für die anstrengenden Fahrten zu entschädigen. Es hat sich gelohnt. Für alle. David fotografiert fleißig. Ich mache ein Handyvideo, wie Yva mit den Pinguinen singt.

Nach so vielen Eindrücken kann Yva so gut schlafen, dass sie gar nichts mehr von der Fahrt mitbekommt. Bei unserem nächsten Halt packen wir sie in die Kraxe und halten Ausschau nach See-Elefanten, die sich an der Küste tummeln. David fotografiert sie mit einem Teleobjektiv. Ich erkenne die Tiere nur schemenhaft, Yva leider gar nicht. Sie ist gelangweilt, weswegen ich sie aus der Kraxe nehme und ein paar Schritte mit ihr laufe. Dabei entdecken wir ein Gürteltier. Yva wackelt ihm neugierig hinterher, und auf dem Rückweg nach Puerto Pirámides halten wir noch einmal bei den Pinguinen.

So werden die Autoetappen für uns alle drei angenehm unterbrochen.

Zurück in Puerto Pirámides laufe ich mit Yva über den Strand. Wir genießen die Freiheit und die Weite. Es ist gut, dass wir heute kein Auto mehr fahren müssen. Ich mache ein paar Yogaübungen, und Yva ahmt mich nach. Sie genießt es, sich dabei im Sand zu suhlen. David ist unterdessen auf einer Wal-Tour, von der er nach seiner Rückkehr ganz euphorisiert erzählt und uns auf dem Bildschirm seiner Kamera ein paar Bilder von der Begegnung mit den riesigen Meeressäugern zeigt, die wir interessiert bewundern.

»Schon schade, dass wir das nicht gemeinsam erleben konnten«, sagt David.

Ich nicke. Aber Yva ist noch zu klein und konnte nicht mit auf die Tour. Ich habe kein Problem damit, dass ich bei ihr geblieben bin, da ich in Island mit David schon mal eine Wal-Tour gemacht habe und inzwischen etwas skeptisch bin, ob die touristisch organisierten Touren für die Tiere so gut sind. Zu dritt steuern wir noch einmal einen anderen Aussichtspunkt an. Dort können wir kämpfende Seelöwen beobachten. Später erspähen wir sogar einen Wal. Ein besonderer Moment für mich, einen Wal so frei aus dem Atlantik springen zu sehen, wenn auch aus mehr Distanz als bei einer Tour. Für Yva sind die Tiere leider zu weit weg.

Dafür und weil ihr die Magellanpinguine so gut gefallen haben, fahren wir am nächsten Tag zu einer Kolonie mit 600 000 Tieren. Der Eintritt kostet noch mal extra, aber damit unterstützen wir die wissenschaftliche Arbeit, die dort seit über vierzig Jahren geleistet wird. Bis zu einem Abstand von einem Meter dürfen wir uns den Pinguinen nähern. Das ist für Yva natürlich schwer, weil sie von ihnen magisch angezogen wird. Doch wir schaffen es, sie in ihrer roten Regenjacke etwas auf Distanz zu halten, und übersetzen ihr, was uns selbst von den Wissenschaftler*innen erklärt wird: Gerade jetzt ist es besonders wichtig, den Abstand zu halten, weil die Pinguine ihre Kinder bekommen haben, die in einer Erdhöhle immer abwechselnd unter ihren Eltern sitzen. Bei den Magellanpinguinen herrscht, was die Jungen betrifft, Gleichberechtigung. Beim Hudern, dem Schützen ihrer Nestlinge, wie auch während der Brutzeit. Im Oktober legt das Weibchen zwei gleich große Eier ab und brütet, während das Männchen jagen geht. Nach der Hälfte der Zeit, zwanzig Tagen, wechseln die beiden: Das Männchen brütet, und das Weibchen geht auf die Jagd. Bemerkenswert, dass im Tierreich möglich ist, woran wir Menschen noch arbeiten müssen, denke ich mir.

Wir reisen weiter in den Norden der Halbinsel zum Punta Norte. Es ist einer der wenigen Orte auf der Welt, an dem es die Möglichkeit geben soll, Orcas im offenen Meer zu sehen. Denn sie kommen gern hierher, um sich eine Seerobbe oder einen Seelöwen zu schnappen. Die wiederum sonnen sich heute am Ufer oder schwimmen fröhlich im Wasser. Von den Orcas keine Spur. Nur ein Schild auf dem Wächterhäuschen, an dem vermerkt ist, wann hier das letzte Mal Orcas gesehen wurden: vor fünf Tagen.

»Dann ist doch die Wahrscheinlichkeit höher, dass wir jetzt einen von ihnen erblicken«, spekuliert David und legt sich mit seinem Foto-Equipment auf die Lauer.

Der Wind wird immer stärker, sodass es für Yva und mich ungemütlich wird, doch David will noch ausharren. Ich nehme Yva und setze mich mit ihr ins Auto, wir müssen uns ohnehin bald auf den Rückweg machen, wenn wir unseren

Mietwagen rechtzeitig zurückbringen wollen. David denkt da gerade überhaupt nicht dran, sodass ich ihn ins Auto holen muss.

»Wir hätten noch ein bisschen länger bleiben können«, sagt David frustriert darüber, dass er keine Orcas gesehen hat.

»Nein, sonst schaffen wir es nicht mehr pünktlich zur Autovermietung«, sage ich.

»Das schaffen wir schon«, sagt er.

»Yva und mir war außerdem kalt«, sage ich.

In der Zwischenzeit hat Yva angefangen zu nörgeln. Selbst die Rosinen, sonst unsere Allzweckwaffe, helfen nicht mehr. Sie fängt an zu schreien.

»Willst du sie nicht stillen?«, fragt David, den ich wegen Yvas Gebrüll kaum verstehe.

»Dafür haben wir jetzt keine Zeit mehr«, sage ich, und David verdreht die Augen.

David und ich schweigen. Yva schreit. Dann sage ich: »Okay, halt an!« Während ich Yva stille und sie sich beruhigt, bitte ich David, die Autovermietung anzurufen, um ihnen zu sagen, dass wir etwas später kommen.

Der Argentinier ist zum Glück sehr entspannt und sagt: »Ich habe selbst Kinder.« Auch wenn Yva nicht der Grund für unsere Verspätung ist.

»Glück gehabt«, sage ich.

»Ja, alles easy, habe ich doch gesagt«, erwidert David. Ich rege mich im Stillen noch ein bisschen auf, denn es hätte auch anders ausgehen können, aber nur einen kurzen Moment, dann lassen wir die Orcas und den Streit endgültig hinter uns.

Zurück in Puerto Madryn fährt uns der Autovermieter sogar noch zum Busterminal, damit wir den Bus in allerletzter Minute erwischen. Ich sinke mit Yva auf dem Arm in den Sitz. Die Busfahrt ist sehr komfortabel, kein Vergleich zu Indien oder Myanmar. Schon vor unserer Reise hat David mir häufig von den Bussen in Südamerika vorgeschwärmt. Nun kann ich mich selbst davon überzeugen.

Yva guckt aus dem Fenster. Weil es keinen Kindersitz für sie gibt, kann sie sich frei bewegen. Meine Sorge, dass Yva nicht sicher ist, verblasst von Kilometer zu Kilometer. Es ist hier so üblich. Zudem ist die Fahrt für uns alle viel angenehmer als im Auto. Und das ist wichtig, denn wir fahren achthundert Kilometer in das westlich liegende El Bolsón. Absolut machbar mit dem Bus, obwohl die Fahrt durch das unwegsame Patagonien doppelt so lange dauert wie eine vergleichbare Strecke von Berlin nach Zürich.

~

Nach vierzehn Stunden Fahrt wird es wieder hell draußen. Die ersten Sonnenstrahlen blitzen an den Seiten der Vorhänge hervor, die alle im Bus zum Schlafen zugezogen haben. Yva und David werden wach, und wir finden uns wieder inmitten der Natur, die wunderschön ist und die wir durch die Fenster bewundern können: gewaltige Gebirgszüge und sattgrüne Bäume. Ganz anders als in Puerto Madryn oder Buenos Aires.

Frühmorgens steigen wir bei der Endhaltestelle El Bolsón aus. Als wir durch den kleinen Ort zu unserer Bleibe schlappen, wirkt er mindestens genauso verschlafen wie wir. Eine Freundin von mir hat uns die Unterkunft empfohlen und gesagt, dass sie wirklich etwas Besonderes sei. Den Eindruck haben wir auch. Unser Zimmer befindet sich, wie der Name der Unterkunft Earthship Patagonia verspricht, in einem Erdschiff: ein Gebäude, das aus recycelten Materialien so gebaut ist, dass die gespeicherte Solarenergie zum Heizen und durch eine bestimmte Luftzirkulation auch zur Kühlung genutzt werden kann. Die Vorderseite des Earthships besteht aus einer großen Glasfront. Die Hinterseite aus Lehm, unter dem alte, mit Erde gefüllte Autoreifen die Energie der Sonne absorbieren, die durch Panels auf dem Dach gewonnen wird.

In unserem Zimmer steht ein Bett aus Holz, es ist, wie auch die Lampen, selbst gebaut. Alte Wein- und Obstkisten dienen als Nachttische und Ablage für Kleidung. Sehr schlicht und schön. Genau wie die Wand der Dusche, die aus vielen alten verschiedenfarbigen Glasflaschen besteht. Gewaschen werden darf sich nur mit ökologischer Seife. Das Wasser wird wiederverwertet, um den Garten zu bewässern, in dem ein Großteil von dem, was morgens und abends serviert wird, wächst. Dort gibt es auch Hühner und drei Jurten, in denen die Gäste in Hochbetten schlafen. Es ist eine kleine Community, weshalb wir die anderen schnell kennenlernen. Entweder im wunderschönen Garten, der mit Lupinen übersät ist, oder beim optionalen gemeinsamen Frühstück und Abendessen. Wir sind allerdings die Einzigen mit Kind, und häufig möchten die anderen wissen, wie wir die Wanderungen mit Yva machen wollen. Die Frage kennen wir schon, weil sie uns vor unserer Abreise häufig gestellt wurde. Unsere Antwort lautet: mit der Kraxe. Mehr wissen wir auch noch nicht.

Am nächsten Tag wollen wir es zum ersten Mal wagen. Da die Startpunkte der Wanderstrecken sehr weit entfernt sind, zumindest zu Fuß, teilen sich die meisten Gäste ein Taxi. Wir haben uns mit einem Deutschen und einem Schweizer verabredet, um uns zum Cerro Piltriquitrón fahren zu lassen. Mit 2284 Metern Höhe ist er der höchste Berg von El Bolsón, den wir vom Ort aus schon bestaunen. Der Fahrer fragt, wann er uns abholen soll. Unsere Begleiter scheinen unsicher, wohl weil sie Angst haben, dass wir mit Yva viel länger brauchen werden. Also frage ich, wie lange sie allein eingeplant haben.

»Für Auf-, Abstieg und Pause sechs Stunden«, sagen sie.

»Dann soll uns der Fahrer dann abholen«, sage ich. Für uns ist es die erste Wanderung mit Yva, und wir haben nicht den Anspruch, den Gipfel zu erklimmen. Wir wollen uns Schritt für Schritt herantasten und uns zeitlich gern nach den anderen richten. Die freuen sich und verschwinden schnell, während ich Yva noch einmal stille und sie dann in die Kraxe setze. Zwei Kilometer ist das *Refugio* entfernt, die Schutzhütte befindet sich auf 1500 Metern.

David setzt sich als Erster die Kraxe auf. Der Anstieg ist nicht so anspruchsvoll, sodass wir gemütlich laufen. Yva scheint es in der Kraxe zu gefallen, die Bewegung beruhigt sie, außerdem hat sie die beste Aussicht von uns allen. Nach etwa einer Dreiviertelstunde machen wir halt. Am *Bosque Tallado*, wo Künstler*innen aus Baumstämmen Skulpturen geschnitzt haben. Da wir nicht wissen, wie lange sich Yva wohlfühlt in der Kraxe, holen wir sie kurz raus und snacken gemeinsam etwas. Als wir dabei in den strahlend blauen Himmel gucken, entdecken wir einen Kondor über uns. Auch Yva sieht ihn und sagt: »Da, da, da.«

Da wir aber noch nicht so viel gelaufen sind, wollen wir nun lieber weiter, und David schnallt sich Yva wieder auf den Rücken. Etwa eine halbe Stunde später kommen wir beim *Refugio* an. Die Schutzhütte steht mitten auf einer Blumenwiese. Der Anblick hat etwas von einer Alm in den Alpen, nur dass es die Anden sind, die sich gegenüber vom Tal erstrecken, in dem auch El Bolsón liegt. Ein sagenhafter Ausblick. Wir wollen noch höher hinauf, hinterlassen unsere Namen bei der Schutzhütte, und da uns die Wärterin, nachdem sie uns einmal von oben bis unten gemustert hat, als fit genug befindet, dürfen wir passieren. Dass wir mit Yva unterwegs sind, die nun ich mir auf den Rücken geschnallt habe, ist kein Problem.

Auf einmal wird der Weg richtig steil. Wir gehen bis zur nächsten Ebene, wo noch Schneereste liegen und wir einige Gleitschirmspringer abheben sehen. Der Ausblick hier ist noch besser, auf dem Gipfel muss es fantastisch sein. Doch der Blick auf die Uhr zeigt uns, dass wir nicht höher können. Fast drei Stunden sind vergangen. Also Halbzeit. Den Gipfel würden wir nie erreichen, und weil wir für den Abstieg weniger Zeit brauchen, legen wir auf der Ebene des *Refugio* eine längere Pause ein. Schon von Weitem entdecken wir auf der saftgrünen Wiese eine Kraxe, unserer ähnlich, und einen Jungen in Yvas Alter. Die Kinder gehen sofort aufeinander zu.

»Na, wie alt ist eure?«, fragt Jens, der Vater des Jungen, der uns wohl hatte Deutsch sprechen hören.

»Etwas über eins«, sagt David.

»Lustig«, sagt Lena, »unser Sohn Lucian auch.«

»Und wo kommt ihr her?«, fragt David.

»Aus Süddeutschland«, antwortet Lena. »Und ihr?«

»Aus Berlin«, sagt David.

»Und wie lang seid ihr unterwegs in Argentinien?«

»Vier Monate«, sage ich.

»Lustig, wir auch«, sagt Lena.

»Sonst fragen alle immer erstaunt: So lange?«, sage ich.

Jens und Lena müssen lachen und sagen: »Uns auch.«

»Ihr habt ja so eine ähnliche Kraxe wie wir«, sagt Lena.

»Ja, nur ein paar Generationen älter«, sage ich und schmunzle.

»Ist eure Tochter gern da drin?«, fragt Jens.

»Also, bislang schon«, sagt David. »Ist aber heute auch unsere erste Wanderung.«

»Wow, und die gleich in Patagonien«, sagt Lena.

»Ja«, sage ich und frage: »Seid ihr denn schon häufiger mit eurem Sohn wandern gewesen?«

»Ja«, sagt Jens, »Wir wandern viel in Süddeutschland.«

»Cool«, sagt David.

»Dafür ist es unsere erste gemeinsame Reise«, sagt Lena. Nun müssen David und ich schmunzeln.

»Eure nicht?«, fragt Lena etwas irritiert.

»Nein, ganz und gar nicht«, sagt David.

»Weder zu zweit noch zu dritt«, sage ich. »Aber so weit und so lange waren wir auch noch nicht unterwegs.«

»Wir wollen noch nach Chile und Uruguay«, sagt David.

»Cool, wir wollen noch weiter südlich und dann länger nach Buenos Aires«, sagt Jens.

»Verdammt, wir müssen los«, sagt Lena auf einmal.

»O ja«, sagt Jens und lächelt, »total verquatscht.«

»Wollen wir Telefonnummern tauschen und ein anderes Mal weiterreden?«, fragt Lena.

»Gern«, sagt David. »Wir sind noch ein paar Tage hier.«

Gleich am nächsten Abend treffen wir die drei in einer *Cervercería* wieder. In dem Biergarten lernen wir uns besser kennen und erfahren, dass Lena Illustratorin und Jens Lehrer ist. Anders als wir sind sie verheiratet. Der Grund für ihre Reise ist nicht nur die Liebe zum Wandern, sondern auch

Jens' Tochter, die in Buenos Aires bei ihrer argentinischen Mutter lebt. Gern würde Jens sie häufiger sehen, aber leider geht das nur in den Ferien. Während wir uns unterhalten, springen Yva und Lucian um uns herum, tanzen und lachen. Das stört hier absolut niemanden. Ganz im Gegenteil, es freut die anderen. Sowohl die Kellner*innen als auch viele Gäste im Biergarten ermutigen sie sogar.

Am nächsten Tag wollen wir gemeinsam zum Cajón del Azul wandern. Wir fahren mit einem Taxi zwanzig Minuten zum Ausgangspunkt der Wanderung, wo wir uns registrieren müssen. Zu Beginn laufen wir abwärts in das Tal des Flusses Río Azul, der seinem Namen alle Ehre macht: Das Wasser schimmert in den schönsten Blautönen, und am Ufer blühen Lupinen, dahinter erstrecken sich sattgrüne Wälder.

Immer wieder müssen wir über Hängebrücken gehen, an denen Schilder befestigt sind, die darauf hinweisen, dass man sie maximal zu zweit überqueren sollte. Kein Wunder, denn sie sind ziemlich klapprig. Zwischendurch legen wir hin und wieder kleine Pausen ein, entweder um zu stillen – Lena stillt Lucian auch noch – oder um unsere Wasserflaschen im Fluss aufzufüllen. Dann geht es bergauf. Ziemlich steil sogar, bis wir an einem *Refugio* ankommen, das schön am Wasser und einer Blumenwiese gelegen ist. Lena will mit Lucian hierbleiben und sich ausruhen. Doch wir wollen noch bis zum Cajón del Azul. Ich habe Yva in der Kraxe auf dem Rücken. Jens bietet mir an, sie zu nehmen, vielleicht weil er sonst auch immer die Kraxe trägt. Aber David und ich wechseln uns ab. Mir macht es nichts aus. Ich will diesen Moment gemeinsam mit Yva erleben, ich liebe die Herausforderung. Und die gibt es hier: Wir balancieren über rutschige Felsen, neben denen es Hunderte Meter bergab geht. David läuft hinter mir und sagt immer wieder: »Pass bloß auf!« Ich bleibe direkt hinter Jens und halte Yva bei Laune, indem ich mit ihr lache und sage, wir gehen über einen Wackelweg. Dabei muss ich aber auch aufpassen, dass ich nicht oben in den Bäumen mit der Kraxe hängen bleibe. Wenn das doch mal passiert, sage ich »Überraschung« zu Yva und lache. Sie auch. Ihr scheint das Abenteuer zu gefallen. Nur David ist nach wie vor besorgt. Als wir den schwierigen Weg geschafft haben, sagt er zu mir: »Das war mit Yva ganz schön gefährlich.«

»Ja«, sagt auch Jens, »hattest du denn gar keine Angst?«

»Die hat sie in der Tat nie«, antwortet David für mich und erzählt Jens ein paar Anekdoten von unseren Abenteuern. Währenddessen überlege ich, ob ich Yva in Gefahr gebracht habe oder ob es Quatsch ist, was Jens und David sagen. Ich habe zwar gut aufgepasst, aber vielleicht hätte ja wirklich etwas passieren können? Der Gedanke arbeitet in mir den ganzen Tag über. David und ich wollen uns nicht von Angst bremsen lassen, aber Angst und berechtigte Vorsicht sind natürlich zwei ganz verschiedene Dinge. Ich weiß, dass ich definitiv noch etwas risikofreudiger bin als David. Ich sollte ihm da in Zukunft wohl etwas mehr entgegenkommen. Nicht nur ihm zuliebe, damit er sich keine Sorgen machen muss, sondern vor allem auch für Yva.

Als wir wieder bei Lena und Lucian sind, kühlen wir unsere Füße in dem glasklaren Wasser. Der Ort ist so schön, dass wir gern noch länger bleiben würden. Aber wir müssen uns auf den Rückweg machen, damit wir vor Einbruch der Dunkelheit zurück sind und unser Taxi nicht verpassen. Die Kinder haben bei der Pause gegessen und gespielt, sodass sie nun entspannt in den Kraxen hängen. Doch auf den letzten

Metern schwächeln nicht nur sie. Ganz am Ende geht es noch einmal bergauf, und ich spüre die extra Höhenmeter nun in meinen Beinen.

Erschöpft, aber glücklich fallen wir ins Taxi und später ins Bett. Davor wartet aber noch ein warmes Abendessen beim Earthship mit Zutaten aus dem Garten auf uns, und wir sind dankbar, dass wir nicht selbst kochen müssen.

Am nächsten Tag ruhen wir uns aus und schlendern durch El Bolsón. Der Ort ist wohl immer so verschlafen wie an unserem Ankunftsmorgen. Diese Entspanntheit verleitet viele, länger zu bleiben als ursprünglich geplant. So auch unsere neuen Freund*innen, die wegen ihres Sohnes lieber mehrere Tage an einem Ort verbringen wollen. Wir bleiben bei unserer Reise mit Yva auch länger als sonst an einem Ort: in Buenos Aires eine Woche, in Puerto Madryn und der Península Valdés vier Nächte und hier fünf. Doch nun zieht es uns weiter in den Süden. Wir haben nicht den Anspruch, alles zu sehen, aber wir wollen möglichst weit in den Süden Argentiniens kommen, um dann über Chile wieder in den Norden zu reisen. Da die Entfernungen sehr groß sind, wissen wir noch nicht genau, wann wir wo sein und wie lange wir bleiben werden. Trotzdem hoffen wir, Lena, Jens und Lucian noch einmal wiederzusehen und vielleicht noch eine Wanderung mit ihnen machen zu können.

~

Unser nächster Halt ist Bariloche. Wir haben gehört, dass die Stadt sehr touristisch sein soll, und wollen deswegen nicht lange dortbleiben. Nur eine Nacht als Zwischenstation. Als wir im Hostel ankommen und die Frau an der Rezeption Yva sieht, sagt sie auf Spanisch: »Kinder sind hier nicht erlaubt.«

»Was?«, frage ich erstaunt.

»Ja, das steht auch bei der Buchung dabei«, sagt sie.

»Oh, das muss ich wohl übersehen haben«, sage ich. »Ein argentinischer Freund hat uns das Hostel empfohlen, deshalb habe ich gar nicht damit gerechnet, dass Kinder nicht erlaubt sein könnten.«

»Sind sie nicht«, sagt die Rezeptionistin streng.

»Von einer solchen Regelung habe ich noch nie gehört«, sage ich und frage freundlich: »Könnten Sie nicht vielleicht eine Ausnahme machen?«

»Ihr seid nicht das Problem«, entgegnet sie mir nett, »sondern die anderen Gäste.«

Verdutzt gucken David und ich uns an.

»Viele der Gäste hier nehmen Drogen«, erklärt sie, »vor ein paar Tagen gab es deswegen einen Vorfall.«

Kein schönes Umfeld. Darüber sind David und ich uns einig, aber mit unserem Gepäck nun etwas anderes zu finden ist auch schwer. »Wir stellen nur schnell unsere Sachen ab, kommen zum Schlafen und gehen morgen früh gleich wieder«, flehe ich.

»Na gut«, sagt die Rezeptionistin schließlich. »Dann tragt eure Daten hier ein und gebt mir eure Pässe.«

Wir sind erleichtert und bringen unsere Sachen auf das Zimmer. Die Aussicht ist traumhaft, vom Fenster sehen wir den See Nahuel Huapi und direkt dahinter die Anden. Man kann sich gut vorstellen, dass Bariloche eines der wichtigsten Wintersportzentren Südamerikas ist. Im Sommer ein beliebtes Ziel für Klassenfahrten und Partybegeisterte. Das ist auch für uns nicht zu übersehen: Überall tummeln sich Jugendliche, um zu trinken und exzessiv zu feiern.

Wir sind sehr froh, als wir die Stadt am nächsten Tag verlassen, um mit einem Mietwagen die umliegenden sieben Seen zu sehen. Die sogenannte Siete-Lagos-Route ist innerhalb eines Tages machbar, heißt es. Aber vor allem mit Kind im Sommer eine Herausforderung. Wir haben keine Klimaanlage, und es ist heiß, was die ohnehin ungeliebte Autofahrt für Yva noch schlimmer macht. Zum Glück können wir uns in den Seen immer wieder abkühlen und die Landschaft bewundern. Aber wir lernen auch eine weitere Lektion: Wir sollten nicht nur auf möglichst viele Autofahrten verzichten, sondern die Touren zudem kurz halten. Wir dürfen uns an einem Tag nicht zu viel vornehmen, wie wir es noch vom Reisen ohne Kind gewohnt sind.

Dass wir einen Gang herunterschalten sollten, bestätigt sich auch bei unserem nächsten Halt in El Calafate. Zwei Tage haben wir hier eingeplant. Der Ort selbst am Fuß der Anden ist unspektakulär, aber Ausgangspunkt für den Nationalpark Los Glaciares, der neben Bergen aus drei großen Gletschern besteht: Upsala, Viedma und Perito Moreno. Letzteren wollen wir uns ansehen. Doch am nächsten Tag wacht Yva mit leicht erhöhter Temperatur auf. Was nun? In einer Stunde soll die Tour zum Perito Moreno beginnen. Wir überlegen, ob nur David fährt oder ob wir alles abblasen.

»Vielleicht wird ihr die frische Luft aber auch guttun«, überlegt David und hält ratlos seinen Fotorucksack in der Hand.

»Ja, und in der Kraxe könnte sie zumindest gut schlafen«, sage ich. »Und Stillen könnte ich sie unterwegs auch, das ist ohnehin die beste Medizin.«

»Mmh«, macht David und fragt: »Was machen wir denn jetzt?«

»Schwierige Frage«, sage ich. »Wenn es ihr nicht gut geht, könnte ich auch mit ihr im Bus bleiben.« Der steht nun schon vor dem Hostel, um uns abzuholen. Wir müssen uns schnell entscheiden und folgen dem gewohnten Impuls, der heißt: Es wagen! Und im Zweifel später abbrechen. So steigen wir ein und fahren vorbei am Lago Argentino, den wir schon von unserem Hostel aus gesehen haben. Er ist der größte See des Landes, etwa dreimal so groß wie der Bodensee und 15 000 Jahre alt. Im Westen reicht er bis in die Anden, und im Süden münden die Gletscherzungen von Perito Moreno und Upsala in den See, der von ihnen gespeist wird. Dafür brechen riesige Eisberge von der Gletscherfront ab – beim Perito Moreno ist sie fünfzig Meter hoch – und fallen in den See. Wir können dieses Spektakel auch beobachten. Es ist beeindruckend.

Yva schläft die ganze Zeit friedlich in der Kraxe.

»Sie haben ja ein entspanntes Kind«, sagen die anderen Mitreisenden im Bus zu uns. Wir lächeln.

»Sie kommen bestimmt aus Deutschland, oder?«, fragt ein Mann.

»Wieso?«, frage ich zurück.

»Weil uns bislang nur Deutsche begegnet sind, die hier mit ihren Kindern reisen«, lautet die Antwort.

»Das liegt wahrscheinlich daran, dass wir im Vergleich zu anderen Ländern sehr viel Elternzeit haben«, sage ich.

»Unsere Selbstständigkeit ist auch von Vorteil«, ergänzt David.

»Und Sie sind abenteuerlustig«, sagt der Mann.

»Das mag sein«, sage ich.

Aber vielleicht doch zu abenteuerlich für Yva. Obwohl sie während der ganzen Wanderung geschlafen hat, bekommt sie plötzlich hohes Fieber, als wir zurück im Hostel sind.

»O Mist«, sage ich und blicke David fragend an.

»Ich fürchte, jetzt haben wir ihr doch zu viel zugemutet«, sagt David.

»Und morgen soll es schon weitergehen«, sage ich.

Um möglichst flexibel zu sein, haben wir immer nur die nächste Fahrt und Unterkunft gebucht, maximal noch eine weitere. Vor der Reise haben uns viele immer wieder gefragt, ob das funktionieren wird. Das wussten wir selbst nicht, aber wir wollten es probieren. Nun merken wir, dass die Flexibilität auch ihre unflexible Seite hat, weil wir am nächsten Tag trotz des Fiebers weiterreisen müssen.

»Am besten wäre es, wir könnten alles über den Haufen werfen«, sage ich.

»Ja, oder wir hätten noch nichts gebucht«, sagt David.

»Dem ist aber leider nicht so«, sage ich und überlege laut: »Für die nächsten Tage haben wir vor allem recht viel gezahlt.«

»Ja, und bei Fieber schläft Yva sowieso die meiste Zeit. Vielleicht können wir die Busfahrt doch wagen?«

»Wahrscheinlich hast du recht«, sage ich, obwohl ich noch immer ein mulmiges Gefühl habe. »Aber in Zukunft müssen wir unbedingt noch mehr auf die Bedürfnisse von Yva achten und ihnen mehr Raum geben.«

»Auf jeden Fall«, sagt David. »Vielleicht haben wir uns einfach zu sehr überwältigen lassen von den Eindrücken hier.«

»Ja, das habe ich auch schon gedacht«, bestätige ich. »Und auf unseren bisherigen Reisen mit Yva hat uns allen die Entschleunigung immer sehr gutgetan.«

»Das stimmt«, sagt David und gibt mir einen Kuss. »In diesem Sinne: Gute Nacht!« Wir schlafen mit Yva zwischen uns im Bett ein.

~

Am nächsten Tag fahren wir nach El Chaltén. Yva geht es nach wie vor noch nicht gut. Zum Glück schläft sie fast die ganzen zweihundert Kilometer auf der Fahrt. Bei unserer Ankunft ist der Wind so stark, dass der Buggy uns fast davonsaust, als wir aussteigen. Auch Yva müssen wir gut festhalten. Der Mann vom Nationalpark klärt uns auf, dass es hier nicht selten passiert, dass Leute Steine ins Gesicht bekommen. Mit so was haben wir nun wirklich nicht gerechnet und retten uns ins Hostel. Dort sind wir zwar vor dem Wind sicher, aber unser Zimmer liegt genau neben der Gemeinschaftsküche. Von Ruhe keine Spur. Mehr als suboptimal, vor allem weil es Yva nicht gut geht. Ich frage, ob wir das Zimmer wechseln können, aber alle anderen sind belegt.

Bislang haben wir mit unseren Unterkünften immer Glück gehabt, und nun trifft es uns ausgerechnet, wo Yva krank ist. Nach draußen können wir aufgrund des starken Windes auch nicht. Wir kochen also. Besser: David kocht. Ich schaue mit Yva auf dem Arm aus dem Fenster und erblicke den Fitz Roy, dessen Spitzen weit in der Ferne am Horizont thronen. Der 3406 Meter hohe Granitberg gehört sowohl zu den argentinischen als auch zu den chilenischen Anden.

Eigentlich wollten wir den Berg schon am nächsten Tag erklimmen, aber Yva hat immer noch hohes Fieber. Deshalb entscheiden wir uns dafür, die Wanderung zu verschieben, und bleiben den Tag über im Hostel. Uns allen tut die Pause gut. Auch wenn wir sie nutzen, um etwas zu arbeiten. David mehr als ich, weil ich Yva, wie immer, wenn sie krank ist, häufiger stillen muss. Auf jeden Fall sind wir froh darüber, dass wir mehrere Tage hier eingeplant haben und nicht sofort weitermüssen.

Am nächsten Morgen ist Yvas Fieber verschwunden. Das Wetter ist leider immer noch nicht gut – es ist weiterhin windig. Doch da wir nicht mehr viel Zeit und keine Garantie dafür haben, dass es in den nächsten Tagen besser wird – im Zweifel eher schlechter –, machen wir uns auf den Weg zum Fitz Roy. Ich starte mit Yva in der Kraxe.

Erst durch den kleinen Ort, der übrigens so alt ist wie ich, um dann am nördlichen Ortsrand auf den Wanderweg zu stoßen. Nach nur vier Kilometern muss ich die Kraxe an David übergeben. Ich bin nicht so fit wie sonst, merke ich. Das viele Stillen in den vergangenen Tagen hat mich Energie gekostet. Beim ersten Stopp wechseln wir. Trotzdem bin ich frustriert: von den Grenzen, die mir mein Körper aufzeigt, und weil der Fitz Roy immer noch von Wolken verhangen ist. Mit etwas Glück kann sich das bei der wechselnden Wetterlage in den nächsten Stunden noch ändern. Acht Kilometer und sechshundert Höhenmeter liegen immerhin noch vor uns.

Der Weg führt uns durch einen schönen Märchenwald, der aus den verschiedensten Buchenarten besteht, über eine Steppe mit gelben Büschen, und an vielen Stellen bieten sich uns atemberaubende Ausblicke auf das Flussdelta des Río de las Vueltas. Yva schläft. Aber richtig fit ist sie wohl noch nicht – denn plötzlich wacht sie auf und ist außer sich.

»Was ist los mit ihr?«, fragt David.

»Keine Ahnung – ihr geht es wohl nach wie vor nicht gut«, sage ich.

»Aber was könnte sie haben – wächst sie?«, fragt David verunsichert.

»Ich glaub, sie bekommt Zähne«, sage ich, als ich sehe, dass ihre Wangen leicht rötlich sind.

»Das kann gut sein«, sagt David betrübt und erleichtert zugleich. »Deswegen das Fieber in den vergangenen Tagen, und Yva sabbert auch mehr als sonst.«

»Ja, und sie steckt sich ihren Finger in den Mund.«

»Sollen wir umdrehen?«, fragt David.

»Lass uns erst mal eine kurze Pause machen«, sage ich.

David stimmt zu, und wir essen und trinken alle etwas. Ich stille Yva. Danach geht es ihr schon viel besser, und sie spielt mit ihrer Mütze und ihrem Schal. David wickelt Yva, füllt unsere Wasserflaschen auf und sagt: »Schon anders, so eine Wanderung mit Kind. Da brauchen wir auf jeden Fall viel mehr Zeit.«

»Macht aber nichts, wir sind ja rechtzeitig losgelaufen«, sage ich.

»Ja, aber die lange Pause hier hätten wir ohne Yva nicht gemacht, und das hat uns ganz schön Zeit gekostet«, so David.

»Stimmt. Bedeutet das, du willst weiterlaufen?«, frage ich.

»Es sind nur noch vier Kilometer«, überlegt David laut.

»Mmh«, grüble auch ich. Ich bin zwar selbst nicht so fit, aber: »So kurz vor dem Ziel aufgeben?«

»Eben«, sagt David zuversichtlich.

»Was, wenn es Yva nicht guttut?«, frage ich zerrissen.

»Dann kehren wir sofort um«, sagt David.

»Aber dann haben wir einen noch längeren Rückweg vor uns«, entgegne ich.

»Stimmt auch wieder. Und anders als zu Fuß kommen wir definitiv nicht zurück«, merkt David an.

»Schwierig alles«, sage ich.

»Ja, aber lass es uns trotzdem versuchen. Wir könnten bis zur nächsten Schutzhütte laufen und dann entscheiden.«

Ich willige ein. Kurz darauf kommen wir beim *Refugio* an, wo wir uns wieder registrieren müssen. Außerdem werden wir darauf hingewiesen, dass der Aufstieg nur möglich ist, wenn wir körperlich fit genug sind. Ich zweifle wieder. Es sind noch zweieinhalb Kilometer. David ist bereit, mit der Kraxe auf dem Rücken weiterzulaufen, in der Yva friedlich sitzt. Ihr scheint die Pause gutgetan zu haben. Wenn David das mit Yva auf dem Rücken kann, dann schaffe ich den Aufstieg wohl auch, denke ich. Er scheint zu merken, dass ich zögere, und sagt motivierend: »Vielleicht ist es unsere letzte Chance, diese Wanderung zu machen.«

»Du hast recht«, sage ich, und wir laufen weiter.

Dann sehe ich den Weg. Aus der Ferne scheint es mir so abwegig, dass es möglich sein soll, dort hochzulaufen, dass ich mir sicher bin, die Route müsste woanders langgehen. David ist sich allerdings sicher, dass wir auf der richtigen Strecke sind, und er behält recht. Wir müssen in zwei Kilometern fünfhundert Höhenmeter zurücklegen. Entsprechend steil ist der Weg. Nicht nur das: Er besteht aus losem Geröll, und dadurch gibt es keinerlei Schutz. Wir sind der Witterung vollkommen ausgesetzt. Der eiskalte Wind peitscht uns ins Gesicht. Yva ist zum Glück eingeschlafen und durch die Kraxe und den Regenschutz, der nun heftig flattert, geschützt. Der Wind wird noch stärker, und es fängt an zu hageln. Den Fitz Roy haben wir seit der Schutzhütte nicht mehr gesehen. Ich bin wirklich kurz davor aufzugeben. Aber jetzt, so unmittelbar vor dem Ziel: Nein. Ich kämpfe mich die letzten Meter hoch. David sagt: »Hier ist es gleich.«

Als ich um die Ecke biege, sehe auch ich den Fitz Roy. Vielmehr das, was von ihm zu erkennen ist, denn bis auf sehr wenige Stellen sind die Bergriesen immer noch komplett von Wolken umhüllt. Leider. Wir stehen kurz vor unserem Ziel: der Laguna de los Tres, einem großen kobaltblauen See mit schneebedeckten Bergen im Hintergrund.

Neben uns steht ein Paar, das schon seit Stunden hier oben ist, nur um zu warten, ob die Sicht auf die Felsen doch noch frei wird. Sie erzählen uns, dass wir, wenn wir links an der Laguna de los Tres weiterlaufen, zu einem anderen Aussichtspunkt mit Ausblick auf die Laguna Sucia gelangen können, er sei spektakulär. Aber uns rennt die Zeit davon, wir müssen vor Einbruch der Dunkelheit wieder zurück sein. Wir sind nun also über vier Stunden gewandert, um hier oben für gute zehn Minuten zu stehen und noch nicht einmal die Türme des Fitz Roy zu sehen.

Die haben wir am Vortag von unten besser gesehen, ohne dabei total abgekämpft in der Kälte zu stehen, denke ich und sage zu David: »Toll, Yva schläft und bekommt gar nichts mit.«

»Dafür müssen wir sie hier nicht wickeln«, sagt David, »und du sie unter diesen extremen Wetterbedingungen nicht stillen. Sie scheint zufrieden, und wir haben ein bisschen Zeit für uns.«

»Das stimmt«, sage ich, und in diesem Moment kommt sogar kurz die Sonne raus. Ich muss mal wieder an die Worte von Pippi Langstrumpf denken: »Wenn das Herz nur warm ist und schlägt, wie es schlagen soll, dann friert man nicht.« Ich gebe David einen Kuss. Ich bin sehr stolz auf ihn, weil er Yva fast allein hier hochgeschleppt hat.

»Ist doch schön, dass wir zu dritt hier sind, oder?«, fragt er und legt seinen Arm um mich.

»Ja, wunderschön.« Und mein Missmut von eben ist schon verflogen.

Ich habe das Gefühl, dass uns dieser Moment geprägt hat: Unsere Bindung wird gestärkt auf eine besondere Art und Weise, die sich schwer in Worte fassen lässt. Die Erinnerung an diesen Tag kann uns keiner nehmen. Der Aufstieg hat mir gezeigt, dass es etwas anderes ist, wenn man unterstützt wird, als wenn man immer nur allein an seine Grenzen gehen muss. Wir helfen uns gegenseitig, und ich fühle mich frei dabei. Es ist eine Freiheit, die nichts mit Einsamkeit oder freiem Fall zu tun hat, sondern mit Leichtigkeit und Halt. Die Freiheit, alles machen zu können und dabei sicher zu sein und sich geborgen zu fühlen, weil andere, in meinem Fall Yva und David, mich unterstützen.

Nun müssen wir aber dringend zurück. Runter ist es nicht mehr so anstrengend wie hoch, aber immer noch heftig. Wir sind froh, als wir wieder bei der Schutzhütte ankommen, und verstehen nun noch besser, warum viele hier eine Nacht campen. Sie werden am nächsten Morgen das letzte schwere Stück mit neuer Energie laufen und den Sonnenaufgang sehen können. Mit Yva wäre das zu viel des Abenteuers. Dieser Tag war erst einmal Experiment genug. Wir sind sehr froh, die Wanderung trotz Yvas Zahnen am Ende noch gut gemeistert zu haben. Sie steckt sich nach wie vor ihre Finger in den Mund, aber seit unserer letzten Pause hat sie nicht mehr geweint.

Vielleicht ist der Zauber, den ich oben erlebt habe, auch auf Yva übergesprungen, denke ich mir. Wir nehmen sie aus der Kraxe, wickeln sie und geben ihr einen Apfel in die Hand, auf dem sie kauen kann. David setzt ihr seine Sonnenbrille auf, damit die Sonne sie nicht blendet. Dann stille ich sie,

David füllt wieder unsere Wasserflaschen auf, und weiter geht's zum Endspurt.

Gerade als die Dämmerung einsetzt, kommen wir nach über neun Stunden und etwa fünfundzwanzig Kilometern in El Chaltén an. Wir holen uns schnell ein paar *Empanadas*, die wir schon auf dem Weg zum Hostel essen. Dort geht es nicht direkt unter die Dusche und ins Bett, denn vorher muss Yva noch gewickelt, umgezogen und gestillt werden. Erst als sie schläft, gibt es auch für uns die wohlverdiente Erholung.

Am nächsten Morgen wollen wir uns möglichst nicht mehr bewegen. Wir haben großes Glück, dass Yva kein Kind ist, das morgens um sechs Uhr aufsteht. Meist wacht sie nicht vor neun auf, dafür sind wir sehr dankbar. Besonders heute. Zwar stille ich sie nachts hin und wieder, aber da sie zwischen uns im Bett liegt und ich danach gleich wieder schlafen kann, finde ich es überhaupt nicht schlimm.

Wir kuscheln also gemeinsam im Bett und wollen eine Wanderpause einlegen. Ideal, um die Familie zu treffen, die wir in El Bolsón kennengelernt haben. Lena, Jens und Lucian kommen heute in El Chaltén an, und wir verabreden uns mit ihnen auf dem Spielplatz. Wir wollen Yva auch etwas Gutes tun – doch sie will weder mit Lucian noch allein spielen und schmiegt sich an mich.

»So kennen wir sie ja gar nicht«, staunt Jens.

»Ja«, sagt David. »Kommt auch selten vor.«

»Was hat sie denn?«, erkundigt sich Lena.

»Wahrscheinlich bekommt sie Zähne«, sage ich.

Die beiden nicken verständnisvoll und verziehen leicht das Gesicht, weil sie wissen, wie anstrengend diese Tage sein können.

Wir verabschieden uns, hoffen, dass es Yva besser gehen wird und wir am nächsten Tag gemeinsam eine Wanderung machen können. Leider ist sie am Morgen noch immer nicht gut drauf, und wir wagen es nur zögerlich, mit den anderen loszulaufen. Nach einer halben Stunde, in der Yva immer aus der Kraxe will und weint, drehe ich um. Alle haben vollstes Verständnis dafür, und David freut sich, als ich ihm sage, dass er die Wanderung nicht sausen lassen muss.

Zurück im Hostel lässt Yva mich nicht mehr los. Eng umschlungen verbringen wir den Tag im Bett. Auf der einen Seite ist das sehr schön, weil ich sie gern so nah bei mir habe und dafür sorgen kann, dass es ihr besser geht. Andererseits ist es aber auch anstrengend für mich, weil ich sie mehr stille als sonst, mir das Energie raubt und ich gleichzeitig daran denken muss, dass die anderen gerade eine tolle Wanderung unternehmen.

Als David zur Tür reinkommt, bin ich erleichtert und – auch wenn ich weiß, dass es nicht fair ist – ein bisschen sauer.

»Wird langsam mal Zeit«, sage ich vorwurfsvoll.

»Wir haben uns aber echt beeilt und so gut wie keine Pausen gemacht«, sagt David entschuldigend.

»Ja, und ich hänge hier den langen Tag allein mit Yva rum, auch ganz ohne Pausen«, sage ich.

»Ich weiß«, sagt David, »aber du meintest, es ist okay, wenn ich die Wanderung mache, und ich habe viele Fotos für dich geschossen.«

»Fotos sind ja nicht das Gleiche, aber jetzt nimm Yva mal«, sage ich. »Ich muss schon so lange aufs Klo.«

David freut sich über Yva, aber sie fängt an zu weinen, weil sie heute so anhänglich ist und nur zu mir will. Als ich von

der Toilette zurückkomme, streckt sie sofort die Arme nach
mir aus.

»Ich würde ja gern«, sagt David, »aber …«

»Ja, ja«, unterbreche ich ihn, nehme Yva wieder auf den
Arm, und sie hört sofort auf zu weinen. Dann springt David
unter die Dusche und will noch mal los, um etwas zu essen.

»Ich kann mit Yva so nicht mit«, sage ich. »Außerdem
habe ich keine Energie mehr.«

»Ich kann auch was mitbringen«, sagt David.

»Nein, ich möchte nichts essen«, sage ich trotzig.

David bringt mir trotzdem etwas zu essen mit, was ich
verschmähe.

»Kann ich dir vielleicht ein paar schöne Fotos zeigen?«,
fragt David.

»Nein, ich will nur noch schlafen«, entgegne ich.

Er setzt sich vorsichtig auf die Bettkante, streicht mir die
Haare aus dem Gesicht und sagt: »Lass mich dich wenigstens
in den Arm nehmen.«

Dabei fällt die ganze Anspannung von mir ab, und ich
fange an zu weinen. David reicht mir ein Taschentuch.

»Zeigst du mir vielleicht doch ein paar Bilder?«, frage ich,
als ich mir die Tränen aus dem Gesicht wische. Ich schluchze
noch einmal und frage ihn dann, was er mitgebracht hat.
Denn in Wahrheit habe ich sehr großen Hunger, weil ich
den ganzen Tag gestillt und fast nichts gegessen habe. David
schmunzelt und gibt mir eine Packung Schokolade. Er kennt
Momente wie diesen und weiß, dass gegen meinen Kum-
mer am besten Eis oder Schokolade hilft und ich erst danach
etwas anderes essen werde. Die Schokolade ist im Nu verspeist. Dann reicht David mir die *Empanadas*. Während ich
auch diese esse, schauen wir uns die Bilder gemeinsam an.

»Sehr schön«, sage ich. »Bin etwas neidisch.«

»Ich habe die ganze Zeit an euch gedacht«, sagt David.

»Ich weiß, und es tut mir leid wegen gerade, ich war nur total am Ende«, sage ich.

»Ich weiß«, sagt er verständnisvoll und nimmt mich noch einmal liebevoll in den Arm.

Ich bin dankbar dafür, dass er mich und meine Launen inzwischen so gut kennt. Momente wie dieser kommen nicht häufig vor. Meistens bin ich diejenige, die alles regelt. Doch auch ich kann nicht immer stark sein. Manchmal verlassen mich meine Kräfte – und nicht nur die. Anscheinend auch der Verstand, und ich bin dann nur noch emotional. Im Nachhinein tut es mir leid, so wie an diesem Abend. Aber in der Situation ist es wie ein Kurzschluss: Ich bin so überwältigt von meinen starken Gefühlen, dass alles aus mir herausplatzt. Wie ein Vulkan. Meine Ausbrüche sind schon seltener geworden. Aber durch die neue Aufgabe als Mutter sind andere Faktoren hinzugekommen, die mich zum Explodieren bringen können. Insbesondere dann, wenn es um Gleichberechtigung und Fairness geht. Dabei tut David viel dafür, dass es ausgeglichen ist zwischen uns. Manches, besonders das von der Natur Vorgegebene, kann selbst er nicht ändern, wie Gebären und Stillen. Dafür kann er mich unterstützen, wenn es mir nicht gut geht, und mich in den Arm nehmen. Das fühlt sich auch heute gut an. Jeder auf seine Art erschöpft, schlafen wir mit Yva zwischen uns, nichtsdestotrotz Händchen haltend, ein.

DRAMA LAMA

Chile

»Freiheit bedeutet für mich: meine Bedürfnisse zu leben,
ohne die Freiheit der anderen zu verletzen, und freie Bildung
für die Kinder zu haben.«

Unser nächster Halt ist der Nationalpark Torres del Paine in Chile. David und ich wollen unbedingt dorthin, aber nachdem es Yva in den vergangenen Tagen nicht so gut ging, zweifle ich etwas an unserem Vorhaben. Die meisten Besucher*innen des Parks sind für mehrere Tage auf den bekannten und meist sehr anspruchsvollen Trecks unterwegs, bevor sie eine der Schutzhütten erreichen. Das ist selbst mir zu risikoreich. Ich erinnere mich an ein Gespräch mit einem Kollegen vor der Abreise. Er war schon in Patagonien, ohne Kinder; inzwischen hat er zwei Söhne und konnte nicht glauben, dass wir mit Yva im Torres del Paine wandern wollten. »Zu gefährlich, weil die Natur gewaltig ist«, sagte er. Ohne jeden Versuch wollen wir uns aber nicht von unserem Traum abbringen lassen und mieten einen Jeep, um den Nationalpark zu erkunden.

Am Abend steuern wir unsere Unterkunft an: direkt am See Pehoé gelegen. Von dort aus sehen wir die »Türme des blauen Himmels«, so lautet die wörtliche Übersetzung vom

Namen des Nationalparks, und können es kaum erwarten, das gewaltige Felsmassiv zu besteigen. Die Wanderung zu den Torres del Paine ist ein Teilabschnitt des sogenannten W-Trecks, eines der beliebtesten im Nationalpark, und dauert bei den meisten den ganzen Tag.

Um den Menschenmassen zu entgehen, starten wir am nächsten Morgen extra früh. Kurz bevor wir am Fuß der Berge den Parkplatz erreichen, müssen wir plötzlich anhalten. Wir haben einen Platten. Einen Reifen bei einem Jeep oder ähnlich großen Wagen mussten David und ich bislang noch nie wechseln. Doch David nimmt die Herausforderung an, und ich kümmere mich derweil um Yva.

Nach dieser Unterbrechung starten wir unsere Bergtour deutlich später als gedacht. David schnallt sich die Kraxe auf den Rücken, und los geht's. Wir schrauben uns bei anfangs mäßiger Steigung, die später stark zunimmt, den Berg hinauf. Vorbei an Feuerbüschen, an tiefen Schluchten entlang und über Passagen, wo der Wind so heftig bläst, dass wir uns kaum auf den Beinen halten können. Nach etwa zwei Stunden haben wir die Hälfte der Strecke hinter uns und wechseln beim ersten *Refugio* die Kraxe.

Aus der Ferne unterscheiden wir uns sicher nicht von den anderen Bergsteiger*innen, die meist für mehrere Tage unterwegs sind und ebenfalls viel auf ihren Schultern tragen. Wir ernten dann überraschte Blicke, wenn die anderen Yva in der Kraxe entdecken. Es scheint ungewöhnlich zu sein, ein Kind mitzunehmen. Wir sehen sonst niemanden, der das macht. Ich muss wieder an meinen Kollegen denken und frage mich, ob es wirklich die richtige Entscheidung war. Zum Glück scheint es Yva zu gefallen. Sie brabbelt fröhlich vor sich hin und ist aufmerksamer als bei vorherigen Wanderungen. Auch die anderen Wander*innen motivieren mich. Als ich Yva auf den Schultern trage, ernte ich sogar Applaus.

»Weil du eine Frau bist«, kommentiert David scherzhaft. Unser Humor ist hin und wieder nicht wirklich kompatibel. Dann fragt er, ob er wieder übernehmen soll, aber mich packt mein Ehrgeiz. Warum, denke ich mir, soll ich es nicht schaffen, Yva da hochzutragen?

Schritt für Schritt nähern wir uns den drei Türmen. Das Adrenalin steigt mit jedem Höhenmeter. Als wir ankommen, muss ich vor Freude fast weinen. Es ist ein großartiges Gefühl, das geschafft zu haben. Ich nehme Yva aus der Trage und genieße mit ihr und David das wunderschöne Bergpanorama. Die Sonne scheint, die drei Türme sind gut zu sehen. Ganz anders als beim Fitz Roy haben wir diesmal richtig Glück – und das alles, obwohl der Tag mit einem Platten begonnen hat. Alle hier sind mit Fotografieren beschäftigt, und wir wollen diesen Moment auch festhalten.

»Könnt ihr ein Foto von uns machen?«, fragen wir ein Paar.

»Ja klar, wir hätten nie gedacht, dass diese Wanderung mit einem Kleinkind machbar ist«, sagen sie erstaunt.

»Ist sie, wie ihr seht«, sage ich und grinse stolz.

»Wir haben irgendwie immer Angst, dass wir vieles nicht mehr machen können, wenn wir Eltern sind, und unser Leben auf eine gewisse Art und Weise aufhört«, sagen sie.

»Nein, da geht es doch gerade erst los«, sagt David.

»Ja, genau«, sage ich unterstützend.

»Wie gut«, sagen sie erfreut. »Es ist so schön zu sehen, dass ihr uns das Gegenteil beweist. Vielen Dank!«

»Sehr gern«, sage ich und mache auch von dem Paar noch ein Erinnerungsfoto.

Vom Nationalpark aus reisen wir weiter nach Punta Arenas. Dort schlafen wir in der wohl seltsamsten Unterkunft unserer Reise. Da es für uns nur eine Zwischenstation ist, habe ich etwas Günstiges rausgesucht. Als wir vor dem angeranzten Wohnhaus ohne Schild und ohne Namen stehen, fragt David skeptisch: »Bist du dir sicher, dass wir hier richtig sind?« Als ich dann auch noch die Vermieterin anrufen muss, weil sie von allein nicht auftaucht, werden seine Zweifel noch größer. Nicht zu Unrecht, denn als die Frau dann kommt und uns die Unterkunft und auch unser Zimmer (das eher einem Kabuff gleicht) zeigt, stellen wir fest, dass es hier alles andere als sauber ist. Alles wirkt verwahrlost, selbst die Tochter der Vermieterin, mit der sie hier gemeinsam zwischen den Gästen wohnt. Das hatten wir so nicht erwartet.

»Aber es ist ja nur ganz kurz, jetzt gehen wir raus, und morgen müssen wir eh ganz früh weiter«, sage ich zu David.

»Das stimmt«, sagt er.

Wir schlendern zu dritt die Hafenpromenade entlang und beobachten die Schiffe. Die meisten von ihnen fahren in die Antarktis, die von hier nur noch 1400 Kilometer entfernt ist. So weit wie Buenos Aires von der Península Valdés oder Hamburg von Venedig. Alles Distanzen, die wir zurückgelegt haben. Wir entscheiden uns dennoch gegen einen Besuch der Antarktis, auch Feuerland und die Pinguin-Kolonien sparen wir uns. Denn wir haben schon zahlreiche Pinguine gesehen, und für so kalte Temperaturen sind wir nicht ausgestattet. Außerdem finden David und ich: Nur um mal am angeblichen Ende der Welt gewesen zu sein, müssen wir dort nicht hin. Ich bin sehr froh, dass David und ich uns wieder einmal einig sind bei der Entscheidung. Uns reicht es, hier in der südlichsten Großstadt der Welt zu sein. Es ist für uns der südlichste Punkt auf dem Erdball, an dem wir je waren. Etwa 14 000 Kilometer weit entfernt von Deutschland, noch südlicher als Australien und Neuseeland.

Was bedeutet, dass wir nun wieder nordwärts reisen. Mit Bus oder Auto ist das auf der chilenischen Seite Patagoniens unmöglich. Bleiben also nur Flugzeug oder Boot. Und weil wir unsere beschränkte Zeit in Patagonien nutzen wollen, buchen wir einen Flug in das über zweitausend Kilometer entfernte Puerto Montt. Wir hätten die Strecke zwar auch mit dem Boot zurücklegen können, aber das hätte länger gedauert und wäre deutlich teurer gewesen. Wir sind damit also keinen Deut besser als andere Tourist*innen, die durch Patagonien jetten, was mich ärgert und beschäftigt. Diese Argumentation ist wahrscheinlich eine alte Gewohnheit, mit der ich den Kauf von Flugtickets über Jahre gerechtfertigt habe. Aber das geht nun nicht mehr. Die Südamerikareise sollte noch einmal eine Ausnahme sein, aber selbst damit fühle ich mich nun schlecht. Was mich noch einmal darin bestätigt, mich in Zukunft anders zu verhalten.

Weihnachten verbringen wir auf Chiloé. Erfahren haben wir von dieser Insel durch andere Reisende: Es ist die zweitgrößte Insel Chiles nach Feuerland. Es soll sehr entspannt dort sein. Den Eindruck haben wir auch, als wir ankommen und die Ostküste entlangfahren. Lediglich ein paar Männer auf Pferden kreuzen ab und zu unseren Weg. Es gibt nur wenige Orte, in einem halten wir an. Wie alles bislang auf der Insel wirkt er recht verschnarcht.

Ganz plötzlich hören wir laute Weihnachtsmusik. Sie kommt aus den großen Lautsprechern auf dem Marktplatz, wo Hüpfburgen aufgebaut sind, ein Weihnachtsmann Kinder empfängt und *Empanadas* und Mate verkauft werden. Yva guckt erst neugierig, dann ist ihr das alles zu viel und vor allem zu laut. Sie beginnt zu meckern, und auch uns steht der Sinn eher nach Ruhe. Wir lassen den dröhnenden Trubel hinter uns und steuern unsere nächste Unterkunft an.

Für Weihnachten habe ich etwas Besonderes ausgesucht: ein *Domo*, ein Haus mit geodätischer Kuppel. Genau neben uns wohnen unsere Gastgeber, die uns sehr nett mit Wein, selbst gemachter Marmelade und leckeren Weihnachtskeksen empfangen. Sie erzählen uns, dass sie das Haus selbst gebaut haben. Die sphärische Kuppel besteht aus einer Gitterschale mit Dreiecken. Einige von ihnen dienen als Fenster, von denen aus wir einen tollen Blick auf Castro, die größte Stadt der Insel, haben. Mit ihren *Palafitos*, für welche Chiloé bekannt ist. Die Holzhäuser sind auf Stelzen über das Wasser gebaut, um sie vor Hochwasser zu schützen. Viele sind bunt angestrichen. Wie einige der über die Insel verteilten Kirchen, die aufgrund ihrer außergewöhnlichen Holzbauweise zum Weltkulturerbe erklärt wurden. So auch die in gelber Farbe leuchtende Kirche mit ihren violetten Türmen im Zentrum Castros, die uns schon von Weitem den Weg in die Stadt mit ihren mehr als 40 000 Einwohner*innen gezeigt hat.

Dort ist alles geschmückt für Weihnachten. Wir selbst haben nichts geplant und verbringen ein so entspanntes Fest wie schon lange nicht mehr. Wir schlafen aus, frühstücken und lesen. In Deutschland ist es sechs Stunden später, also schon Abend, und so skypen wir mit unseren Eltern. Als es bei uns allmählich dunkel wird, kochen wir Fisch.

Chiloé ist ein kulinarischer Himmel für Essen aus dem Meer. Der Großteil der 150 000 Bewohner*innen lebt vom Fischfang. Täglich fahren die Kutter raus, um etwas zu fangen. Aber nicht alle der Fische kommen aus dem offenen

Meer, viele stammen aus Zuchten, die uns auf der Fahrt aufgefallen sind. Dort werden vor allem Lachse gehalten. Chile ist mit 800 000 Tonnen der zweitgrößte Lachsproduzent der Welt; der Fisch ist – nach Kupfer – das zweitwichtigste Exportgut des Landes. Leider schadet beides Menschen und Umwelt. Die Lachse werden unkontrolliert mit Antibiotika vollgestopft, laut Greenpeace mit der siebenhundertfachen Menge wie in Norwegen, dem größten Produzenten der beliebten Fische. Die Zuchten gefährden die Ökosysteme, sodass viele Arten hier ausgestorben sind. Zudem sind die Arbeitsbedingungen so elend, dass auch Menschen ums Leben gekommen sind. Kein Wunder, dass wir immer wieder Protestschilder auf Chiloé entdecken. Ich bin froh über das kritische Bewusstsein auf der kleinen Insel. Mir ist es wichtig, Fisch nur zu konsumieren, wenn er aus nachhaltigem Fang stammt. Zum Glück gibt es den auf Chiloé auch, und so verspeisen wir ein leckeres Abendessen auf unserer kleinen Terrasse vor dem Domo.

Als wir aufgegessen haben, kommen unsere Gastgeber vorbei, um uns fröhliche Weihnachten zu wünschen und uns einen selbst kreierten Nachtisch sowie selbst gemachten Pisco Sour zu schenken. Dabei handelt es sich um einen Cocktail mit dem Traubenschnaps Pisco, benannt nach der Stadt in Peru, wo er hergestellt wird. Der Ursprung des Getränks, zu dem noch Limettensaft, Zuckersirup und Eiklar gemischt werden, ist zwischen den beiden Ländern umstritten.

Da es allmählich kühler wird, ziehen wir uns in unser Domo zurück und machen den Kamin an. Und als Yva dann eingeschlafen ist, öffnen wir eine Flasche Rotwein und kuscheln uns aufs Sofa. Durch die dreieckigen Fenster schauen wir auf das schön beleuchtete Castro gegenüber und freuen uns über diese besondere Bleibe. Wir wissen das zu schätzen, weil es eine Ausnahme ist, so komfortabel unterzukommen. Wir erinnern uns an das Kabuff in Punta Arenas, und ich sage: »Umso mehr haben wir uns das nun verdient.«

»Genau«, sagt David, holt die Flasche *Pisco Sour* und gießt uns etwas davon ein. Ich lächle und sage: »*Salud!*«

~

Am nächsten Morgen fahren wir zu unserer nächsten Bleibe ans andere Ende der Insel. Ich versuche beim Reisen immer, für Abwechslung zu sorgen, weil es mir gefällt, unterschiedliche Unterkünfte auszuprobieren. Diese hier ist etwas Besonderes: Baumhaus und Tiny House zugleich. Sie kostet aber nur ein Drittel vom *Domo*. Wir müssen ja auch unsere Finanzen im Blick behalten. Die Unterkunft ist trotz Wegbeschreibung der Anbieter*innen nicht leicht zu finden, und so kommen wir erst nach einigem Umherirren auf einer Farm mit sechzig Schafen an. Wir sind kurz unsicher, ob wir hier richtig sind, dann begrüßt uns Pedro, der anders als unsere vorherigen Gastgeber recht wortkarg ist. Mit wenigen Worten zeigt er uns das Tiny House.

Es befindet sich in den Bäumen, ist aber kein richtiges Baumhaus. Durch die Bullaugenfenster können wir auf das Wasser schauen und oben vom Bett aus in die Baumkronen. Es gibt einen sehr einfachen Gasherd und nur das Nötigste an Geschirr. Nudeln können wir kochen, mehr vermutlich nicht. Das ist nicht schlimm, denn wir haben am Vortag geschlemmt, und der direkte Kontakt zur Natur wird uns für alles andere entschädigen.

Am nächsten Morgen werden wir vom Hunger geweckt. Eigentlich sollte es Frühstück geben, aber außer den Schafen ist weit und breit niemand zu sehen. Deswegen laufen wir zum Haupthaus der Farm und klopfen vorsichtig an. Marcela, die Frau von Pedro, öffnet uns die Tür, bittet uns freundlich herein und bereitet unser Frühstück zu: Joghurt, Brot und Käse – alles selbst gemacht und unglaublich lecker, wie auch der Kaffee. Ich komme schnell mit ihr ins Gespräch, für David ist es etwas schwieriger, weil sie sehr schnell spricht: Sie sind vor nicht allzu langer Zeit aus der Hauptstadt Santiago de Chile in die Natur gezogen, erzählt sie uns. Sie haben genug von der Großstadt. Genau das ist es, womit mir David auch immer in den Ohren liegt. Doch so sehr ich die Natur mag, brauche ich beides: das Treiben der Stadt und die Natur. Hier allerdings gefällt es mir sehr.

Die meisten Geschäfte haben – ähnlich wie bei uns – an Weihnachten geschlossen, und wir fragen uns, wo wir etwas zu essen besorgen können. Diese Sorge nimmt uns Marcela: Sie lädt uns ein, mit ihnen zu Abend zu essen, und empfiehlt uns zuvor noch den Nationalpark, von dem ich schon gehört habe.

Wie bei vielen Nationalparks Patagoniens lohnt sich der Besuch für mehrere Tage. So lange sind wir leider nicht hier. Einen kurzen Treck wollen wir dennoch machen, aber nach unseren anspruchsvollen und spektakulären Wanderungen wird uns dabei nun schnell langweilig. Als es plötzlich anfängt zu regnen, kehren die meisten anderen Besucher*innen um, wir hingegen sind froh: Jetzt können wir das erleben, wovon alle in Bezug auf Chiloé sprechen: dass es wie aus Eimern schüttet, und das so häufig, dass den Bewohner*innen der Insel, den Chiloten, nachgesagt wird, sie würden in Gummistiefeln geboren. Yva steckt zum Glück trocken unter ihrem Regenschutz in der Kraxe. Als wir völlig durchnässt zurück ins Auto steigen, freuen wir uns natürlich auf eine warme Dusche. Sie befindet sich in einer Hütte am Rande der Schafswiese, weil sie nicht mehr ins Tiny House gepasst hat. Eigentlich müssten wir sie uns mit anderen Gästen teilen, aber heute sind keine da. Es will wohl niemand außer uns so Weihnachten verbringen.

Wir sind zufrieden, vor allem weil unser In-den-Tag-Hineinleben von einem unvergesslichen Abendessen von Marcela gekrönt wird. Die meisten Zutaten dafür stammen vom eigenen Hof, alles von Chiloé. Auch das Geschenk für Yva: eine Chiloé-Mütze, selbst gestrickt mit der Wolle der Schafe des Hofs, worüber sie sich sehr freut. Und Pedro blüht auf, als wir feststellen, dass David und ihn eine gemeinsame Leidenschaft verbindet: das Fotografieren. Pedro ist Professor für Fotografie und zeigt David später seine besonderen Aufnahmen und seine eigene Dunkelkammer. Ich unterhalte mich ausgiebig mit Marcela. Sie erzählt mir, dass mein Eindruck, die Chiloten seien hilfsbereit, nicht täuscht. Es gibt sogar einen extra Begriff dafür: *minga*, was so viel bedeutet wie »Hilfe anbieten, wenn man dafür etwas bekommt«. Ein bekanntes Beispiel dafür sind die Umzüge, die auf Chiloé anders ablaufen, als wir es gewohnt sind. Traditionell wird ein Zuhause als Ganzes transportiert, selbst kilometerweit ans andere Ende der Insel. Früher sogar komplette Kirchen. Die Helfer*innen erhalten dafür dann ein Dankeschön. Mir gefällt diese Philosophie des Gebens und Nehmens. Umso mehr bedaure ich wiederum, dass ich Marcela nichts zurückgeben kann.

»Das stimmt nicht«, sagt sie entspannt. »Ihr bereichert uns mit euren Erzählungen aus der ganzen Welt.«

Am nächsten Tag bittet sie mich beim Abschied, dass wir in Kontakt bleiben, es interessiere sie sehr, wie unsere Reise weitergehe. Wir tauschen Nummern aus, und noch heute schreibe ich mit ihr. Nach einer letzten Umarmung fahren wir zurück nach Puerto Montt, wo wir unser Mietauto abgeben und mit dem Bus weiter in Richtung Norden reisen.

~

Nach rund achthundert Kilometern und vier Buswechseln steigen wir bei einem Strandlokal aus. Das hat unser Gastgeber uns als Referenz angegeben. Sonst gibt es hier nichts außer der kleinen Küstenstraße, auf der wir gekommen sind, und den Pazifik. Wir sind unsicher, ob wir richtig sind. Eine Frau kommt auf uns zu und erkundigt sich, ob wir zum Surfshack wollen. Genau das haben wir gemietet für die Tage über den Jahreswechsel: eine sehr einfache Bretterhütte mit so etwas wie einem Vorgarten direkt am Strand.

»Strom und Wasser gibt es nur begrenzt«, erklärt uns die Frau. »Und das Wasser auf keinen Fall trinken!«

Das kennen wir schon von anderen Orten auf der Welt. Um Wasser zu besorgen, laufen wir am nächsten Morgen ins Zentrum des kleinen Ortes Buchupureo, hier wohnen etwa fünfhundert Menschen. Dabei lernen wir Joaquin und seinen Sohn kennen, der etwa in Yvas Alter ist.

»Was hat euch nach Buchu verschlagen?«, fragt er.

»Wir wollten die Touristenhochburgen meiden«, sage ich.

»Das habt ihr auf jeden Fall geschafft. Jemanden, der nicht aus Chile kommt, sieht man hier selten«, sagt er.

»Ja, scheint so«, sage ich. »Was ist denn besonders schön in der Gegend?«

»Der Nachbarort Pullay, da mache ich häufig Urlaub. So wie jetzt gerade. Ich habe mit Freunden ein Haus gemietet. Es ist nicht weit weg – wollt ihr es euch mal ansehen?«, fragt Joaquin.

»Wir haben kein Auto«, sage ich.

»Wow, kein Auto«, sagt er erstaunt. »Aber kein Problem, ich fahre euch gern, zeige euch Pullay und bringe euch später wieder zurück zu eurem Surfshack.«

»Sehr gern!«

David nimmt vorn neben Joaquin im Pick-up Platz, ich setze mich hinten neben Joaquins Sohn, der einen Kindersitz hat. Für Yva gibt es leider keinen, weswegen ich sie auf den Schoß nehme. Für die kurze Strecke wird das schon okay sein, meint David, und wahrscheinlich hat er recht. Wir sind schnell in Pullay, und Joaquin stellt uns seine Freund*innen und Familie vor. Die Männer gehen surfen, die Frauen sitzen am Strand. Mit einem Auge schauen sie den Surfern zu, und mit dem anderen beobachten sie ihre Kinder, die auf dem angrenzenden Spielplatz toben. Mittags bestellen alle *Pisco Sour* und *Ceviche*, ein Gericht bestehend aus rohem Fisch, Zwiebeln und Limettensaft, das in Südamerika sehr verbreitet ist. Sehr erfrischend bei diesen Temperaturen, genau wie der *Pisco Sour*.

Die Stimmung ist ausgelassen, als Yva plötzlich vom Klettergerüst stürzt. Wir haben nur einen kurzen Augenblick woanders hingesehen, und schon liegt sie im Sand. Bewusstlos. Für einige Sekunden, aber uns kommt es wie eine Ewigkeit vor. Wir sind geschockt, und mir schießen viele Fragen durch den Kopf: Warum habe ich nur weggesehen? Sind wir doch etwas zu entspannt? Zu unvorsichtig? Wir haben Glück gehabt bei den Fahrten ohne Kindersitz – ist das nun die Strafe? Was, wenn sie sich nicht mehr regt? Wie kommen wir jetzt zum nächsten Krankenhaus? Sind die Ärzt*innen gut hier? Warum haben wir nicht besser aufgepasst, warum nur?

Zum Glück bewegt sich Yva und fängt an zu schreien. Ich bin unfassbar froh und nehme sie vorsichtig auf den Arm, um sie zu trösten. Mir stehen Tränen in den Augen. Vor Freude, dass sie sich wieder regt, aber auch vom Schock und der Angst, was sein wird.

»Alles gut?«, fragt David.

»Weiß ich nicht«, sage ich mit zitternder Stimme. »Schreien ist, glaube ich, ein gutes Zeichen.«

»Ja«, sagt er und ist ansonsten noch sprachlos vor Sorge.

»Vielleicht stille ich sie mal«, schlage ich vor.

Yva trinkt und ist noch etwas apathisch. Nach ein paar Minuten Kuscheln fängt sie sich wieder und will zurück auf den Spielplatz. Wir bitten Joaquin aber, uns zurückzufahren. Er bietet uns an, dass er uns überallhin fahren wird, wenn wir wollen: Apotheke, Ärztin, Krankenhaus. Wir sind ihm dankbar und tauschen Nummern aus. Doch Yva ist später am Silvesterabend glücklicherweise nichts mehr anzumerken.

Ich erinnere mich an die Vorjahre: Vor zwei Jahren in Myanmar wussten wir, dass wir Eltern werden. Inzwischen ist viel passiert: Parasiten überstanden, Yvas Geburt erlebt und mit ihr einmal halb um die Welt gereist. Unser aller Leben hat sich verändert. Vor genau einem Jahr hat mein Vater seinen sechzigsten Geburtstag an Silvester gefeiert. Party ist nebensächlicher geworden für mich. Mir ist es viel wichtiger, dass es Yva gut geht. Insbesondere nach diesem Tag bin ich sehr dankbar dafür, dass bislang – auch auf dieser Reise – alles so glimpflich abgelaufen ist.

An Neujahr gehe ich zu dem Hotel, in dem wir am Abend zuvor lecker gegessen haben, dem einzigen weit und breit.

Der Besitzer ist Australier und bietet uns an, dass wir das Internet nutzen können, weil wir keins haben. Das mache ich, um die Weiterreise zu organisieren. Wir wollen weder zum Surfer-Hotspot am Strand noch weiter in eine Stadt, da uns die Ruhe und die Natur hier so gefallen. Das Geräusch der Wellen des Pazifiks, der starke Wind, der uns immer wieder frische Luft beschert, und die wärmende Sonne. Der Wechsel aus Schlaf, Strandspaziergängen und dem Anblick der Wellen, Pferde und Vögel, dazu ein Pisco Sour oder ein erfrischendes Bad im Meer.

Es ist schön, sich so treiben zu lassen, einfach loszuleben. Das entspricht uns am allermeisten, und wir sind froh, dass wir das mit Yva weiterhin können. Vielleicht sogar noch mehr mit ihr, weil sie uns so in die Gegenwart zieht. Wir sind zuvor zwar beide keine Menschen gewesen, die im Voraus geplant haben, aber mit Yva scheinen Pläne nun noch überflüssiger. Ich muss an ein Zitat des irischen Schriftstellers Oscar Wilde denken: »Wir müssen bereit sein, uns von dem Leben zu lösen, das wir geplant haben, damit wir das Leben finden können, das auf uns wartet.« Wie recht er doch hat – das eine ergibt sich aus dem anderen. Immer wieder lernen wir neue und zumeist sehr nette Menschen kennen, so wie gerade in der Hotellobby zum Beispiel einen Winzer aus Talca, Juan Fernando, mit dem ich mich unterhalte und der uns auf sein Weingut einlädt.

»Wie hast du das schon wieder arrangiert?«, fragt David. Meine Antwort: »Keine Ahnung. Ich habe doch nichts gemacht.« Ich lächle ihn an.

»Das ist es wohl: Deine herzliche Freundlichkeit gepaart mit Offenheit, Neugierde und Lebensfreude ist ansteckend«, sagt David.

»Du meinst, andere wollen Anteil daran haben?«, frage ich ihn.

»Kann gut sein. Für sie ist das ein Abenteuer«, sagt er.

»Aber für mich ja auch«, sage ich.

»Und für mich erst«, sagt David und lacht.

~

Wir nehmen die Einladung an und reisen für ein langes Wochenende nach Talca. Der australische Hotelbesitzer hat uns das *Casa Chueca* empfohlen. Das »schiefe Haus« wird von einem deutschen Ehepaar betrieben. Die beiden sind früher viel gereist und haben sich nun auf Wandertouren spezialisiert. Sie leben auf dem acht Hektar großen Gelände mit ihren zwei Söhnen und vielen Tieren.

Am Abend unserer Ankunft, als Yva in der Hängematte liegt, kommen wir mit Angela und Carlos, einem chilenischen Paar, ins Gespräch.

»Macht ihr hier Urlaub?«, fragt mich Angela.

»Ja, und ihr?«, frage ich zurück.

»Wir leben in Talca, wir kommen manchmal für einen Ausflug vorbei, weil es hier so nett ist«, sagt Angela. »Oder wir fahren in unser Ferienhaus in Vilches.«

»Klingt schön«, sagt David.

»Morgen mache ich mit meinem ältesten Sohn eine Tour dort. Magst du nicht mitkommen?«, fragt Carlos David.

»Und ich fahre mit meinen anderen zwei Söhnen in das Haus. Du kannst mit deiner Tochter auch mit, dann warten wir auf die Männer«, schlägt Angela vor.

Aber wir sind unsicher.

»Können wir euch später Bescheid geben?«, fragt David.

»Ja, klar«, sagt Carlos und gibt uns seine Nummer.

Wir erzählen Franz, dem *Casa Chueca*-Besitzer, davon.
»Lasst euch so eine Chance nicht entgehen«, sagt er, ohne
zu zögern. »Es ist nicht so leicht, da hinzukommen, und die
Cabañas, so nennt man die Hütten dort, sind meist sehr nett
und haben eine wunderschöne Aussicht.«

»Okay«, sagt David zögerlich. »Aber der Zeitplan kommt
uns äußerst ambitioniert vor.«

»Wieso?«, fragt Franz. »Das ist an einem Tag zu schaffen,
es ist eine Strecke von vierundzwanzig Kilometern.«

»Ja«, sagt David. »Aber Carlos meint, so lange braucht er
nicht.«

»Das ist in der Tat komisch«, bestätigt Franz, weswegen
wir Carlos noch einmal kontaktieren.

»Ich bin die Strecke schon häufig und ohne meinen Sohn
auch schon in weniger Zeit gelaufen«, versichert Carlos. »Bis
um acht Uhr abends sind wir sicher zurück.«

David vertraut darauf und muss am nächsten Morgen
noch in der Dunkelheit los. Ich kann mit Yva weiterschlafen,
da Angela uns erst um zehn Uhr abholen will. Sie kommt
noch eine Stunde später, was mich nicht weiter überrascht, da
wie vielerorts in Südamerika auch in Chile die Zeitangaben
nicht so streng genommen werden.

Angela, knapp bekleidet und mit großer Sonnenbrille –
wie viele hier –, hat bloß fünf Stunden geschlafen und einen
Kater. Am Abend war sie auf einem Junggesellinnenabschied
mit einem Stripper, wie sie mir stolz erzählt. Sie hat für uns
ein Mittagessen dabei. Da ich etwas beisteuern will, halten
wir beim Supermarkt. Ich schnappe schnell Wasser, Brot und
Obst, und wir gehen zur Kasse. Als ich sage, dass ich den
Einkauf übernehme, läuft sie mit ihren beiden Söhnen noch

einmal in den Laden und legt dann Saft, Limo, Schokodrinks, Chips und Kekse auf das Band. Hauptsache Zucker – so scheint hier das Motto zu sein. Ganz anders als ich es aus Deutschland gewohnt bin, wo immer mehr Eltern auf zuckerfreie Ernährung bei ihren Kindern setzen.

So dogmatisch bin ich selbst nicht. Zucker ist eine Art Droge, weswegen ich in Yvas erstem Lebensjahr versucht habe, ihr keinen Zucker zu geben. Aber sie komplett zuckerfrei zu ernähren, das will ich nicht. Yva und Kinder im Allgemeinen haben Freude daran: an Eis, Keksen oder Waffeln. Wenn ich für Yva etwas kaufe, achte ich meist darauf, dass es ökologische Süßigkeiten sind. Aber ich finde es total in Ordnung, wenn sie auf einem Kindergeburtstag isst, was es dort gibt. Yva soll ja auch Spaß haben und Kind sein dürfen.

Zurück im Auto werden die ersten Packungen geleert. Das geht ziemlich schnell, weil die Jungs wieder zurück ans Handy wollen. Yva guckt ganz interessiert auf die Geräte, aber ich lenke sie mit ihrer Mafalda-Figur ab. Kurz darauf halten wir erneut, um eine Freundin von Angela abzuholen. Sie steigt aus, und beide rauchen. Hören auch nicht auf damit, als sie wieder zurück ins Auto kommen. Ich denke an die Männer, die schon seit Stunden in der Natur sind, und vermute, dass wir nun auch bald ans Ziel kommen. Fehlanzeige.

»Ich muss kurz bei meinen Eltern halten«, sagt Angela. »Ich hoffe, das ist okay?«

Yva wird unruhig. Autofahren gehört nach wie vor nicht zu ihren Lieblingsaktivitäten. Schon gar nicht bei dieser Hitze. Aber wir gurken weiter in Talca herum, der angekündigte kurze Halt wird doch eine längere Sache. Angelas Eltern freuen sich über ihre Enkel, für die es gleich noch mehr Zucker gibt. Leider auch für Yva, von der sie entzückt sind. Sie können gar nicht mehr aufhören, »que hermosa« (wie hübsch) und »que linda« (wie schön) zu sagen. Ich mache zu allem gute Miene. Aber es dauert. Angela und ihre Freundin nutzen den Besuch, um den allerneusten Klatsch und Tratsch auszutauschen. Zum Abschied betet Angelas Mutter noch für uns. Es nützt allerdings nichts, denn Angela nimmt beim Ausparken den Bordstein mit und fährt über das Rondell des Kreisverkehrs. Als sie ein paar Ampeln später ihre Freundin mit Plateau-Flip-Flops ans Steuer lässt, weiß ich nicht, ob ich das besser oder schlechter finden soll. Ich komm mir irgendwie spießig vor. Zwei Stunden sind bereits vergangen, und wir sind immer noch in Talca, obwohl es bis Vilches eigentlich nur eine Stunde Fahrt sein sollte. Ich bin genervt.

Dann geht es zumindest schon mal in Richtung Schnellstraße Ruta 5. Auf der fahren wir aber nur wenige Kilometer, denn die Damen müssen schon wieder anhalten, da es hier die besten *Empanadas* weit und breit geben soll. Die Jungs wollen keine und bekommen stattdessen einen Lolli. Nun sind die Hände nicht für die Handys frei, und die beiden fangen an zu zanken. Die Lollis werden zerbissen, damit auf den Handys weitergezockt werden kann. Angela will mir einen Lolli für Yva geben. Aber ich winke ab. Ich stille sie lieber, damit sie ihren Mittagsschlaf macht und von dem Trubel so wenig wie möglich mitbekommt.

Nach über vier Stunden haben wir dann endlich unser Ziel erreicht: Eine eingestaubte Hütte in Vilches am Ende einer Schotterstraße. Hier ist es angenehm kühl und die Aussicht wirklich sehr schön. Aber anstatt sie zu genießen, gehen wir ins Haus. Angela schaltet eine Schildkröte aus Plastik ein, die – wie die meisten dieser Spielzeuge – ein furchtbares Geräusch macht. Yva, die solche Spielzeuge bislang nicht kennt, ist fast genauso verstört wie ich. Angelas Freundin schaltet die Musik an, und auch von den Handys der Jungs ertönen immer wieder Geräusche.

»Disfruta la naturaleza y el silencio (genießt die Natur und die Ruhe)«, sagt Angela und verschwindet in der Küche. Zum Essen gibt es Nudeln. Die Jungs haben natürlich keinen Hunger mehr. Statt zu essen, albern sie herum und schütten sich Saft ins Gesicht. Auch Yva bekommt etwas ab, was sie nicht lustig findet. Ich auch nicht wirklich, weil sie so nicht zum Essen kommt.

Nach der Mahlzeit schläft Angela mit einer Kippe in der Hand vor ihrem Handy ein, und ihre Freundin hängt vorm Laptop. Ich bin mit den Kindern allein. An sich könnten sie spielen, doch der Siebenjährige sitzt in der Hütte vorm Handy und will nach Hause. Der Fünfjährige ärgert immer wieder Yva, die draußen mit ihrem Eimer sitzt und in der Erde spielt. Irgendwann frage ich, wann wir uns das Naturschutzgebiet ansehen, und kurz darauf fahren wir tatsächlich die Straße hoch. Die Jungs wedeln vor Yvas Augen ständig mit Saft und Keksen herum, was ziemlich gemein ist, weil sie wissen, dass Yva davon nicht so viel haben darf wie sie.

Eine Viertelstunde später sind wir endlich da: Unter den Bäumen fließt ein kleiner Bach, in dem die Jungs baden. Yva möchte es auch probieren, aber die Jungs schubsen sie. Für Yva und mich eine anstrengende Situation. Ich versuche mich möglichst wenig einzumischen. Unter dem Vorwand, dass es zu kalt für Yva sei, brechen wir auf. Auf dem Rückweg sehen wir zwei Pferde, die Yva immerhin ein wenig aufheitern können. Von der einzig schönen Szene des ganzen Tages macht Angela ein Foto und schickt es den Männern. Es muss auf dem Bild so wirken, als hätten wir eine tolle Zeit verlebt. Zurück an der Hütte ist es schon halb sieben. Da wir spätestens um acht Uhr wieder in Talca sein wollen, frage ich: »Wann fahren wir denn zurück?«

»Wir warten noch auf die Männer«, meint Angela.

»Haben die sich denn schon gemeldet?«, frage ich.

»Nein«, antwortet sie gelangweilt.

Ich versuche David anzurufen, leider ohne Erfolg.

»Die haben sicher keinen Empfang«, erklärt Angela. »Und wenn sie keinen Empfang haben, sind sie auch nicht in der Nähe.«

»Aber wir müssen bald los«, sage ich nachdrücklich.

»Wieso?«, fragt Angela. »Yva ist doch gut drauf.«

»Ja, aber nicht mehr lange«, sage ich.

Nach einer Stunde gibt es immer noch kein Zeichen von den Männern, also frage ich: »Wann fährt denn hier der Bus?«

Während Angelas Freundin nachschaut, sagt Angela: »Entspann dich mal, trink einen Tee, ich spiele mit deiner Tochter.«

»Ich möchte lieber los«, entgegne ich ihr.

»Aber das ist zu gefährlich, so allein, und es dauert auch zu lange, weil der Bus überall hält«, sagt Angela.

So ein Quatsch, denke ich. Ich fühle mich unwohl und will einfach nur noch weg. Ich nehme Yva auf den Arm, halte das nächste Auto auf der Schotterstraße an, einen Pick-up, und frage das ältere Paar darin, ob sie uns mit nach Talca nehmen können. Das Paar ist einverstanden. Ich will nur kurz unsere Sachen holen, da hält Angela mich auf: »Warte, die Männer haben sich gemeldet.«

»Okay«, sage ich. Und obwohl ich Angela nicht vertraue und Yva anfängt zu quengeln, eile ich zurück zu dem Ehepaar,

bedanke mich und lass sie ohne uns fahren. Dann will ich
mit David sprechen. Angela gibt mir ihr Handy.

»Alles okay bei euch?«, fragt David.

»Nicht wirklich«, sage ich und bin froh, seine Stimme
zu hören.

»Was ist denn los?«, erkundigt er sich.

»Erkläre ich dir später in Ruhe. Wann seid ihr zurück?«

»Das dauert mindestens noch eine Stunde bis zur Hütte«,
sagt er. »Wenn wir da sind, werden wir sicher noch was essen
und uns kurz ausruhen.«

»So lange halten wir es nicht mehr aus«, sage ich. »Auch
für Yva wird es zu spät.«

»Klar«, sagt David. »Ihr könnt ruhig schon fahren, wenn
das für euch okay ist.«

»Ja«, sage ich. »Ich fahre mit dem Bus, die halten mich
deswegen zwar für verrückt, aber das erzähle ich dir wirklich
später.«

»Okay, ihr Armen«, sagt David verständnisvoll. »Dann
bis später!«

In dem Augenblick sehe ich, wie der Bus an der Straße
hält, und sprinte los. Der Busfahrer ist nett und wartet sogar
geduldig, bis ich noch einmal zur Hütte zurückgerannt bin
und unsere Sachen geholt habe.

»*Loca alemana* (verrückte Deutsche)«, ruft Angela mir nach,
und es klingt nicht mehr wirklich freundlich.

Ich bin einfach nur froh, als wir im Bus sitzen und Yva
sofort einschläft. Ich bin glücklich, dass wir nur für uns sind.
Innerlich bin ich zwar immer noch erregt, die Anspannung
der anderen hat wohl auf mich abgefärbt, aber die Fahrt hilft
mir dabei, sie loszulassen. Durch die Fensterscheiben des
Busses sehe ich, wie die Sonne untergeht. Es ist schön, und

ich freue mich, dass David und ich mit Yva so ganz anders umgehen: ihr mehr Aufmerksamkeit entgegenbringen und sie nicht, ohne nachzudenken, so vielen negativen Einflüssen aussetzen, nur um unsere Ruhe zu haben. Die kann ich auch mit Yva haben, so wie jetzt. Als wir zurück im *Casa Chueca* sind, lege ich sie zum Schlafen ins Bett. Zwei Stunden später ist auch endlich David zurück. Wir fallen uns in die Arme. Erschöpft. Ich von den Strapazen, von denen ich ihm erzähle, und er von der Tour, die recht anspruchsvoll und offenbar sehr schön war. Er zeigt mir seine Fotos.

»Aber hätte ich gewusst, was ihr für einen Horrortag habt«, sagt er etwas betrübt, »hätte ich die Wanderung auf gar keinen Fall gemacht.«

»Konnte ja keiner wissen«, sage ich.

»Ich hab zwischendurch versucht, mich zu melden, aber ich hatte nie Empfang«, erklärt David.

»Schon gut«, sage ich. »Ich sehe den Nachmittag als Teil meiner Recherche zur Elternschaft weltweit. Ziemlich guter Input, könnte man sagen.«

~

Zwei Tage später schickt uns Juan Fernando einen Fahrer, um uns zu seinem Weingut zu bringen. Das Anwesen ist schön: ein Haus im Kolonialstil mit einem weitläufigen Garten, Pool und sogar einem eigenen Tennisplatz. Der Hausherr lässt auf sich warten, wie das eben so üblich ist, aber begrüßt uns dann umso herzlicher. Er bietet uns *Empanadas* an – und natürlich seinen Wein. Von seinen vielen verschiedenen Kreationen ist eine ganz besonders: ein Mix aus *Malbec* und *Syrah*. Eigentlich ausverkauft, aber für uns öffnet er eine der letzten Flaschen.

Yva spielt im Garten. Es ist sehr schön, sie so vergnügt zu sehen. Da ich nicht so viel trinken darf, weil ich noch stille, und weil wir uns auch nicht aufdrängen wollen, bleiben wir nur zwei Stunden. Yva und David schlafen auf der Rückfahrt ein, und ich unterhalte mich mit dem Fahrer über Chile.

»Leider tut sich so wenig in diesem Land«, klagt er.

»Was wäre denn die wichtigste Veränderung?«, frage ich.

»Bildung«, antwortet er wie aus der Pistole geschossen.

Genau das ist auch das Thema beim Abendessen, als wir uns mit Kati, der Betreiberin des *Casa Chueca*, unterhalten.

»Meine Söhne sind heute nach Deutschland geflogen, weil sie dort ein halbes Jahr zur Schule gehen«, sagt Kati. »Das Bildungssystem in Chile ist so schlecht.«

»Das haben wir auch schon gehört«, sage ich.

»Ja leider, die Ausbildung der Lehrer*innen ist nicht gut, und die Kinder müssen vieles einfach nur auswendig lernen«, erklärt Kati weiter.

»Das ist unglücklicherweise in vielen Ländern der Fall«, sagt David.

»Gibt es denn keine Alternativen?«, frage ich.

»Privatschulen«, antwortet Kati. »Aber das Problem ist, dass es da meist nur um Disziplin und Ansehen geht.«

»Ja, auch das kennen wir aus einigen anderen Ländern«, sagt David.

»Es läuft eben nicht alles wie in Deutschland«, sagt Kati bedauernd. »Nicht nur in Bezug auf Bildung, sondern auch hinsichtlich der Ernährung und vielem anderen.«

»Das haben wir auch schon festgestellt«, sage ich. »Zum Beispiel gestern hautnah bei dem Ausflug mit Angela.«

»Wieso?«, fragt Kati. »Was war da los?«

»Die Kinder haben die ganze Zeit nur Süßes bekommen und hingen vorm Handy«, berichte ich.

»Das wundert mich gar nicht, das ist ganz normal hier. Gesundes Essen interessiert nur die wenigsten«, erklärt Kati.

Das, was ich beim Tagesausflug mit Angela erlebt habe, scheint also keine Ausnahme zu sein. Wahrscheinlich konnte Angela meinen überstürzten Aufbruch auch deswegen nicht verstehen, weil ihr Verhalten für sie selbst ganz normal schien.

~

Am nächsten Tag geht es nach Valparaíso. Nach so viel Natur, Ruhe und Abgeschiedenheit ist es komisch für uns, wieder in einer Stadt zu sein, und dann in einer so großen: Valparaíso hat mehr als 250 000 Einwohner*innen. Wir haben es extra vermieden, über die Feiertage herzukommen, trotzdem ist viel los. Auch in dem Hostel, in dem wir wohnen. Immerhin haben wir ein Zimmer nur für uns, ganz oben im Gebäude mit Blick über die Dächer der Hafenstadt, die bekannt ist für ihre bunten Häuser. Um sie uns anzusehen, laufen wir am nächsten Tag die vielen kleinen Hügel der Stadt rauf und runter. Irgendwie erinnert mich der Anblick an Lissabon, genau wie der Trubel und die Straßenkünstler*innen, die Yva sehr gut gefallen. Sie beobachtet die Menschen gebannt und ist fasziniert von den bunten Farben und der Musik, der sie aufmerksam lauscht und dazu wippt.

Auch am zweiten Tag in der Stadt zeigt sich, dass Yva unser Kulturinteresse teilt. Mit dem Collectivo (Sammeltaxi) fahren wir zur La Sebastiana, dem ehemaligen Wohnhaus von Pablo Neruda, in dem inzwischen ein Museum untergebracht ist.

Yva will dort alles anfassen – was natürlich nicht erlaubt ist. Andererseits ist ihr Verhalten nur nachvollziehbar, da wir ihren Entdeckerinnentrieb ja sonst immer unterstützen. Wir nehmen sie also an die Hand oder auf den Arm und erklären ihr die Informationen, die wir auf den Tafeln lesen.

Für uns ist es spannend, zu erfahren, was Yva besonders interessiert: das Pferd im Wohnzimmer und der berühmte Sessel, *La Nube* (die Wolke), auf dem der Schriftsteller immer saß, um durch die Fenster des Hauses auf die Stadt zu gucken. Es ist schön, dass Yva so interessiert an allem ist und wir den Besuch mit ihr ruhig zu Ende bringen können. Wir stellen aber auch fest, dass einige Museen besser geeignet sind für Kinder als andere. In New York sind wir zum Beispiel bei einer Fotoausstellung gewesen, das hat besser funktioniert, da Yva herumlaufen und sich immer neue Bilder ansehen konnte. Wir mussten nicht so intensiv auf sie aufpassen und konnten uns selbst besser auf die Arbeiten einlassen. Auch in Buenos Aires waren wir bei einer Fotoausstellung, das machte uns allen Spaß. Wir haben herausgefunden, dass es am besten funktioniert, wenn wir uns aufteilen: Einer lässt sich in Ruhe auf die Kunst ein, der andere ist bei Yva. Auch bevor wir Eltern geworden sind, haben wir uns viele Kunstprojekte getrennt angesehen und uns anschließend ausgetauscht, insofern macht es für uns keinen großen Unterschied, dass Yva dabei ist. Im Gegenteil: Sie steuert eher frischen Wind und einen anderen Blick bei.

Beim nächsten Museum in Valparaíso hat Yva wieder mehr Freiheiten, denn es befindet sich unter freiem Himmel: *Museo a Cielo Abierto*. Dort kann sie herumklettern und die bunte Streetart bewundern. Die pralle Sonne erschöpft uns allerdings schnell, und wir wollen noch eine Pause einlegen, am liebsten mit *Ceviche* zur Erfrischung. Ich entdecke ganz in der Nähe ein Restaurant, das *responsable pesce* (nachhaltigen Fisch) anbietet, genau das, wonach wir suchen. Yva ist in der Zwischenzeit auf meinem Arm eingeschlafen, und ich bin froh, dass ich mich nun mit ihr hinsetzen und anlehnen kann. Das Essen ist vorzüglich.

Kurz nachdem wir bezahlt haben, merken wir plötzlich, dass unser Jutebeutel weg ist. Wir suchen überall, fragen das Personal und andere Gäste. Schnell ist klar: Er wurde geklaut.

»Ich verstehe das nicht«, sagt David verwundert. »Wir waren doch die ganze Zeit hier, und er hing an unserem Stuhl.«

»Ich auch nicht«, sage ich. »Aber Diebe sind geschickt.«

»Ja, Scheiße – weißt du, was drin war?«, fragt er mich.

»Ja, Yvas Lätzchen, ihre Wechsel- und Wickelsachen, deine Regenjacke und meine Trinkflasche«, sage ich.

»Zum Glück nichts Teures«, sagt David. »Aber schade, die Regenjacke mag ich so gern, und die Trinkflasche ist auch nicht unwichtig.«

»Ja, echt ärgerlich«, sage ich und spreche noch einmal mit dem Personal. Wir hinterlassen unsere Nummer, damit sie uns kontaktieren können, falls der Jutebeutel wiedergefunden wird.

Mehr Zeit haben wir nicht, weil wir im Hostel unser Gepäck abholen und dann zum Flughafen fahren müssen. Wir wollen wieder raus aus der Stadt – in die über 1500 Kilometer weiter nördlich liegende Atacama-Wüste.

In Calama angekommen, mieten wir ein Auto, um damit nach San Pedro de Atacama, der einzigen Oase in der Wüste, zu fahren. Hier ist alles eingestaubt vom Sand. Es gibt eine Hauptstraße mit kleinen Läden für die Tourist*innen. Wir wohnen in einer Lodge und werden dort gleich von einigen Lamas begrüßt. David und Yva gehen so nah heran, dass eines der Lamas sie anspuckt. Eine Erfahrung, die Yva bis heute nicht vergessen hat: Wenn sie jemand fragt, wie ein Lama macht oder sie eins sieht, tut sie so, als ob sie spuckt.

Am nächsten Morgen stehen wir sehr früh auf, um zur Salar de Atacama zu fahren. Im Auto muss ich Yva zwar nach wie vor mit Snacks und Spielzeug bespaßen und regelmäßig stillen, aber es klappt schon viel besser. Es ist wunderschön, durch diese unendliche Weite zu fahren und die tollen Farben der Wüste zu erleben. Als wir ankommen, ist Yva begeistert von den Flamingos, die nur wenige Meter von uns entfernt im Salzwasser stehen. Doch bald schon wird es so heiß, dass wir uns zurück ins Auto retten und die Klimaanlage anmachen müssen. Sich über Mittag ohne Sonnenschutz draußen aufzuhalten ist hier lebensgefährlich.

Am Nachmittag starten wir zum Valle de la Luna. Das Tal des Mondes ist eine der Hauptattraktionen in der Wüste, was wir schon bei unserem ersten Halt merken, einer Schlucht, durch die wir laufen wollen. Nach nur wenigen Metern geht es aufgrund der vielen Tourist*innen weder vor noch zurück. Klaustrophobie wäre hier nicht hilfreich; wir sind froh, dass Yva entspannt bleibt. Sie versucht lediglich hin und wieder, die Felsen, die uns umgeben, zu erklimmen. Die anderen um uns herum halten sich bei Laune, indem sie Selfies machen.

Wir sind froh, als wir diese Menschenmassen hinter uns lassen können und mit dem Auto durch die beeindruckende Mondlandschaft fahren. Am Fuß einer großen Sanddüne parken wir. Es ist schon spät und deswegen nicht mehr so heiß. Für Yva ist die Wüste ein riesengroßer Sandkasten. Sie hat viel Spaß, und David auch: Er fotografiert, und ich wünsche mir in diesem Augenblick, dass die anderen Tourist*innen um uns herum einfach verschwinden. Das tun sie tatsächlich, als die Sonne untergegangen ist. Dabei kommen jetzt die allerschönsten Farben erst zum Vorschein. David hält sie mit der Kamera fest, dann kommt er zu uns, Yva hat mich mit Sand bedeckt und sich dann an mich geschmiegt. Zu dritt genießen wir diesen besonderen Moment.

Am nächsten Tag erkunden wir das Valle de la Muerte. Im Tal des Todes ist viel weniger los als in den anderen Teilen der Wüste. Oben auf den Dünen warten nur noch ein anderes Paar und der Wärter, der sagt: »Es un *regalo por el corazón* (Sie ist ein Geschenk fürs Herz).« Er meint die Ruhe hier oben, derentwegen er seinen Job so liebt und die – ebenso wie der Ausblick – wirklich beeindruckend ist. Als die Sonne untergeht, genießen wir die besonderen Farben und rutschen dann die Dünen hinab – unser eigenes Sandboarding, für das einige diesen Wüstenabschnitt eigens besuchen. Wir haben alle sehr großen Spaß – es ist wohl die beste Rutsche, die Yva und wir je erlebt haben.

Nach unseren Wüstenabenteuern müssen wir weiter, denn inzwischen sind wir auf ein interessantes Recherchethema gestoßen, das uns wieder zurück in den Süden Chiles führt. An die Küste, nach Puchuncaví-Quintero: Wir haben gehört, dass die Umweltverschmutzung durch die Industrie hier eine geradezu apokalyptische Landschaft hinterlassen habe.

Als wir uns dem Küstenort nähern, werden wir zunächst von großen Billboard-Schildern empfangen, auf denen steht: *Disfruta la naturaleza* (Genieße die Natur). Genau das, was Angela gesagt hat. Schon damals habe ich den Satz als Witz empfunden, jetzt umso mehr. Schon von Weitem sehen wir große rauchende Schornsteine, die zu den Fabriken gehören, die ihr Gift direkt ins Meer leiten. Kein Wunder, dass wir hier als Erstes den Rat bekommen: Bloß kein Wasser trinken! Das machen wir auch nicht. Wir kennen das von anderen Orten, aus Buchupureo, Indien oder Bangladesch, doch wir wissen, dass das Wasser hier nicht bloß schädlich, sondern sogar tödlich sein kann.

Wir haben ein schlechtes Gewissen, Yva in ein so hoch kontaminiertes Gebiet gebracht zu haben. Ob wir da wirklich gut für sie sorgen, frage ich mich. Natürlich haben wir uns vorher informiert und sind sichergegangen, dass uns allen ein paar Tage nicht schaden werden. Aber jetzt, wo wir hier sind, wird uns klar, dass die Sache nicht leicht wird: Das Essen ist sehr limitiert, es gibt weder frisches Obst noch Gemüse, den Fisch hier darf man auf gar keinen Fall verzehren, am besten man isst nur Abgepacktes.

Außerdem kann Yva weder auf den Spielplätzen noch am Strand spielen, weil der Boden zu stark verseucht ist. Die Spielplätze sind deshalb auch verlassen. Die Strände aber nicht – dort tummeln sich bei so gutem Wetter viele Familien. Die Warnschilder halten sie nicht ab, die verkünden, dass diese Region eine der fünf *Zonas de sacrificio* (Opferzonen) ist. So werden die Gegenden bezeichnet, die in den Sechzigerjahren von der chilenischen Regierung dem industriellen Ausbau überlassen wurden. In Chile akzeptiert ein Großteil der Bevölkerung diesen Zustand. Zum Glück nicht alle. Einige engagierte Bürger*innen haben eine Organisation gegründet, die sich der Problematik annimmt und für die Menschen da ist, die für den Wohlstand anderer geopfert wurden.

»Vergangenen Sommer waren die Vergiftungen so schlimm wie noch nie zuvor«, erzählt uns die Gründerin der

Organisation, Katta Alonso Raggio: »Kinder spuckten Blut, und nahezu hundert Menschen kamen in die Notaufnahme.« Mit Katta sind wir in den nächsten Tagen viel unterwegs, um Geschädigte und Expert*innen zu besuchen. Wir erfahren, dass die lokalen Krankenhäuser deutlich mehr als tausend Fälle dokumentiert haben, vor allem von Kindern mit Atem- oder Hautproblemen, Lähmungen, Erbrechen und Schwindel. Das ist kein Wunder, weil in der Luft etwa hundertzwanzig verschiedene Gase dokumentiert wurden, darunter auch das seit 2015 in Chile verbotene Methylchloroform. Die Arsenkonzentration in Puchuncaví-Quintero ist dreiundzwanzigmal so hoch wie von der EU zugelassen. Da die Regierung nur wenig Interesse an der Aufklärung zeigt – und das, obwohl sich die Krebsfälle häufen und besonders Kinder anfällig für die Erkrankungen sind –, gibt es leider zu wenige Studien zu den gesundheitlichen Folgen in der Region. Statt die Fabriken nach den Geschehnissen im Sommer dichtzumachen, wurden die Schulen geschlossen. Sonst passierte nichts Nennenswertes.

Während wir durch das tausend Hektar große Industriegebiet fahren, erzählt Katta weiter. Ich habe Mühe, ihren sehr schnellen und komplexen Informationen auf Spanisch zu folgen. Wie gut, dass David sich um Yva kümmert und sie immer wieder davon abhält, irgendwelche Sachen vom Boden aufzuheben. Wenn David fotografiert, nehme ich Yva. Katta scheint das nicht zu stören, sie erzählt energisch weiter, und wir lauschen ihr.

Der chilenische Präsident Sebastián Piñera schützt die Firmen, welche für die Vergiftungen verantwortlich sind. Zwei davon sind staatliche Unternehmen – der Kupferriese Codelco und die Erdölraffinerie Enap –, sechs sind in privater Hand. Eines dieser Unternehmen ist der Chemiekonzern Oxiquim, dessen Präsident lange als Anwalt von Piñera tätig war und als Sozius des Ehemanns der Umweltministerin gilt. Inzwischen passieren wir riesengroße Tanks mit Erdöl und sehen in der Ferne die Abraumhalde einer Mine sowie eine mehrstöckige Asphaltmischanlage, Zementsilos, die riesige Kupferanlage von Codelco und Waggons, die Kohle transportieren.

Obwohl Umwelt und Menschen erheblich leiden, unternehmen Politik und Wirtschaft nichts. Ganz im Gegenteil: Es wurden gerade erst weitere Projekte genehmigt. In Einzelfällen zahlen die Firmen Schweigegelder oder engagieren Personal, welches die Kohleteile am Strand möglichst unauffällig mit Schippen in großen Plastiktüten verschwinden lässt, was wir kurz vor unserer Abreise auch beobachten können. Die Menschen, die hier leben, haben keine Wahl.

Deswegen versucht die Organisation von Katta, sich mit internationaler Hilfe für die Leute einzusetzen. Sie hat es mit ihrem Anliegen vor die internationale und interamerikanische Menschenrechtskommission geschafft. Die hat festgestellt, dass es in der Küstenregion Puchuncaví-Quintero zu schweren Menschenrechtsverletzungen und erheblicher Umweltzerstörung gekommen ist. Das Problem in Chile ist die Gesetzeslage: Es gibt für nur wenige Stoffe einen Grenzwert. Die meisten Entscheidungen werden den Firmen selbst überlassen. 1997 wurde ein Gesetz erlassen, welches das Umweltministerium dazu verpflichtet, Projekte dieser Art zu unterbinden. Es gilt allerdings lediglich für Projekte, die danach begonnen wurden.

Ich bin nicht nur schockiert von der Recherche, sondern komplett erledigt. Die Arbeit war viel anstrengender als alle vorherigen. Auch für David. Yva hat alles super mitgemacht, und ich glaube, dass sie es zwischenzeitlich sogar gut fand, aber letztlich war der Ausflug für sie eher suboptimal. Ich bin natürlich froh, die Recherche gemacht zu haben. Es ist zwar nur ein Tropfen auf den heißen Stein, trotzdem können wir mit der Geschichte den Leidenden in Chile – wie schon den Frauen in Indien – eine Stimme geben. Solche Erfahrungen finde ich für Yva außerdem wichtig. Auch wenn sie die Vorgänge noch nicht verstehen kann, wäre es wünschenswert, wenn sie längerfristig ein Bewusstsein dafür entwickelt, dass nicht alles gut läuft auf der Welt. Leider ganz im Gegenteil. Yva wird in der Welt von morgen leben, wie viele andere Kinder, um die sich auch Pippi Langstrumpf sorgt und daher richtigerweise formuliert: »Ich will euch nur sagen, dass es gefährlich ist, zu lange zu schweigen. Denn die Zunge verwelkt, wenn man sie nicht gebraucht.«

DULCE DE LECHE

Chile · Argentinien · Brasilien · Uruguay

»Freiheit bedeutet für mich: einen Tag lang zu machen, was ich
möchte, und mich um niemanden zu kümmern.«

Die Recherche verschlägt uns am Ende nach Santiago de
Chile. Dort wohnen wir bei einer alten Studienkollegin von
David, die mit ihrem Mann und ihren zwei Kindern in einem
Haus mit Pool lebt. Obwohl wir auf unserer Reise bereits
großartige Unterkünfte hatten, freuen wir uns sehr, wieder
einmal in einem richtigen Zuhause unterzukommen. Yva ist
zudem dankbar für ihre neuen Spielkameradinnen, die in
Uruguay geboren sind, aber Deutsch sprechen. Friederike und
ihr Mann sind Deutsche und – damals noch ohne Kinder –
gemeinsam nach Argentinien gezogen, dann nach Uruguay
und – inzwischen zu viert – nach Chile in die Hauptstadt.
Grund war Friederikes Job. Und weil der sehr fordernd ist,
kümmert sich ihr Mann viel um die Kinder. Das ist in Südamerika ungewöhnlich, wie sie mir erzählt. Vor allem, wenn
die Kinder noch klein sind.

»Die lateinamerikanische Machokultur führt immer noch
dazu, dass Babys hier Frauensache sind«, sagt Friederike. Ihr
Mann habe sich sehr »exotisch« gefühlt, als er mit den Töchtern im Tragetuch oder im Kinderwagen unterwegs war, weil

Friedericke fünf Monate nach der Geburt wieder arbeiten ging. Und auch das sei nur möglich gewesen, weil sie deutsche Arbeitgeber*innen hat. Von Frauen in Uruguay wird nämlich erwartet, dass sie drei Monate nach der Geburt wieder in den Job zurückkehren, weil ihnen insgesamt dreizehn Wochen Mutterschutz zustehen. Mindestens eine Woche davon muss vor dem Geburtstermin genommen werden. Männer haben Anspruch auf zehn bis dreizehn freie Tage nach der Geburt. Im Vergleich zu anderen Ländern in Südamerika ist das sehr viel. Nur in Venezuela und Paraguay gibt es einen Tag mehr für die Väter, sprich zwei Wochen. In Ecuador sind es zehn Tage, in Kolumbien acht, in Chile fünf und gerade mal zwei Tage in Argentinien, die der Vater nach der Geburt seines Kindes von der Arbeit freigestellt ist.

In Chile haben Mütter sechs Wochen vor der Geburt und zwölf Wochen danach Anspruch auf Mutterschutz. Neunzig Tage sind es in Argentinien, entweder je fünfundvierzig Tage vor und nach dem Geburtstermin oder davor dreißig Tage und sechzig danach. Die meisten Mütter entscheiden sich für die letzte Option, wie mir Freund*innen aus Argentinien erzählen. Wer es sich leisten kann, nimmt sogar noch länger unbezahlt frei. Elternzeit wie in Deutschland gibt es nicht.

Weil ich Friedericke sehr schlecht verstehe, schalte ich den Plastikeiswagen ab, mit dem Yva schon seit geraumer Zeit spielt und der ein nervtötendes Geräusch von sich gibt.

»Ein Geschenk der Nachbarn«, sagt Friedericke und rollt mit den Augen. Sie ärgert sich darüber, dass es in Südamerika so gut wie kein Holzspielzeug gibt, sondern alles aus Plastik ist und blinkt. Außerdem muss das Spielzeug gender-konform sein, was in Südamerika noch hartnäckiger durchgehalten wird als anderswo, so Friedericke: »Wenn der Sohn eine Puppe in die Hand nimmt, eilt der Vater herbei, um sie gegen einen Fußball einzutauschen.«

Außerdem werden Kinder mit Geschenken überhäuft. An Geburtstagen kommen alle, Kolleg*innen, Bekannte und Nachbar*innen, und versuchen sich gegenseitig zu übertreffen: Eine Schnullerkette reicht nicht, es muss ein Schaukelpferd sein, und es wird eine Riesenparty geschmissen. Eins darf dabei nie fehlen: Zucker! Es fängt bei der Babynahrung an, die gesüßt ist, und geht mit Keksen, Cola und Co. weiter. »Ständig müssen wir aufpassen, dass unsere Kinder nicht mit Süßigkeiten vollgestopft werden«, klagt Friedericke. Das deckt sich mit meinen eigenen Erfahrungen und wird mir ebenso von anderen Freund*innen aus Chile und Argentinien bestätigt.

Einer von ihnen, Leo, den ich bei meiner ersten Reise nach Buenos Aires kennengelernt habe, ist inzwischen Vater von zwei Kindern und lebt mit seiner Familie in Berlin. Er erzählt mir, dass viele Argentinier*innen sich kein anderes Essen leisten könnten. »Etwa vierzig Prozent der Bevölkerung in Argentinien sind arm«, sagt er. In Chile sind fünfundsiebzig Prozent der Einwohner*innen einkommensschwach. Hauptursache für die schlechte Ernährung sind laut Leo vor allem die nicht vorhandene Bildung und das fehlende Angebot. Davon erzählt auch Friedericke: »Es gibt kein Bio, weder beim Essen noch bei der Kleidung oder dem Spielzeug. Es fehlt das nötige Umweltbewusstsein.«

Meine Recherchen ergeben dasselbe: Tauschbörsen für Kindersachen oder Secondhandläden wie in Deutschland sind in Südamerika eine Ausnahme. Nur wenn man es sich nicht anders leisten kann, tauscht man im Freundeskreis. Aber in der Regel wird alles neu gekauft.

Friedericke stört zudem etwas, das mir beim Reisen durch Südamerika auch schon aufgefallen ist: der extrem hohe Medienkonsum. Dabei sollen Kinder im Alter von zwei bis fünf Jahren – so die WHO – möglichst nicht mehr als eine Stunde vorm Smartphone oder Tablet verbringen.

»Es gibt keinerlei Medienerziehung, selbst schreiende Babys werden mit einem Handy beruhigt«, so Friedericke, die es aus Deutschland gewohnt ist, dass Kinder unter drei Jahren in der Regel keine elektronischen Geräte bekommen. In Südamerika nutzen die Eltern sie in jedem Alter, auch während des Essens.

»Schön ist allerdings, wie kinderfreundlich die Länder sind«, sagt Friedericke. »Kinder stören nie, sind immer und überall willkommen, und das wird auch gezeigt.« Es ist eine andere Mentalität als in Deutschland, wo viele, sobald sie selbst Kinder haben, den eigenen Lebensrhythmus umstellen.

»In Südamerika ist das ungewöhnlich. Dort leben die Kinder das Leben der Eltern mit. Ob auf Partys, in Restaurants oder Bars. Alle gehen zur gleichen Zeit ins Bett, die Kinder schlafen, bis sie drei sind, bei den Eltern im Zimmer«, erzählt Friedericke. »Familiengründung wird lockerer gesehen als in Deutschland.« In Südamerika machen sich viel weniger Eltern Sorgen über das Ende der eigenen Freiheit oder der Zweisamkeit als Paar.

Auch Leo sind genau diese Unterschiede aufgefallen, aber er beschreibt sie mit anderen Worten: »Argentinien kann beim Gesundheits- und Bildungsangebot von Deutschland viel lernen.« Dafür fehle es den Deutschen an Empathie und Wärme. »In Argentinien ist Individualismus nicht so wichtig«, sagt er. Das liege vor allem daran, dass die Familie einen ganz anderen und deutlich höheren Stellenwert habe. Sie ist häufig sogar bei der Geburt dabei, die üblicherweise im Krankenhaus stattfindet. Danach zieht die Mutter bei ihrer Mutter ein, die sich um sie kümmert und sie mit Tipps versorgt. *Doulas* oder Hebammen gibt es so gut wie gar nicht. Ebenso wenig wie Geburtshäuser. Und nach ein paar Wochen, wenn die Mutter wieder fit ist und arbeiten gehen kann, übernehmen häufig die Großeltern oder andere Familienangehörige die Betreuung des Babys. In die Kita kommen die Kinder in der Regel, wenn sie ein Jahr alt sind. Für einen halben Tag. Die andere Tageshälfte kümmert sich wieder jemand aus der Familie – in den meisten Fällen eine Frau – um das Kind. Die, die es sich leisten können, stellen eine *niñera* (Tagesmutter) ein.

Die Familie ist immer die erste Wahl. Auch bei Freizeitaktivitäten. Am Wochenende trifft man sich zum *Asado*. So heißt im Spanischen nicht nur das gegrillte Fleisch, sondern auch das Grillen selbst. In Argentinien und Uruguay ist das *Asado* eine gesellschaftliche Institution, aber auch in Paraguay, Bolivien und Chile wird es als Festmahl mit hohem sozialem Stellenwert zelebriert. Bei dem festlichen, aber nicht allzu förmlichen Treffen kommen am Wochenende Familie und Freund*innen zusammen. Die Männer kümmern sich um das Fleisch und die Frauen um den Rest. In Südamerika ist Fleisch nicht nur Essen, sondern Kulturgut, und für Vegetarismus oder gar Veganismus gibt es wenig Verständnis. Wenn Kinder kein Fleisch essen, stimmt etwas nicht mit ihnen.

Auch der Urlaub wird mit der Familie verbracht. In der Regel im eigenen Land, irgendwo am Meer. Das hat zwei Gründe: Die Südamerikaner*innen bekommen nicht so viel Urlaub, und die Mehrheit kann es sich nicht leisten, weite

Trips zu machen. »Mit Kleinkindern ins Ausland zu reisen, so wie ihr, ist eher unüblich«, sagt Friedericke.

Sie und ihr Mann sind viel mehr gereist, als sie noch keine Eltern waren. Auch nach Nordargentinien, wofür sie uns gute Tipps gegeben haben. Zum Beispiel: auf die Höhenunterschiede achten – besonders mit Kind. Deshalb haben wir nach einiger Überlegung auch tatsächlich unsere Route geändert. Eigentlich wären wir gern direkt von der Atacama-Wüste in den Norden Argentiniens gereist. Denn die Strecke über die Anden, die nur mit dem Bus zurückgelegt werden kann, soll landschaftlich sehr beeindruckend sein. Allerdings sind die Höhen schwindelerregend, und die dünne Luft ist nicht ohne, vor allem für Kleinkinder. Zumal der Grenzübertritt mehrere Stunden dauern kann. Obwohl Yva die Höhe in der Atacama-Wüste gut verkraftet hat, wollen wir ihr das nicht zumuten und unser Glück nicht zu sehr herausfordern. So überqueren wir die Grenze weiter südlich und fahren mit dem Bus über die Anden nach Mendoza. Selbst auf diesem Pass können wir die wahnsinnig beeindruckende Landschaft bestaunen.

~

In Mendoza selbst ist es leider dermaßen heiß (etwa vierzig Grad), dass wir uns nicht lange draußen aufhalten können, sondern häufig in unser klimatisiertes Hostel zurückkommen. Dort duschen David und ich kalt und geben Yva einen kalten Waschlappen. Es ist drückender als in der Atacama, weil es in der Stadt abends – anders als in der Wüste – nicht abkühlt. Selbst im Schatten der Palmen des Parque General San Martín können wir die Hitze der Stadt nur schwer ertragen. Zum Glück macht sie Yva am wenigsten aus, und sie freut sich über ein Eis zur Abkühlung.

Trotzdem sind wir froh, als wir weiter nach Salta reisen. Dort mieten wir uns ein Auto, um die Umgebung in den nächsten Wochen zu erkunden, und fahren dafür zunächst noch weiter nach Norden, weil Lena, Jens und Lucian, die wir am Anfang der Reise in El Bolsón kennengelernt haben, sich mit uns treffen wollen. Sie haben in Tilcara ein Haus gemietet und noch ein Bett für uns frei. Auf der Fahrt haben wir wieder einen Platten – zum Glück ist David inzwischen geübt. Da sich unsere Ankunft durch den Reifenwechsel verzögert hat, sind Lena und Lucian bereits im Bett. Am nächsten Morgen ist das Wiedersehen umso schöner, und wir verbringen zunächst viel Zeit im Haus und im Ort selbst. Nach der Fahrt wollen wir zur Ruhe kommen und uns langsam an die Höhe gewöhnen. Hier sind wir immerhin auf 2500 Metern.

Da wir alle gern unterwegs sind, überlegen wir, am nächsten Tag zu den Salinas Grandes zu fahren, die auf etwa 3500 Metern liegen. So eine Höhe haben wir schon gemeistert, aber auf dem Weg dorthin müssen wir kurzfristig auf viertausend Höhenmeter.

»Ich weiß nicht, ob das so eine gute Idee ist«, zweifelt Lena, »außerdem hat es in den letzten Tagen stark geregnet.«

»Es ist gerade Regenzeit«, sagt Jens, »es kann also gut sein, dass es in den nächsten Tagen sogar noch mehr regnet.«

Doch der Regen macht uns nicht so viel Sorge wie die Höhenmeter. Der Richtwert besagt, dass Kinder unter zwei nicht mehr als zweitausend und Kinder unter fünf Jahren nicht mehr als dreitausend Höhenmetern ausgesetzt sein sollten. Wir waren mit Yva schon an Orten auf etwa 3500 Metern. Letztendlich sind wir uns nicht sicher, ob es sich bei diesen Angaben aus dem Internet um fundierte Zahlen handelt. So recherchieren wir dazu noch einmal im Netz und finden einige Reiseveranstalter, welche diese Tour auch mit Kleinkindern anbieten, und entsprechende Erfahrungsberichte. Wie es aussieht, sehen die Einheimischen die Höhenbelastung für Kinder nicht ganz so kritisch – solange man darauf achtet, sich nicht allzu lange in der Höhe aufzuhalten.

Das beruhigt uns, und so starten wir am nächsten Tag unsere Tour. Nach wenigen Kilometern müssen wir anhalten, weil die Straße von den Wassermassen überspült wird. Wir fahren deshalb beim nächsten Ort ab und erkundigen uns in Purmamarca nach der Wetterlage. Laut der offiziellen Stelle spricht nichts dagegen, weiter zur Salzwüste zu fahren, auch nicht mit Kleinkindern. Ich freue mich sehr darüber, denn für mich geht es um ein Highlight unserer Reise, nachdem wir die Salar de Uyuni in Bolivien, die mehr als zehnmal so groß ist, nicht besuchen. David hat sie schon bei seiner ersten Südamerikareise gesehen, und wir müssen Prioritäten setzen, da wir selbstverständlich nicht alles erkunden können.

Wir schrauben uns die Ruta 52 hinauf. Zunächst ist die Landschaft noch gespickt von wilden Kakteen und die Straße gut ausgebaut. Doch je höher wir kommen, desto karger wird es, die Kurven werden zu Serpentinen, und die Luft wird – wie erwartet – dünner. Yva geht es aber gut, und per Textnachricht erfahren wir, dass auch Lucian keine Probleme hat. Allerdings halten wir – anders als die meisten – am Pass Altos del Morado auf 4100 Metern nicht an. Es scheint uns ratsamer, schnell weiterzufahren, damit die Kinder möglichst wenig von der Höhe zu spüren bekommen. Ich beobachte Yva die ganze Fahrt über genau, aber ihr ist nichts anzumerken; sie übersteht alles, ebenso wie Lucian, sehr gut.

Einige Kilometer weiter im Tal sehen wir die Salinas Grandes, die sich auf einer Fläche von 820 Quadratkilometern erstrecken, größer als Hamburg. Die Salzschicht ist im Schnitt dreißig Zentimeter dick und steinhart, sodass wir sogar darauf laufen können. Nach dem starken Regen der vergangenen Tage haben sich heute einige Zentimeter Wasser angesammelt, und der Salzsee wirkt fast wie ein richtiger See.

Lena und Jens sind enttäuscht, dass er deshalb nicht so strahlend weiß leuchtet wie auf den berühmten Bildern. David macht dennoch tolle Fotos mit den Reflexionen im Wasser. Auch die Kinder haben Spaß daran, auf der Riesenfläche in dem knöchelhohen Wasser zu spielen. Bis sie auf einmal das Salz auf der Haut spüren und zu schreien beginnen. Schnell waschen wir sie ab, ziehen sie um und erkunden gemeinsam und nun etwas vorsichtiger die anderen Teile der Salzwüste.

Das Salz hat nicht nur Nachteile. Es gibt so viel davon, und es wird schnell so hart, dass sich sogar Dinge daraus bauen lassen, wie Lama- oder Kakteenskulpturen, Tische, Bänke und Hocker. Yva findet sie besonders spannend und klettert darauf herum. Auch wenn ihr die Dimensionen des Naturschauspiels natürlich nicht bewusst sind, erfreut sie sich an der Besonderheit des Ortes. Für sie und Lucian ist es ein außergewöhnlicher Spielplatz. Nach dem Toben setzen wir uns auf die kleinen Salzhocker am Salztisch, essen gemeinsam und fahren wieder zurück.

Auf dem Rückweg legen wir in Purmamarca noch einen Halt ein, um durch das kleine Dorf zu schlendern, das schon recht lange ein wichtiger Rastplatz in der Umgebung ist. Jetzt werden hier, wie vielerorts in Südamerika, sehr farbenfrohe Souvenirs verkauft. Weil Yvas Haare in der Zwischenzeit so lang geworden sind, suche ich gemeinsam mit ihr zwei Haarbänder mit dem typischen bunten Südamerikamuster aus. Yva nimmt sie sofort in die Hand und zieht sie sich über den Kopf.

Dann erblicken wir das Wahrzeichen von Purmamarca, den Berg mit sieben Farben. Genau doppelt so viele hat der *Cerro de los 14 Colores* und ist deswegen noch spektakulärer. Als wir ihn am nächsten Tag ansteuern, ist der Weg dorthin gesperrt, und wir werden in Humahuaca gestoppt, weil es in der Nacht schon wieder so stark geregnet hat. Aber wir haben Glück im Unglück, denn heute ist Stadtfest und die komplette Stadt voll mit den *Gauchos* der Region, die südamerikanische Variante der Cowboys. Festlich gekleidet reiten sie auf ihren Pferden durch das geschmückte Dorf, was nicht nur für Yva ein Spektakel ist. Zur Stärkung essen wir ein traditionelles Gericht, das vor allem im Andenraum beliebt ist: *Humita*. Es handelt sich um einen Maismehlbrei, der in Maisblätter gewickelt und gedünstet oder gekocht wird. Je nach Land kommen zu dem Maismehl noch andere Zutaten wie etwa Gewürze, Zwiebeln und Butter. Bei uns sind noch Käse und Kürbis mit dabei. Eine sehr gute Abwechslung zu den *Empanadas*, von denen wir so viele in letzter Zeit gegessen haben.

Am nächsten Tag verabschieden wir uns von Lena, Jens und Lucian und fahren allein weiter in den Süden von Salta. Eine ehemalige Mitbewohnerin aus Portugal hat mir geraten, auf dem Weg nach Cafayate einen Zwischenhalt in Cabra Corral einzulegen. Das machen wir und folgen dafür Google Maps. Die Navigation leitet uns auf eine kleine Schotterstraße. Die Route scheint uns etwas ungewöhnlich, aber wir fahren weiter und werden positiv überrascht von den *Gauchos* und vielen Tieren, die unseren Weg kreuzen. Als ich nach ein paar Kilometern noch einmal nachsehen will, ob wir richtig sind, haben wir kein Netz mehr. Da die Landschaft um uns herum aber so schön ist und wir keinen anderen Weg wissen, fahren wir einfach weiter. Bis es nicht mehr geht. Die Straße ist infolge der sehr schweren Regenfälle in den vergangenen Tagen nicht passierbar.

»Was nun?«, fragt David.

»Lass uns nachsehen, wie tief das Wasser auf der Straße ist«, schlage ich vor. David steigt aus und watet ein paar Meter durch das Nass.

»Da kommen wir nicht durch«, sagt er betrübt. »Jetzt bräuchten wir den Jeep, aber bei diesem Wagen könnte es gut sein, dass das Wasser reinläuft.«

»Sicher?«, frage ich und versuche es selbst. Das Wasser ist in der Tat sehr tief, und die Strömung ist so stark, dass ich mich umsehe, ob irgendwo eine Menschenseele zu sehen ist, die uns helfen könnte. Weit und breit ist niemand. Nur das Heulen von Hunden ist zu hören. Dann kommt ein anderes Auto näher, ein Kleinwagen, der hinter unserem hält. Eine ganze argentinische Familie steigt aus, bis auf den Fahrer, der das Auto souverän und ohne jegliches Zögern durchs Wasser manövriert. Auf der anderen Seite steigen alle wieder ein und fahren von dannen. Wir bleiben mit offenem Mund zurück.

»Kannst du das nicht ganz genauso machen?«, frage ich.

»Ich weiß nicht«, sagt David. »Ich kenne den Wagen nicht so gut und will weder Ärger noch unnötige Kosten.«

»Das verstehe ich«, sage ich.

»Mir ist aber auch bewusst, dass die andere Option nicht sonderlich attraktiv ist«, sagt David. »Wir müssten die fünf Stunden auf der Schotterpiste zurückfahren und dann noch mal einen anderen Weg nach Cabra Corral suchen.«

»Und es wird nicht mehr sonderlich lange hell sein«, sage ich.

David entscheidet sich also, einen Versuch zu wagen. Er trägt unser Gepäck auf die andere Seite des Wassers, und ich trage Yva. Sie guckt erst etwas irritiert, aber da ich sie im Arm behalte, bleibt sie entspannt, selbst in dem Augenblick, als David losfährt. Fast etwas zu schnell, sodass das Auto leicht aufsetzt. Doch es gelingt ihm glücklicherweise, den Wagen aus der Vertiefung zu manövrieren, ohne dass Wasser hineingelangt. Wir freuen uns alle und jubeln. Dann packen David und ich das Gepäck zurück ins Auto, Yva zurück in den Sitz und fahren weiter. Kurze Zeit später erreichen wir Cabra Corral.

In dem Hotel, das uns ebenfalls meine ehemalige Mitbewohnerin aus Portugal empfohlen hat, werden wir bereits erwartet. Kinder springen uns entgegen, und noch bevor wir unser Zimmer beziehen, werden wir zum Abendessen gebeten, weil es so spät ist. Wir haben nichts dagegen, denn wir sind hungrig von der Reise. Yva will lieber mit den Kindern spielen und interessiert sich deswegen nicht für das Essen. Die Kinder sind aber von etwas anderem abgelenkt: dem Fernseher in der Lobby. Yva stellt sich dazu, weil der Flimmerkasten für sie etwas Besonderes ist. Bei uns läuft er selten und nur, wenn Yva nicht im Raum ist. Allzu lange steht sie auch jetzt nicht vor dem Gerät, da es ohnehin Zeit ist, sie ins Bett zu bringen.

~

Unser nächstes Ziel ist Cafayate. Die Strecke dorthin ist wahnsinnig schön, weil sie auf rund hundert Kilometern der Ruta 68 durch die Quebrada de las Conchas folgt. Die Schlucht der großen roten Konglomerate aus Sandstein und Ton bildet einen schönen Kontrast zum strahlend blauen Himmel. Die Felsformationen sind so beeindruckend, dass wir immer wieder anhalten.

Erst gefallen Yva diese Pausen. Aber von Stopp zu Stopp wird sie etwas nörgliger, vielleicht weil wir am Vortag schon so viel gefahren sind. Also steuern wir Cafayate nun ohne weiteren Halt an. Als wir dort noch weiter herumfahren müssen, weil wir vorab keine Unterkunft gebucht haben, ist die Stimmung endgültig im Keller. Die Flexibilität, mit der wir auf Yvas Bedürfnisse reagieren wollen, hat nicht nur Vorteile, merken wir in diesem Moment. Wir besorgen erst einmal *Humitas* und *Empanadas*, die schnell verspeist sind, und Yva freut sich über Mauern und Parkbänke, auf die sie klettern kann. Gestärkt finden wir kurz darauf ein Hostel, das noch Platz für uns hat.

Nach einer ruhigen, erholsamen Nacht fahren wir zu den Highlights der *Quebrada* (Schlucht), die in der Kreidezeit durch die Erosion entstanden sind: El *Sapo* (die Kröte), El *Fraile* (Der Mönch) und El *Obelisco* (Der Obelisk) sowie ein Amphitheater. Yva läuft ein paar Schritte und lässt sich immer wieder in den roten Sand plumpsen, um darin herumzurollen. Ein Sandkasten der besonderen Art, ähnlich wie die Atacama-Wüste. Und ähnlich wie dort macht uns die Hitze zu schaffen, Yva wieder am wenigsten. Sie klettert über so viele Felsen wie möglich und tobt sich aus. Viel anstrengender ist für sie das ständige Rein und Raus aus Auto und Kindersitz — was wir nicht allein wegen der Sehenswürdigkeiten machen, sondern auch damit sie sich hin und wieder im Auto etwas abkühlen kann. Doch leider versteht sie das noch nicht. Ebenso wenig, warum sie darin sitzen soll. Muss sie zum Glück auch nicht mehr lange, weil wir den Wagen ein paar Tage später in Salta wieder zurückgeben.

Dort ist es noch heißer. Um uns abzukühlen, wollen wir auf den Cerro San Bernardo, den Berg der Stadt. Mit einer Seilbahn, *Teleférico*, fahren wir in weniger als zehn Minuten einen Kilometer weiter und dreihundert Meter höher. Oben angekommen ist es nicht nur frischer, sondern es gibt sogar einen tollen Spielplatz für Yva. Besonders schön finden wir, dass dort vieles aus Holz und nicht wie sonst häufig in Südamerika aus Plastik ist. Und noch eine Sache fällt David und mir im Vergleich zu deutschen Spielplätzen auf: Die Kinder haben keine Schnuller im Mund, dafür aber schwarze Zähne und manchmal gar keine mehr. Aber nicht, weil sie ausgefallen sind, sondern eher vom Zucker weggefressen. Überraschend ist es ja eigentlich nicht, denn ständig sehen wir die Kinder mit ihren Süßigkeiten, und auch Yva wird andauernd Zuckerkram in die Hand gedrückt.

Sehr beliebt und immer und in allem enthalten ist *Dulce de Leche*. Die Creme aus Milch, Vanille und Zucker ist als Brotaufstrich verbreitet, wird aber auch für zahlreiche Süßspeisen verwendet: Pudding, Eis oder Flan. Oder auch als Füllung von Torten, wie die *Torta de mil hojas* (Tausendblatttorte) oder die typischen *Alfajores*-Kekse, die häufig mit *Dulce de Leche* gefüllt sind. Ich habe einem Arbeitskollegen versprochen, ihm welche mitzubringen.

Ohnehin ist Salta ein guter Ort für Mitbringsel, meint David, weswegen ich dort einen der vielen Kunsthandwerksmärkte besuche. Bislang haben wir nicht viel gekauft und nur für Yva hin und wieder eine Ausnahme gemacht:

die Mafalda-Filzfigur aus Buenos Aires, einen Plüschpinguin von der Península Valdés und die bunten Haarbänder aus Purmamarca. Ich selbst habe mir nur typisch chilenische Ohrringe gekauft. David und ich wollen möglichst wenige Sachen mitschleppen, außerdem gehen wir beide nicht gern shoppen.

Deshalb nehme ich auch Yva statt David mit auf den Markt. Ihr gefällt so etwas meist, und so ist es auch hier: viele bunte Sachen zum Anfassen und Entdecken. Für mich ist es schnell zu viel. Zwar ist alles selbst gemacht, was mir gefällt, aber es ist die reine Reizüberflutung. Nachdem wir durch etwa ein Viertel des Markts geschlendert sind, kaufe ich ein paar Kissenbezüge mit dem bunten Muster aus Südamerika für meine Freund*innen und für Yvas Zimmer sowie zwei Hosen, ein Paar Schuhe und ein kleines Etui für Yva. Dazu bekommt sie noch ein kleines Lama und eine Trommel mit einem Lama drauf geschenkt, worüber sie sich natürlich sehr freut. Für die Kinder von Freund*innen nehme ich zudem ein paar kleine Fingerpuppen mit, sie haben sich als sehr gutes Spielzeug fürs Reisen erwiesen.

Als wir zurückkommen, erkundigt sich David, wie es war, und neckt mich wieder mal: »Ach, die Minimalistin kommt mit so vielen Sachen zurück, alles klar.«

Wir lachen beide – ich allerdings nur halbherzig, weil sich der Witz allmählich abgenutzt hat.

~

Unser nächster Halt ist Puerto Iguazú im Dreiländereck von Argentinien, Brasilien und Paraguay. Es regnet, was uns allen nichts ausmacht, da es zugleich sehr warm ist. Wir überlegen, was wir mit dem Tag anfangen sollen, und entscheiden uns spontan, nach Brasilien zu fahren, um uns von dort aus die Wasserfälle anzusehen.

Das Panorama ist einzigartig und wunderschön: Hier stürzen gigantische Wassermengen zwischen tausendfünfhundert und siebentausend Kubikmetern pro Sekunde ununterbrochen herab. Es ist ganz schön laut. Yva macht das nichts aus – sie schläft, wie sehr häufig bei Attraktionen auf unserer Reise. 2011 wurden die Wasserfälle in die Liste der Sieben Weltwunder der Natur aufgenommen. Der Großteil der Fluten, die sich auf drei Kilometern ausdehnen und zu denen zwanzig größere und 255 kleinere Wasserfälle gehören, liegt allerdings auf der argentinischen Seite. Die Fälle, die meist über sechzig Meter hoch sind, einige von ihnen sogar über achtzig, sind durch mehrere kleine Inseln voneinander getrennt.

Am nächsten Tag machen wir uns auf zum Highlight, der Garganta del Diablo – dem Teufelsschlund in Argentinien. Es ist heiß und überlaufen mit Tourist*innen, sodass wir über vier Stunden zur siebenhundert Meter langen und hundertfünfzig Meter breiten Schlucht brauchen. Am Ende laufen wir über einen langen Steg zur Kante des Wasserfalls. Dabei schläft Yva erneut ein. So bekommt sie leider wieder nichts mit von dem traumhaften Anblick, der ihr sicher gefallen hätte: Über dem Wasser, das hier in die Tiefe stürzt, bilden sich im Sonnenlicht unzählige kleine Regenbogen.

Wir freuen uns, dass Yva am nächsten Tag viel wacher ist. Heute wollen wir die kleineren Wasserfälle ansteuern. Sie genießt die Wanderung genau wie wir. Schön ist auch, dass aufgrund des schlechteren Wetters weniger Tourist*innen unterwegs sind. So können wir in Ruhe die Papageien, Affen und Nasenbären bestaunen. Yva gefällt das sehr gut. Ganz am Ende entdecken wir sogar ein Krokodil und einen Tukan!

~

Als wir ein paar Tage später von Buenos Aires aus die Fähre nach Uruguay nehmen, treffen wir einen Belgier wieder, den wir in Argentinien kennengelernt, in Puerto Montt gesehen und im Auto mitgenommen haben. Südamerika ist kleiner als gedacht – wir freuen uns und müssen lachen.

Er hat inzwischen eine Französin kennengelernt, mit der er durch Uruguay reisen will. Sie haben ihr gesamtes Geld für die Fähre ausgegeben, die in der Tat nicht günstig ist: Für zwei Personen kostet sie etwa achtzig Euro, dabei dauert die Fahrt nur etwas mehr als eine Stunde. Auch Uruguay selbst soll sehr teuer sein. Für die beiden Frischverliebten, die nicht mehr aus dem Turteln herauskommen, ist das trotzdem kein Problem. Ihr Plan: per Anhalter fahren, zur Not Kartoffeln essen und wild zelten. David und ich erinnert das daran, wie wir früher gereist sind, und wir schwelgen kurz in der Romantik, sind dann aber froh, dass wir nach der Ankunft in unserer schönen Unterkunft ins Bett fallen können. Insbesondere, weil es draußen regnet und gewittert. Wir denken wieder an den Belgier und seine neue Begleiterin.

»Wo sie wohl sind?«, fragt David.

»Hätten wir ihnen anbieten sollen, bei uns zu schlafen?«, frage ich.

»Glaub nicht«, sagt David, »die wirkten so, als wollten sie ungestört sein.«

»Du hast recht«, sage ich, »ist wohl besser so, wie es ist.«

213

Vor dem Einschlafen grüble ich noch ein bisschen vor mich hin. Sind solche Abenteuer nun vorbei für uns? Wenn ja, wieso? Weil wir uns schon länger kennen, David und ich? Weil wir älter sind? Anders reisen und nicht mehr die klassischen Backpacker sind? Was ja durchaus Vorteile hat – trotzdem. Ich frage mich, ob ich in diesem Augenblick nicht lieber völlig durchnässt in einem Zelt liegen würde. Schnell wird mir klar, dass das mit Yva wenig sinnvoll wäre. Ist sie also der Grund für das fehlende Abenteuer? Vermisse ich denn überhaupt ein Abenteuer? Nein! Die letzte Antwort kommt sehr schnell. Ich erlebe ja immer noch Abenteuer, sie haben sich nur verändert. Und Veränderungen mag ich. Als ich Yva und David ansehe, wie sie friedlich neben mir schlafen, bin ich glücklich.

Am nächsten Morgen wollen wir die Kleinstadt Colonia del Sacramento erkunden. Der kleine Ort mit seinen bunten, flachen Häusern und den *Azulejos* (Fliesen), auf denen die Straßennamen stehen, erinnert an Südeuropa. Kein Wunder, denn er wurde 1680 von Portugal gegründet. Typisch hier sind die bepflanzten Autos, die manchmal am Straßenrand stehen. Kurz bevor wir weiter in die Hauptstadt Uruguays wollen, kommt noch mal die Sonne heraus. Wir können sie für einen kurzen Augenblick in dem kleinen Ort genießen und erleben anschließend auf der Busfahrt einen tollen Sonnenuntergang.

In Montevideo haben wir Glück und kommen zentral in einem Hostel unter. Obwohl Uruguay ein kinderfreundliches Land ist, wie von Friedericke bereits angekündigt, sind Kinder in Hostels häufig nicht erwünscht. Ähnlich wie in Argentinien und Chile. Noch eine wichtige Gemeinsamkeit haben die drei Länder: *Yerba*, bei uns in Deutschland besser bekannt

214

als Mate. Aus den Blättern der gleichnamigen Pflanze, einem Stechpalmengewächs, wird ein Tee aufgegossen, der rund um die Uhr getrunken wird. In der Regel aus einem ausgehöhlten Flaschenkürbis, nach dem der Becher benannt ist: *Calabaza*, und aus einem Metalltrinkhalm, der *bombilla*, der unten ein kleines Sieb hat. Getrunken wurde das Nationalgetränk schon von den Ureinwohner*innen vor der Kolonialzeit, und heute wird es in Uruguay meist mit Milch und Zucker selbst den Kindern verabreicht, sobald sie ein Jahr alt sind.

Wer es gemütlich mag, was auf die meisten Uruguayos — wie sie sich selber nennen — zutrifft, setzt sich zum Matetrinken auf einen (Camping-)Stuhl, den viele überall mit hinnehmen, sogar zum Strand. Das ist nach der uruguayischen Hauptstadt auch unser nächster Halt. Genauer: das Stranddorf La Pedrera, das zweihundert Kilometer östlich gelegen ist. Zum Glück sind die Entfernungen in dem kleinsten Land Südamerikas nicht allzu groß. Wir kommen etwas abgelegen in einer Öko-Lodge in einem Zelt unter. Darin gibt es sogar ein richtiges Bett. Das ganze Konzept wird *Glamping* genannt, und ich kenne es schon von anderen Orten der Welt.

Wir wohnen ganz in der Nähe vom Strand, mit einem kleinen Pool, umgeben von vielen Hängematten. Dort halten wir uns alle gern auf: zum Trinken, Lesen und Entspannen. Letzteres ist genau das, was wir in der uns verbleibenden Zeit tun wollen. Denn wenn ich eins in den vergangenen Jahren, Monaten, Wochen und Tagen gelernt habe, dann, dass jeder Mensch mal eine Pause braucht. Yva ist dabei alles andere als ein Hindernis, eher eine Inspiration. Sie zeigt mir das immer wieder, vor allem, wenn sie selbst schlafen oder gestillt werden möchte.

Nach ein paar Tagen in der Öko-Lodge fahren wir zum Cabo Polonio. Der Ort ist, um den ursprünglichen Zustand zu bewahren, nicht an die öffentliche Versorgung mit Elektrizität und Wasser angeschlossen. Auch das Straßennetz endet sieben Kilometer vorher, weshalb man zu Fuß, mit dem Pferd oder Allradfahrzeug weitermuss. Wir entscheiden uns mit Yva für Letzteres und kommen in einem kleinen Hostel direkt am Strand unter. Unser Zimmer befindet sich unterm Dach und ist gerade so groß, dass wir, unser Gepäck und eine Matratze hineinpassen.

Als ich dort mit Yva auf meinem Schoß sitze und auf das offene Meer hinausschaue, das direkt vor uns liegt, taucht auf einmal ein See-Elefant aus dem Wasser am Strand auf. Ich rufe sofort David, der zum Meer läuft, seinen Augen kaum trauen kann und ein Foto schießt. Die unberührte Natur ist so schön. Leider können wir sie lediglich für einen Tag genießen, weil der Ort so besonders und sehr beliebt ist und wir nur für eine Nacht eine Bleibe bekommen haben. Es ist ein Platz auf der Welt, an den wir uns vorstellen können zurückzukehren. Wir genießen den Aufenthalt bis zur letzten Sekunde und fahren weiter in das siebzig Kilometer westlich gelegene Punta del Diablo.

Wir befinden uns nun ganz im Südosten Uruguays. Vierzig Kilometer weiter nordöstlich grenzt das Land schon an Brasilien. Auch wenn es hier nicht so ursprünglich ist und wir nicht so allein sind wie am Cabo Polonio, können wir wunderschön faul sein. Was auch Pippi Langstrumpf gefallen würde: »Und dann muss man ja auch noch Zeit haben, einfach nur dazusitzen und vor sich hinzuschauen.« Das machen ja leider nur die wenigsten. Im Alltag geht es uns auch nicht anders.

Doch Punta del Diablo ist ein sehr geeigneter Ort für Entschleunigung: ein kleines Fischerdorf, das sich zu einem der beliebtesten Ziele für Tourist*innen entwickelt hat in den vergangenen Jahren. Die Klientel ist eine ganz andere als die in Punta del Este. Der zweihundert Kilometer südwestlich liegende Ort, in der Nähe von Montevideo, ist bekannt für sein mondänes Erscheinungsbild und ein Magnet für die High Society. Wir hingegen fühlen uns wohler in Gegenwart der Aussteiger*innen, Surfer*innen und Yogis, von denen es in Punta del Diablo einige gibt. Wobei sie mehr und mehr hinter den Tourist*innen verschwinden, die sich im Urlaub gern mal einen anderen Lebensentwurf ansehen wollen. Die Uruguayos nehmen das gelassen, sie stört es überhaupt nicht, ihr Urlaubsziel mit Argentinier*innen, Brasilianer*innen und immer mehr Europäer*innen zu teilen.

Im Gegenteil, am Strand lernen wir immer wieder nette Eltern aus Uruguay kennen, weil Yva mit den anderen Kindern spielt. Sie wird häufig für einen Jungen gehalten, weil sie keine Ohrringe trägt. In Uruguay, das hatte mir Friederike bereits erzählt, kriegen Mädchen direkt nach der Geburt oder spätestens zum ersten Geburtstag Ohrlöcher gestochen. Hier am Strand ist das ein wichtiges Erkennungsmerkmal. Denn Kinder sollen möglichst nicht unbekleidet zu sehen sein. Nackt im Meer planschen kommt nicht infrage. Als wir Yva trotzdem gewähren lassen, ernten wir böse Blicke.

Ganz ähnlich ist es mit dem Stillen in Südamerika. Denn das wird prinzipiell begrüßt. Viele Mütter stillen, bis das Kind zwei Jahre alt ist. Aber im öffentlichen Raum wird es nicht gern gesehen. An einigen Orten ist es kein Problem, aber meist werde ich komisch angeguckt. Leo erzählt mir, dass Frauen, die in Argentinien in der Öffentlichkeit stillen, regelrecht diskriminiert werden. Ich verstehe die Logik nicht: Es wird grundsätzlich viel Haut gezeigt, egal ob Top, Hose oder Bikini, alles immer knapp, aber wenn eine Mutter ihr Kind stillen will oder die Kinder selbst sich nackt zeigen, dann wird sich darüber empört.

Ich möchte zum Stillen nicht jedes Mal in extra dafür angelegte Räume gehen, aber auch die Kultur respektieren, deswegen achte ich sehr darauf, möglichst wenig Haut zu zeigen. Auch Yva bekommt schneller wieder eine Windel an, als das zu Hause der Fall wäre. Dadurch geht unser Vorrat schneller zur Neige, aber ich plädiere dafür, dass wir erst neue Windeln kaufen, wenn wir Uruguay verlassen haben. Sie sind hier so teuer wie sonst nirgendwo in Südamerika: Für ein Paket, das in Deutschland sechs Euro kostet, werden hier umgerechnet zwanzig Euro verlangt. Das ist vermutlich der Grund, warum die Kinder in Uruguay bereits nach einem Jahr trocken sind.

~

Vor unserer Abreise haben wir noch ein langes Wochenende in Buenos Aires eingeplant. Wir freuen uns, noch einmal in der Hauptstadt Argentiniens zu sein – San Telmo fühlt sich fast wie unser Kiez an. Wir trinken einen Kaffee auf dem Markt, wo wir auch einkaufen, um dann in unserer Einzimmerwohnung zu kochen. Ganz hoch im Kurs bei Yva: Mais. Den sie auch gleich in ihren Wortschatz aufnimmt.

Sie hat sehr viel von dieser Reise mitgenommen. Ähnlich wie bei uns sind es weniger materielle Dinge, dafür umso mehr Erfahrungen. Viele sagen uns, dass Yva alles vergessen wird, aber ich bin mir fast sicher, dass dem nicht so ist. Sie ist

eine mutige und weltoffene Abenteurerin, die von ihrer Neugierde angetrieben wird. Darin ähnelt sie uns wohl. Die Reise
bestärkt mich in dem, was mir vorher schon bewusst war:
Sicherheit und Angst können unnötige Hemmnisse sein. Sie
sollten uns nicht vom Losleben abhalten, finde ich, denn am
Ende kommt es ohnehin anders, als man denkt. Und meist
ist es gut, seine Chancen zu nutzen und etwas zu wagen. Und
wenn es nicht klappt, können wir uns umorientieren. Kinder
können sich gut auf Ungewohntes einlassen, und wir können
in dieser Hinsicht viel von ihnen lernen.

Und noch etwas Wichtiges hat die Reise wieder einmal
verdeutlicht: dass Erfahrungen wichtiger sind als Dinge.
Dass dies für Erwachsene und Kinder gleichermaßen gilt,
hat eine Studie der Universität Oxford ergeben. Sie besagt,
dass Kinder von zu viel Spielzeug überfordert seien und sehr
schnell die Aufmerksamkeit verlieren würden. Mit weniger
Spielzeug lernten sie, kooperativer zu sein. Außerdem falle
es Kindern mit weniger Spielzeug viel leichter, emotionale
und soziale Beziehungen aufzubauen, was dazu führe, dass
sie später großzügiger und dankbarer seien. Ihnen Zeit und
Unabhängigkeit zu geben und sie ihre Umgebung beobachten
zu lassen sei sehr wichtig für Kinder, so die Studie. Es sei viel
sinnvoller, Zeit miteinander zu verbringen, statt die Kinder
vor den Bildschirm zu setzen oder mit Spielzeug zu über-
schütten. Das deckt sich mit meinen Erfahrungen mit Yva:
Aktivitäten, die wir gemeinsam erleben, machen uns beide
glücklicher. Auch die Reise zu dritt hat genau das gezeigt und
mich darin und in meinem Verhalten Yva gegenüber wieder
bestärkt.

BASIS IN BERLIN

Schweden · Deutschland · Italien

»Freiheit bedeutet für mich: keine Verantwortung zu haben.«

Zurück in Berlin kehrt Yva in ihre Kita zurück – sie ist nun eineinhalb Jahre alt. Es gibt wieder eine Eingewöhnung, aber auch die ist unproblematisch, weil sich Yva offensichtlich freut, bei den anderen Kindern zu sein. Ansonsten müssen wir uns – wie bei der Rückkehr von anderen Reisen – erst einmal an das Leben in Berlin gewöhnen. Wir vermissen die Natur, die Weite. Bei Yva fällt das im Straßenverkehr besonders auf. Es dauert ein paar Wochen, bis sie lernt, auf die Autos und Bahnen zu achten. Genauso lange dauert es, bis David und ich uns daran gewöhnt haben, nicht mehr alles zu dritt zu machen. Die Zeit ohne Yva nutzen wir vor allem zum Arbeiten. Und wir freuen uns sehr, endlich unsere Freund*innen und Familie wiederzusehen.

Nachdem wir unsere Eltern und Davids Schwester getroffen haben, wollen wir Davids Bruder besuchen. Der lebt aber seit geraumer Zeit mit seiner schwedischen Freundin in Göteborg. Den Flug dorthin haben wir schon vor der Reise nach Südamerika gebucht. Ich will ihn nicht verfallen lassen, aber gut geht es mir nicht mehr damit. Ich habe smyflyga, das ist Schwedisch und heißt »Flugscham«. Ironischerweise flie-

220

gen wir ausgerechnet in das Land, in dem der Begriff seinen Ursprung hat und durch die schwedische Klimaaktivistin Greta Thunberg bekannt gemacht wurde.

Thunberg hat einige Parallelen zu Pippi Langstrumpf und ihrer Lebensphilosophie: »Lass dich nicht unterkriegen: Sei frech, wild und wunderbar!« So dürfen die Kinder in Schweden wohl tatsächlich leben. »Sie werden als vollwertige Mitbürger*innen wahrgenommen, und die Eltern werden in ihrer Elternrolle umfassend unterstützt«, erzählt uns Eva, eine Bekannte von David, die in Schweden mit ihren zwei Kindern und ihrem Partner lebt.

Wie kinderfreundlich Schweden ist, bekommen wir auch selbst zu spüren: Yva wird überall freundlich empfangen, nie als störend empfunden, und es gibt unzählige Spielplätze. Es erinnert uns an Polen, wobei es noch entspannter, ungezwungener und vor allem in Bezug auf die Geschlechterfrage gleichberechtigter zugeht. Wir sehen zahlreiche Väter mit ihren Kindern, vielleicht sogar mehr als in Berlin. Eva, die wir in ihrem Haus auf Brännö besuchen, einer Insel, die Göteborg vorgelagert ist, bestätigt diesen Eindruck: »Kaum ein Land auf der Welt ermöglicht es Eltern, so viel Zeit mit ihren Kindern zu verbringen und in ihrem Job zu bleiben.«

Aber erst, wenn die Kinder da sind. Denn in Schweden gibt es keinen Mutterschutz. Dafür beträgt die Elternzeit vierhundertachtzig Tage, das sind zwei Monate mehr als in Deutschland. Dabei sind jeweils neunzig Tage für Mutter und Vater vorgesehen, die übrigen dreihundert Tage dürfen frei aufgeteilt werden. Für einen Großteil des Zeitraums bekommen die Eltern achtzig Prozent ihres Gehalts, das sind fast zwanzig Prozent mehr als in Deutschland und viel mehr als in den meisten anderen Ländern. Zudem sind die

Arbeitgeber*innen verpflichtet, die Elternzeit zu gewähren. Nicht zuletzt führt diese Regelung womöglich dazu, dass Schweden, wo zweiundvierzig Prozent der Männer Elternzeit nehmen, eins der Länder mit dem größten Anteil von Vätern ist, die in ihrem Beruf aussetzen. Der Anteil ist nicht wesentlich größer als in Deutschland, dafür ist in Schweden die Elternzeit der Väter deutlich länger. Hinzu kommt: Die Kinder werden in der Regel ab dem ersten Geburtstag in der Kita betreut, was die Eltern maximal nur vier Prozent ihres Einkommens kostet.

Trotzdem liegt die Geburtenrate in Schweden mit 1,88 unter dem weltweiten Durchschnitt von 2,41. Grund dafür, insbesondere in den vergangenen Jahren, könnte eben die Umweltdebatte sein: Sollten wir angesichts der Klimakrise nicht aufs Kinderkriegen verzichten? Der Gedanke bezieht sich auf eine Studie der Universität Lund, die besagt, dass wir in der westlichen Welt achtundfünfzig Tonnen CO_2-Emissionen pro Jahr einsparen könnten, wenn wir kein eigenes Kind bekommen. Das sind deutlich mehr als beim Verzicht auf ein Auto (etwa 2,4), einen Langstreckenflug (etwa 1,6) oder bei einer rein pflanzlichen Ernährung (0,8 Tonnen jährlich).

Ist Kinderkriegen also noch schlimmer als Fliegen? Sind mein Verzicht auf tierische Produkte, Flugreisen und Auto nur marginal, weil ich ein Kind habe? Sollte ich der Umwelt zuliebe keine weiteren Kinder bekommen? Bei meiner Recherche stellt sich heraus, dass ich mit diesen Reflexionen nicht allein bin. Laut einer Umfrage der New York Times bekommt jede dritte Person wegen der Klimakrise kein Kind mehr. Jonathan Safran Foer, der US-amerikanische Schriftsteller, thematisiert genau das auch in seinem Sachbuch Wir *sind das Klima!*. Seine Grundannahme: Kinder treiben sowohl das Wirtschafts- als auch das Bevölkerungswachstum und damit die Klimakrise voran. Im globalen Norden, auch in Deutschland, deutlich stärker als in den geburtenreichsten Ländern der Welt, von denen die meisten in Afrika zu finden sind. In Niger werden mit 6,62 Kindern pro Frau weltweit die meisten Kinder geboren. Malawi erreicht mit 5,54 fast doppelt so viele Geburten pro Jahr wie der weltweite Durchschnitt. Dort würde ein Verzicht auf ein Kind allerdings nur 0,1 Tonnen pro Jahr ausmachen. Deutlich weniger als hierzulande. Würden die Europäer*innen die Geburtenrate auf ein halbes Kind pro Frau regulieren, könnten sie sechzehn bis neunundzwanzig Prozent der CO_2-Emissionen einsparen.

Kein eigenes Kind zu bekommen bedeutet jedoch nicht zwangsläufig, kein Kind zu haben. Laut dem Kinderhilfswerk der Vereinten Nationen (UNICEF) warten fast zwanzig Millionen Kinder darauf, adoptiert zu werden. Das ist auch für mich häufig ein Thema gewesen: zuerst bei Lara, die ich in England betreut habe. Da ich so eine intensive Verbindung zu ihr aufgebaut habe, fühlte es sich zeitweise so an, als könnte sie mein eigenes Kind sein. Danach habe ich immer wieder mit dem Gedanken gespielt, ein Kind zu adoptieren, und war berührt, als Amila mich fragte, ob ich ihre Töchter adoptieren würde. Sie wollte sie damit vor dem eigenen Vater in Sicherheit bringen und hoffte, dass es ihnen bei mir besser gehen würde. Ich hätte darüber nachgedacht, wenn ich nicht gewusst hätte, dass dieser Plan zum Scheitern verurteilt war. Der leibliche Vater hätte den Adoptionen niemals zugestimmt.

Nun haben wir Yva. Das wollen wir sicher nicht rückgängig machen, aber die Frage nach dem eigenen Verhältnis zum

Kinderkriegen stellt sich mir auch hinsichtlich der weiteren Familienplanung. Ich überlege, ob ein zweites Kind eine gute Idee ist, wenn ich damit dem Planeten schade und wertvolle Zeit, in der ich mich sonst um andere Missstände kümmern könnte, in meine eigene Familie investiere.

Genau deshalb fordern die Antinatalisten, die sich weltweit formieren, einen radikalen Geburtenstopp. Wenn wir den Klimawandel bremsen wollen, so ihre These, dürfen wir überhaupt keine Kinder mehr bekommen. Diese zugespitzte Argumentation impliziert, dass wir Kinder bloß als CO_2 ausstoßende Biomasse verstehen – und das geht zu weit. Kinder sind mehr als das: Sie sind unsere Zukunft. Katharina Beyerl vom Institut für transformative Nachhaltigkeitsforschung (IASS) in Potsdam erklärt zum Beispiel, dass »lediglich zehn Prozent der Weltbevölkerung mehr als fünfzig Prozent der Treibhausgasemissionen verursachen. Daher sind Kinder per se keine Klimakiller, und ganz ohne Kinder gibt es auch keine Zukunft.« Mit dieser Haltung ist sie nicht allein.

Auch der schwedische Professor Hans Rosling setzt sich in seinem Buch *Factfulness. Wie wir lernen, die Welt so zu sehen, wie sie wirklich ist*, das er gemeinsam mit seinem Sohn und seiner Schwiegertochter geschrieben hat, mit dem Thema kritisch auseinander. Laut ihnen hat die Weltbevölkerung ihr natürliches Gleichgewicht inzwischen erreicht. Der rasante Anstieg ist abgeklungen und kommt allmählich auf einer Art Plateau an. Heute wächst die Weltbevölkerung vor allem dadurch, dass sich die gesundheitliche Versorgung verbessert hat und die Menschen älter werden. Wenn wir dieser Logik folgen, müssten wir ältere Menschen zum Wohle des Planeten umbringen. Und das wird niemand ernsthaft verlangen. Nein, der Planet Erde ist ohne Menschen nicht vorstellbar. Genauso argumentiert auch der Naturforscher David Attenborough: Die Menschheit müsse nur lernen, »mit, für und vor allem nicht gegen unseren Planeten zu handeln«. Das bedeutet, dass wir nicht nur deutlich weniger, sondern auch deutlich klüger konsumieren müssen, sprich weniger ressourcenintensiv. Ein ehrgeiziges, aber nicht unmögliches Unterfangen.

~

Als wir aus Schweden zurück sind, habe ich leider keine Zeit mehr, mich mit diesen und anderen großen Fragen des Lebens zu beschäftigen. Der Grund dafür ist einfach: Der Alltag hat mich wieder, und ich stehe vor sehr viel Arbeit. Denn ich bin eingeladen, die weltweit größte Journalist*innen-Konferenz mit zu organisieren, die alle zwei Jahre an einem anderen Ort der Welt stattfindet. 2019 wird es in Hamburg sein. Etwa ein halbes Jahr werden die Vorbereitungen dauern.

Yva habe ich inzwischen abgestillt. Es war gar nicht so leicht für mich, diese enge Bindung mit ihr aufzugeben, dafür bin ich seitdem wieder unabhängiger. Allerdings begebe ich mich nun in ein anderes Abhängigkeitsverhältnis – mit der Arbeit. Ich soll fest angestellt werden, was ich lieber nicht will. Stattdessen verpflichte ich mich, voll zu arbeiten. Aber nur vier Tage die Woche, damit ich noch Zeit für Yva habe.

Der Plan geht nicht auf. Es gibt so viel zu tun, dass ich fast nur noch arbeite. Normalerweise teilen David und ich uns so auf, dass jeder zwei Tage die Woche Yva zur Kita bringt, sie abholt und den Nachmittag mit ihr verbringt. Der fünfte Tag ist immer im Wechsel. Ich bitte David darum, für die Zeit der Konferenzorganisation den fünften Tag zu übernehmen. Er stimmt zu. Doch selbst an den Tagen, an denen ich mich um Yva kümmere, merke ich, dass ich nicht wirklich da bin. Ich bin sehr erschöpft vom vielen Arbeiten und im Kopf noch bei der Konferenz. Ich ertappe mich dabei, wie ich ständig auf mein Handy schaue, was ich eigentlich vermeide, wenn ich mit Yva zusammen bin. Ich sage Treffen mit Freund*innen von Yva oder mir ab. Ich fühle mich schlecht. Doch selbst diesem Gefühl kann ich nicht nachgehen, weil ich auch für das schlechte Gewissen keine Zeit habe.

Noch einmal verschärft sich die Lage, als ich einen Fahrradunfall habe, bei dem mir ein Polizist aus Versehen ins Fahrrad springt. Ich werde ins Krankenhaus gebracht. Da ich einen Helm getragen habe, komme ich zum Glück noch recht glimpflich davon. Doch weil ich selbst jetzt keine Pause einlege, verschleppe ich die Verletzungen und das Schleudertrauma. Nun fühle ich mich nicht mehr nur wie im Hamsterrad, sondern als ob mir beim Strampeln zudem jemand ein Bein gestellt hätte. Selbst in den Kitaferien, in denen es eigentlich schön wäre, Zeit mit Yva zu verbringen, arbeite ich weiter. Ich fahre nach Sylt, wo meine Eltern Urlaub machen, damit sie Yva betreuen können. Von ihnen höre ich immer wieder: »Wie lange willst du heute denn noch arbeiten?« – »Willst du nicht mit uns einen Ausflug machen?« – »Willst du nicht mit deiner Tochter eine Sandburg bauen?« – »Ein Kind braucht doch seine Mutter, wenn es noch so klein ist!« Das hilft mir nicht. Ganz im Gegenteil: Ich fühle mich nun nicht nur bei der Arbeit unter Druck, sondern auch noch im Privaten. Yva ahmt mich nach, indem sie tippt und telefoniert und dazu sagt: »Mama arbeitet!« Im ersten Moment finde ich das lustig, aber es macht mich auch traurig, wenn Yva mich in Zukunft ausschließlich darüber definieren würde.

Der Sommer zieht an mir vorbei. Ich bin angespannt. Unzählige Zoom-Meetings, Asana-Aufgaben und E-Mails, die ich kaum noch abarbeiten kann. Mein Handy vibriert und blinkt ununterbrochen und klingelt viel zu oft. Selbst bei Yvas zweitem Geburtstag bin ich nur physisch anwesend, mehr aber auch nicht. Es sind noch zwei Wochen bis zur Konferenz.

Und als ob das nicht genug wäre, höre ich vermehrt die Nachfrage: »Na, wollt ihr noch ein zweites Kind?« Auch meine Eltern fragen: »Es wäre doch so schön für Yva, wenn sie noch ein Geschwisterchen hätte, oder?«

Ja klar! Ich wollte eigentlich immer mehr als nur ein Kind. Aber jetzt bin ich mir nicht mehr sicher. Ich fühle mich unter Druck. Viel mehr als vor der Geburt von Yva. Damals haben die wenigsten damit gerechnet, dass David und ich ein Kind bekommen. Wir verkörperten anscheinend alles andere als die traditionelle Kleinfamilie, der ein geregelter Alltag, Halt und Sicherheit wichtig wären. Das fand ich damals schön, und jetzt ist es nicht anders. Aber auch wir sind nicht gefeit vor den nicht unwichtigen Zusammenhängen, die mit der Kinderfrage einhergehen. Ich glaube, vielen ist nicht bewusst, dass es sich dabei um eine sehr intime Frage handelt. Es geht um weitaus mehr als nur um den Kinderwunsch allein – um das eigene Lebensmodell, Partnerschaft, Gleichberechtigung.

Das hat auch die israelische Soziologin Orna Donath festgestellt, die mit ihrer Studie *Regretting Motherhood* 2015 für erhebliche Diskussionen sorgte. Es gilt als kontrovers, dass Mütter ihre Entscheidung, Kinder zu bekommen, bereuen. Laut Donath liegt das daran, dass wir immer noch in einer »pronatalen« Gesellschaft leben, die das Kinderbekommen befürwortet. In einigen Ländern, wie zum Beispiel in China, werden Frauen gesellschaftlich regelrecht dazu gezwungen, ein Kind zu bekommen. Dadurch entsteht ein Druck, den die meisten zwar wahrnehmen, aber häufig erst richtig einordnen, wenn es zu spät ist, nämlich wenn das Kind schon da ist. Sätze wie »Hätte ich das vorher gewusst, dann hätte ich mich anders entschieden« oder »Das habe ich ja nicht ahnen können« sind keine Seltenheit. Sie werden allerdings nicht gern gehört. Denn manche meinen, es klinge so, als ob die Mutter ihr Kind loswerden wollte. Auch wenn dem nicht so ist, sei es doch furchtbar für das Kind, wenn es erfahren würde, wie seine Mutter denkt. Aber warum? Was ist so schlimm an dieser Reflexion?

Ob eine Frau ein Kind bekommt oder nicht, hängt heute nicht mehr vom persönlichen Schicksal ab, sondern ist vielmehr eine bewusste Wahl. Trotzdem wirkt es manchmal so, als ob uns diese wichtige Entscheidung von der Gesellschaft abgenommen würde. Es scheint, als hätte die Natur den Frauen vorgegeben, dass sie nur glücklich werden können, wenn sie ein Kind bekommen und sich darum kümmern. So kritisiert die Soziologin Isabell Nadine Häberling in ihrem Buch *Kinder zwischen Wunsch und Wirklichkeit* auch, dass es Aspekte gibt, die wissenschaftlich bislang kaum untersucht wurden. Genau das hat auch Orna Donath festgestellt: Bei der Nachwuchsfrage geht es nicht allein um die Kinder, sondern auch um die Mütter und Väter. Denn auch sie haben eine Rolle, die erfüllt werden soll, und auch sie leben in einer Beziehung, die eigene Dynamiken hat.

Das sehe ich ganz genauso: Alle Familienmitglieder sind eigenständige Menschen und sollten es immer bleiben. Enorm wichtig ist die Balance der Bedürfnisse, wobei auch die unterschiedlichen Lebensweisen und Erfahrungen eine

Rolle spielen. In Frankreich, wo die Eltern unter weniger Druck stehen als in Deutschland, ist es daher essenziell, dass mehrere Lebensaspekte gleichwertig nebeneinander existieren: Paar-, Eltern- und Berufsleben. Dass man sich im Leben um andere Dinge kümmert, schließt nicht aus, dass man seine Kinder liebt. Sie stehen nicht so im Mittelpunkt wie bei vielen Eltern in Deutschland, was die Französinnen aber keineswegs vom Kinderkriegen abhält. Zusammen mit Irland und Island ist Frankreich mit zwei Kindern pro Frau eines der geburtenstärksten Länder Europas.

Nach wie vor herrschen in den meisten Gesellschaften rund um den Globus noch zu viele Rollenstereotype. Zwar ist die Kleinfamilie, wie wir sie aus dem 19. und 20. Jahrhundert kennen, längst nicht mehr das unhinterfragte Leitbild. Aber es gibt noch immer kein Modell, das die Gleichberechtigung wirklich gewährleisten würde. Leider! Es ist schön, dass erste Veränderungen sichtbar werden und in Deutschland zum Beispiel die Ehe für alle ins Gesetz aufgenommen wurde. Andererseits sind hierzulande neue Familienformen noch nicht so verbreitet wie in anderen Ländern. Beispielsweise in Kanada, wo vier Elternpaare eine plurale Elternschaft führen können: Co-Parenting nennt sich das dann.

Es lohnt sich, Elternschaft neu zu denken. Dafür müssen wir auch die kritischen Aspekte in der Diskussion unbedingt zulassen. Denn so schön Kinder sind, sie sind eben nicht ausschließlich bereichernd. Das zeigt sich auf verschiedene Art: Bei manchen Eltern gibt es finanzielle Probleme, andere leiden psychisch, weil sie nicht mit den Lebensveränderungen zurechtkommen. Und nicht zuletzt können Kinder auch eine Beziehung stark gefährden. Studien zufolge lassen sich vierzig Prozent der geschiedenen Eltern im ersten Jahr nach der Geburt scheiden. Eine andere Studie fand heraus: Viele, die es nicht tun, sind trotzdem unzufrieden. Unter Eheleuten mit Kindern sind jedenfalls die meisten unglücklichen Paare zu finden – wohingegen Menschen ohne Kinder es im Alter nicht bereuen, keine Kinder zu haben.

Gut, dass wir nicht verheiratet sind, denke ich mir mit einem Schmunzeln. Aber in Wirklichkeit werden auch David und ich auf eine harte Probe gestellt. Zwar nicht im ersten Jahr nach Yvas Geburt, dafür aber jetzt, wo ich so viel arbeite. Ich verliere fast die Verbindung zu ihm und auch zu Yva. Es gibt keinen Raum mehr für irgendetwas außerhalb der Arbeit. Auch nicht für mich.

David behält die Ruhe und schlägt vor, dass wir nach der Konferenz verreisen könnten. Diesmal nicht, um etwas zu entdecken, sondern einfach nur, um uns zu erholen.

»Einfach raus und wieder Zeit für Yva«, denke ich laut.

»Ja, aber auch Zeit für mich«, sagt David. »Ich will dich endlich mal wieder ohne Handy und Laptop sehen.«

Ich weiß, was er meint. Leider ist daran im Moment noch nicht zu denken. Die Konferenz und das Abschlussevent stehen an. Ununterbrochen bearbeite ich zahlreiche Anfragen, telefoniere und tippe gleichzeitig, zwischendurch bereite ich meine Moderationen vor. Ich schlafe kaum, vergesse fast, zu essen und zu trinken.

~

Nach der Konferenz bin ich mit meinen Kräften am Ende und froh, dass wir ein Zugticket in die Toskana haben. Es grenzt an ein Wunder, dass wir die vergangene Zeit überstanden haben. Nun breche ich zusammen. Nahezu alle Symptome eines Burn-outs: Schwächegefühl, Verzweiflung, Ruhelosigkeit, Gleichgültigkeit, Entscheidungsunfähigkeit, keine Fantasie mehr, Konzentrationsdefizite und Insuffizienzgefühle. Ich muss häufig weinen. Nicht selten bin ich so gereizt, dass ich richtig aggressiv werde.

Doch David bleibt weiterhin ruhig. Das beeindruckt mich ziemlich. Er verbringt viel Zeit mit Yva, weil er nicht will, dass sie mich so sieht. Ich bin ihm dankbar. Andererseits finde ich es nicht verkehrt, wenn Yva lernt, dass es nicht nur gute Emotionen gibt. Das sagen auch Psychotherapeut*innen wie Philippa Perry: »Es ist wichtig, Kinder ernst zu nehmen, ihnen beizubringen, ihre Gefühle zu verstehen, auch die negativen. So können sie zu selbstsicheren, mutigen Kindern werden.«

Die Zeit für mich nutze ich, um zum Thema Burn-out zu recherchieren. Es gibt dabei unterschiedlichste Phasen: Am Anfang steht die Begeisterung, das war bei mir auch so. Es folgt die Stagnation, in der wir an unsere Grenzen stoßen. Ebenfalls wie bei mir. Es schließt sich die Frustration an, eine Phase, in der wir feststellen, dass nicht alles realisierbar ist und wir nicht immer so performen können, wie andere oder wir es von uns erwarten; es stellt sich eine Gleichgültigkeit sowohl gegenüber dem menschlichen als auch dem beruflichen Umfeld ein. Auch das kommt mir sehr bekannt vor. Anstatt innezuhalten und endlich die Notbremse zu ziehen – wofür mein Fahrradunfall ein Zeichen gewesen wäre –, strampeln wir einfach weiter im Hamsterrad. Wir funktionieren nur noch, haben an vielem keine Freude mehr, sagen Treffen ab, ziehen uns zurück. So wie bei mir. Und am Ende steht eine Art Isolation, in der wir uns handlungsunfähig fühlen. In dieser Phase bin ich jetzt.

Ich bin dankbar für die Chance, mich mit dem Thema auseinanderzusetzen. Wie unabdingbar so etwas ist, habe ich gelernt, als ich mit meiner Depression gekämpft habe.

Damals habe ich eigentlich auch gelernt, wie wichtig die Work-Life-Balance ist. Aber warum bin ich jetzt schon wieder gescheitert? Liegt es daran, dass alles zu viel war – Partner, Job und dann auch noch ein Kind? Yva kann eigentlich nicht der Grund sein, denke ich mir. In der ersten Zeit mit ihr ging es mir doch so wahnsinnig gut! Es war eine Veränderung, eine Umstellung, klar, auch eine Herausforderung – aber es ging mir viel besser als jetzt. Ich war lebensfroh und positiv.

Es dauert etwas, bis ich die Zusammenhänge verstehe und eindeutig erkenne, dass weder Yva noch David die Gründe für meinen Zustand sind. Ganz im Gegenteil. Trotz allem sind sie noch für mich da. David ermutigt mich immer wieder, mich zu entspannen. Und Yva hat mir gezeigt, wie wichtig es ist, im Moment zu leben und Pausen einzulegen. Aber daran habe ich mich nicht halten können. Warum nicht? Weil der Job mir den Freiraum nahm, mich einschränkte und mich hinderte. Nicht, wie viele sagen, das Kind.

Ich spreche viel mit David, er ist sehr verständnisvoll. Zum Glück wissen wir inzwischen beide, wie wichtig es ist, über alles reden zu können. Wir finden nicht immer gleich den besten Weg in die Kommunikation, aber wir haben erkannt, dass wir gemeinsam wachsen, wenn wir uns austauschen und die Perspektive des anderen einnehmen. So wie jetzt.

David rät mir: »Es ist wichtig, dass du auch mal an dich denkst und nicht nur an die anderen.« Ich nicke. »Du musst lernen, Nein zu sagen!« Wie recht er damit hat. Aber irgend-

232

wie fällt mir das Neinsagen nicht leicht. Ich zerbreche mir immer den Kopf darüber, wie es anderen geht, und vergesse, was mir wichtig ist.

Laut der nigerianischen Autorin Chimamanda Ngozi Adichie ist das äußerst typisch für Frauen. Wir werden so sozialisiert, dass wir uns um andere kümmern und, wenn wir es nicht tun, ein schlechtes Gewissen bekommen. »Fürsorge ist schön, aber nicht das Einzige«, so Adichie.

Das bestätigt auch die US-Bürgerrechtsaktivistin und Schriftstellerin Audre Lorde mit ihrem Statement: »*Caring for myself is not self-indulgence, it is self-preservation and that is an act of political warfare*« – Selbstfürsorge ist keine Nachgiebigkeit gegenüber mir selbst, es ist Selbsterhaltung und damit ein Akt politischer Kriegsführung. Wenn ich für mich und die Welt sorgen möchte, muss ich mich um mein eigenes Wohl und meinen eigenen Energiehaushalt kümmern. Das weiß ich schon länger, denn auch in meiner Therapie habe ich gelernt, mich abzugrenzen und an mich selbst zu denken. Trotzdem bin ich wieder in alte Muster verfallen.

Jetzt erst wird mir klar, was in den vergangenen Monaten passiert ist. Wie ich das, was mir so wichtig ist, vernachlässigt habe. Ich bin schockiert. Ich habe aufgegeben, was mir so wertvoll scheint: meine Freiheit. Die Fähigkeit, meine Zeit selbst zu verwalten, sie mir für das zu nehmen, was mir wichtig ist. Mich nicht von der Arbeit bestimmen zu lassen. Nicht zu arbeiten, um zu leben, sondern genau umgekehrt. Arbeit sollte definitiv nicht alles sein.

Wieso arbeiten wir eigentlich so viel, und wieso hat die Arbeit einen so extrem dominierenden Stellenwert für so viele Menschen? Weil wir so viel Geld brauchen? Sicher nicht: die Glücksforschung zeigt eindeutig, dass, sobald die

Grundbedürfnisse erst einmal befriedigt sind, Geld kein Kriterium für mehr Zufriedenheit oder Glück ist. Was ist es dann? Warum lassen wir uns von Arbeit so beherrschen? Ist der Hedonismus schuld? Wollen wir uns alle unbedingt selbst verwirklichen? Fragen sich deswegen so viele, ob sie noch eine vollwertige Person wären, sollte die Arbeit wegfallen? Die Antwort lautet natürlich: Ja, wärt ihr! Und ihr wärt sogar noch freier und selbstbestimmter. Ihr dürft euch nicht abhängig machen von den Erwartungen anderer. Das ist natürlich leichter gesagt als getan. Auch mir ist meine Selbstbestimmtheit in der stressigen Arbeitszeit komplett verloren gegangen. Durch den Druck, den ich mir gemacht habe. Durch den Anspruch der ständigen Erreichbarkeit, der eine Begleiterscheinung unserer digitalen Zeit ist. Und was ist mir, nachdem ich unter der Arbeit fast zusammengebrochen bin, geblieben? Ganz einfach: David und Yva. Ich bin sehr dankbar, dass sie immer noch an meiner Seite sind.

Trotzdem kann ich nur wenige Momente in Italien genießen. Ich habe in meinem Leben schon viel gelernt, aber das, was ich jetzt lerne, ist neu und sehr wichtig: Nicht allein meine Balance ist aus dem Gleichgewicht geraten, auch die Balance derer, die mir so nahe sind: Yva und David. Von meinen Freund*innen und meiner Familie. Sie haben ihr Bedürfnis nach Nähe zu mir nicht erfüllen können, weil ich mich ihnen entzogen habe. Ich weiß nun, dass ich die Arbeit nie wieder über alles andere stellen darf. Ich muss endlich lernen, Nein zu sagen. Für mich sollen diejenigen Personen Priorität haben, die mir nahestehen, komme, was wolle.

Zurück in Deutschland versuche ich, diese Gedanken umzusetzen. Ich verbringe viel mehr Zeit mit Yva und David, auch mit meinen Freund*innen und meiner Familie. David sagt: »Du kannst auch wegfahren, um dich zu erholen, um Zeit für dich zu haben.«

»Das ist lieb, danke für das Angebot«, sage ich. »Ich weiß das sehr zu schätzen, insbesondere nach der letzten Zeit.« Aber ich erkläre ihm, warum ich es nicht annehmen möchte: »Ich habe euch so lange schon hängen lassen, nun möchte ich mit euch zusammen sein und nicht schon wieder weg.«

»Verstehe«, sagt David.

»Ich glaube, es ist am besten, ein Leben zu führen, von dem ich keinen Urlaub brauche«, sage ich.

Und das bedeutet vor allem: meine Zeit so zu nutzen, dass sie mit Sinn gefüllt ist, mit Liebe und den Menschen, die mir wichtig sind. Nicht nur mit Arbeit oder anderen Zwängen. So geht das Leben los! Losleben! So spüren wir es wirklich! Diese Erkenntnis ist unheimlich wichtig für mich. Und sie kommt genau zur richtigen Zeit.

DA SEIN

Deutschland · Österreich

*»Freiheit bedeutet für mich: keine Erwartungen erfüllen
zu müssen, auch nicht meine eigenen.«*

Das Jahr 2020 startet also mit wichtigen Einsichten für mich.
Weitere Inspiration hole ich mir auf der Berlinale. In vielen Filmen, die ich dort sehe, geht es um meine Themen:
Offenheit, um außerhalb des Systems zu denken. Und um
sich ohne Schablonen im Kopf auf das Echte einzulassen –
abseits der kapitalistischen Konsumgesellschaft. Losleben!
Kurz nach der Berlinale gehe ich in den Friedrichstadt-
Palast, um mir René Polleschs Stück *Glauben an die Möglichkeit
der völligen Erneuerung der Welt* anzusehen. An diesem Abend
ist der Titel noch ein interessantes Gedankenspiel, doch nur
eine Woche später knüpft er plötzlich Kontakt zur Realität.
Der Grund: Corona. Nachdem das neuartige Coronavirus
Sars-CoV-2 erstmals im chinesischen Wuhan aufgetaucht ist
und die Erkrankung mit Covid-19 verursacht hat, erreicht es
kurze Zeit später Deutschland und andere Länder der Welt.
Die WHO erklärt die Situation im März zur Pandemie.

»Um die Ausbreitung des Virus zu verlangsamen«, so
Bundeskanzlerin Angela Merkel, »sind Maßnahmen nötig,
die es so in Deutschland noch nie gegeben hat.« Es kommt

zum Lockdown: Fast alles bleibt geschlossen, auch Schulen und Kitas, für mehrere Wochen. Niemand darf ohne triftigen Grund das Haus verlassen. Draußen sollen anderthalb Meter Abstand zu anderen eingehalten werden. In vielen Ländern gibt es vergleichbare Regelungen, in einigen sogar härtere, wie in Italien und Spanien, in manchen deutlich schwächere, wie in Schweden, und in wieder anderen erst einmal gar keine, wie den USA. Letztere werden genau dafür stark kritisiert.

Für die Menschen in Deutschland und in vielen anderen Nationen verändert sich das Leben: Es wird deutlich mehr von zu Hause aus gearbeitet, es bleibt mehr Zeit, die mit Kindern und Partner*innen oder allein verbracht werden kann oder muss. Viele fühlen sich, als ob man ihnen die Freiheit geraubt und sie eingesperrt hätte und nun gefangen halten wollte.

David und ich könnten uns auch Besseres vorstellen. Für uns ist dennoch vieles nicht neu: Wir sind es gewohnt, längere Zeit auf engem Raum zu zweit und auch zu dritt mit Yva zu sein und von zu Hause aus zu arbeiten und gleichzeitig unser Kind zu betreuen. Was für die meisten der Ausnahmezustand ist, haben wir – wenn auch in anderer Form – schon erlebt. Wir sind froh, dass wir auf unsere Erfahrungen zurückgreifen können. Dass wir gelernt haben, mit möglichst wenig auszukommen.

Allerdings ist Verzicht nur für diejenigen ein Thema, die auch etwas zum Verzichten haben. Die Zahl dieser Menschen verringert sich durch die Corona-Pandemie. Viele sind in Kurzarbeit oder verlieren ihre Jobs, bangen um ihre Zukunft. Vor allem diejenigen, die in Branchen arbeiten, die vernachlässigt werden – etwa Gastronom*innen und Künstler*innen.

Andere leiden unter den neuen Bedingungen, weil sie mit vier oder mehr Kindern in einer Einzimmerwohnung leben, weil sie nicht gut oder gar nicht für das neue Homeschooling ausgestattet werden oder parallel arbeiten müssen. Außerdem mehren sich sowohl die Fälle von häuslicher Gewalt als auch von psychisch bedingten Krankheiten.

Denjenigen, welche ohnehin schon gut gestellt sind, fällt es nicht schwer, durch die Pandemie zu kommen. Diejenigen, die schon immer kämpfen müssen, trifft es nun besonders hart.

David und mir ist bewusst, dass wir zu den Privilegierten gehören. Wir leben mit Yva in einer Dreizimmerwohnung und haben sogar einen Balkon, um frische Luft zu schnappen. Wir sorgen uns nicht darum, ob wir Klopapier bekommen. Alle, die schon in Ländern waren, in denen das Hinterteil nur mit Wasser gesäubert wird, verstehen das. Wir haben auch keine Angst vor Langeweile. Unsere einzige Sorge gilt zunächst eigentlich nur dem Einkommen. Zum Glück haben wir weder große Reisen noch andere aufwendige Recherchen geplant. Aber David verliert als Fotograf viele Aufträge, und auch ich kann nicht mehr so frei als Journalistin arbeiten, wie ich das gewohnt bin. Immerhin schreibe ich dieses Buch. Allerdings höre ich von zahlreichen Verlagen, dass Bücher nicht mehr erscheinen oder die Veröffentlichung verschoben wird. Ich weiß nicht, was mit diesen Zeilen passieren wird. Dennoch versuche ich, mich nicht nervös machen zu lassen, und schreibe stoisch weiter.

David hat wieder zu tun, weil er aus aktuellem Anlass neue Aufträge bekommt. Wir freuen uns. Allerdings müssen wir unsere Zeit effektiv nutzen, da Yva immer noch nicht in die Kita darf. Auf Dauer ist das anstrengend, auch wir geraten an unsere Grenzen. Wie viele andere. Unter #Corona-eltern tauschen sich die Menschen im Netz aus. Dafür haben wir nicht wirklich Zeit. Genau jetzt hört Yva auf, ihren Mittagsschlaf zu machen, und hat so viel Energie wie niemals zuvor. »Von wem sie die wohl hat?«, fragt David und lächelt mich an.

Erst hat Yva uns immer wieder gezeigt, wie wichtig es ist, Pausen zu machen, aber jetzt macht sie selbst keine. Dabei habe ich – gerade nach meinen letzten Arbeitserfahrungen – gelernt, wie wichtig Pausen sind. Aufgrund der aktuellen Lage bleibt jedoch kaum eine Chance, um kurz innezuhalten. Unser Leben erinnert mich etwas an die Phase nach Yvas Geburt. Nur dass da einer oder beide von uns in Elternzeit waren und wir nicht arbeiten mussten. So erlauben wir Yva zum ersten Mal, einen sehr kurzen Kinderfilm zu sehen. Nun ist sie schon fast drei Jahre alt. Deutsche Ärzt*innen empfehlen, Kinder nicht früher vor einen Bildschirm zu lassen. Yva darf nur eine Viertelstunde etwas gucken, trotzdem klingt in meinem Ohr der Satz, den ich einmal gehört habe: »Immer wenn ein Kind vor einem Smartphone oder Tablet sitzt, stirbt ein Abenteuer auf einem Baum.«

Wir versuchen, die Zeit für Yva so abwechslungsreich wie möglich zu gestalten, eines können wir ihr jedoch nicht ersetzen: gleichaltrige Kinder. Deswegen bangen wir nach acht Wochen auch um ihr Wohl, rufen die Kita an und fragen, ob Yva kommen kann. Wir haben Anspruch auf Betreuung, da unsere Berufe beide als systemrelevant gelten. Bisher haben wir diese Option nicht wahrgenommen, weil wir wissen, dass es Eltern gibt, die es noch schwerer haben als wir. Aber die Kita reagiert gelassen: Yva darf wiederkommen. Nur wenige Tage darauf öffnen die Einrichtungen für alle.

Jetzt bräuchten wir, wie viele, eine Pause. Doch die können wir uns nicht leisten. David und ich nutzen die Zeit, in der Yva in der Kita ist, zum Arbeiten. Denn niemand weiß, wie es weitergeht. Kurz darauf erfahre ich, dass mein Buch um ein halbes Jahr verschoben wird. Wie fast alle Titel im Verlag. Dann hätte ich mich im Frühling während des Lockdowns nicht so stressen müssen, denke ich. Aber ich weiß auch, dass der Verlag diese Entscheidung nicht früher treffen konnte und selbst von der Lage betroffen ist. Im Grunde freue ich mich, dass mein Buch überhaupt erscheinen wird. Und ich sehe die Vorteile: Meine Situation entspannt sich, ich habe mehr Zeit für Yva.

Mit dem Sommer gibt es nicht nur für mich, sondern allgemein viele Lockerungen und wieder etwas Hoffnung. Die Infektionszahlen gehen stark zurück, die Geschäfte machen wieder auf. Ich erhalte verschiedene Jobangebote, von denen das interessanteste leider genau in die Zeit fällt, in der Yva in der Kita ihre Sommerferien hat. Wir drei wollten dann endlich eine Pause einlegen. Also sage ich ab.

»Sie haben sicher ein anderes spannendes Projekt«, sagt die Frau am Telefon.

»Ja«, antworte ich, »meine Tochter.«

»Kann man da nicht irgendwas machen?«, fragt sie.

»Nein!«, sage ich. »Da kann man nichts machen.«

Natürlich hätte ich den Job auch annehmen können. Aber wofür? Für wen? Auf wessen Kosten? Nicht nur auf meine eigenen, sondern auch auf die von Yva und David und allen anderen Menschen, die mir wichtig sind. Das will ich nicht mehr. Das habe ich vergangenes Jahr so gemacht. Ich muss auch mal Nein sagen können! Auch wenn es gar nicht so leicht ist.

Wenige Tage später meldet sich die Frau noch einmal und bietet mir an: »Wir könnten Ihnen finanziell und zeitlich entgegenkommen.« Sie bringt mich dazu, noch einmal nachzudenken. Das Honorar ist verlockend. Als Selbstständige kenne ich die Situation nur zu gut: Im Zweifel lieber einen Job annehmen, weil man nie weiß, was als Nächstes kommt und wie es weitergeht. Vor allem nicht in diesen Zeiten, wo alles so unsicher ist. Aber nein. Ich habe im vergangenen Jahr meine Lektion gelernt. Ich will weg von dieser Getriebenheit. Ich brauche keine Bestätigung über meinen Job, ich habe viel mehr, was mein Leben erfüllt. Ich verbringe die Sommerferien mit David und Yva. Und das ist wirklich, wirklich schön.

~

Wir freuen uns alle, endlich rauszukommen. Meine letzte Reise ist fast ein halbes Jahr her – für meine Verhältnisse eine lange Zeit. Kurz bevor der Virus Deutschland erreicht hatte, war ich nach Zürich eingeladen worden, um übers Fliegen und meinen Prozess des Loslassens zu sprechen. Nachdem ich viel über Flugreisen nachgedacht hatte, bestand ich darauf, mit dem Zug anzureisen. Die Veranstalter waren sehr überrascht, gerade weil es bei dem Vortrag ja ums Fliegen ging – allerdings in meinem Fall nicht im wörtlichen, sondern im übertragenen Sinne. Ich verzichte auf vieles nicht – wie ein anderer Referent –, um mein Leben oder Geschäft zu optimieren, sondern aus ökologischer, sozialer Motivation. Das thematisierte ich in meinem Vortrag, auch wenn ich viele Gäste damit vor den Kopf stieß, weil ich ihnen ihren eigenen Lebensstil vorhielt. Dabei ging es mir gar nicht darum, dass jemand nie wieder fliegen soll, sondern darum, dass wir uns bewusst machen, welchen Anteil wir selbst an der Klimakrise haben. Wir sollten auf möglichst viel verzichten, was unserem Planeten schadet. Das Fliegen ist dabei nur ein Aspekt. Am besten wäre es, wie bei vielem, wenn die Kosten für das Klima und die sozialen Schäden schon mit eingepreist wären, dann würden sicherlich weniger Menschen fliegen. Da das leider immer noch nicht passiert ist, bleibt uns als einzige Option, eigenverantwortliche Entscheidungen zu treffen: Wir können gar nicht oder weniger fliegen.

Ich bin nun seit über einem Jahr in keinen Flieger mehr gestiegen. Auch unsere nächste Reise nach Süddeutschland soll möglichst klimafreundlich werden. Unsere erste Station ist Bamberg. David war schon mehrmals da, weil seine Tante und sein Onkel dort leben. Als Kind hat er seine Cousine und seine zwei Cousins häufig besucht. Einer, Jo, lebt noch immer in Bamberg und hütet das Haus seiner Eltern in Klein Venedig. Das Viertel liegt als ehemalige Fischersiedlung am Wasser und ist gekennzeichnet von dicht gedrängten Fachwerkhäusern, die großteils aus dem Mittelalter stammen. Es ist schön, hier unterzukommen: Nicht nur, weil wir bei Davids Familie sind, sondern auch, weil das Haus durch seine schiefen Wände so urig und gemütlich ist und wir vom Bootssteg hinterm Haus direkt ins Wasser der Regnitz springen können. Dabei müssen wir gut aufpassen, denn die Strömung ist stark. Yva bleibt nur auf dem Steg sitzen, lässt ihre Beine im Wasser baumeln und freut sich über unsere Spritzer. Es gefällt uns so gut, dass wir mehrere Tage bleiben. Unsere Reiseroute haben wir zum Glück nur grob festgelegt.

Als Nächstes wollen wir nach Ravensburg, wo Lena, Jens und Lucian wohnen, die wir auf unserer Südamerikareise

kennengelernt haben. Sie haben uns im vergangenen Sommer in Berlin besucht, nun sind wir dran. Das Wiedersehen
ist sehr schön, und Lucian begrüßt Yva mit: »Pippi ist da!«
Damit meint er Pippi Langstrumpf, die Yva begeistert, weswegen sie mich häufig bittet, ihr zwei lange Zöpfe zu flechten.
Lucian und Yva spielen »herzig« miteinander, wie Lena es
formuliert, wir können in Ruhe quatschen.

In den kommenden Tagen machen wir alle zusammen
ein paar Ausflüge und reisen ins Allgäu und nach Österreich.
Dort fährt Yva das allererste Mal mit einer Berggondel auf die
Alm. Oben werden wir begrüßt von einem Glockenkonzert
der grasenden Kühe. Die frische Luft und die schöne Aussicht
auf die Alpen sind wunderbar. Es reizt uns alle loszuwandern.
Bis auf Yva und Lucian. Die rennen über die Blumenwiesen,
aber wirklich wandern ist mit ihnen nicht angesagt. Zum
Glück gibt es hier andere Optionen: gleich mehrere Rutschen,
die bis zu sechzig Meter lang und teilweise ganz schön steil
sind. Beim ersten Mal kostet es uns alle etwas Überwindung,
uns in die Tiefe zu stürzen. Doch weil es so viel Spaß macht,
probieren wir alle sieben Rutschen direkt nacheinander
aus und legen die Wege zwischen den einzelnen Abfahrten
zurück. Das ist zwar immer noch etwas anderes als Wandern,
ganz klar, aber für uns alle ein tolles Erlebnis.

Nach über einer Woche sind wir lange genug zu Gast gewesen und verabschieden uns von Lena, Jens und Lucian. Wir
fahren an den Bodensee – das ist für uns alle das erste Mal.
Besonders gut gefällt uns, dass wir fast überall, wo wir wollen,
in den See springen und uns von der Hitze abkühlen können.
Das ist der pure Luxus – in Berlin zum Beispiel sind aufgrund
der Corona-Pandemie alle Schwimmbäder geschlossen oder
der Einlass ist limitiert. Als wir an einem Abend an der Ufer-

promenade von Überlingen entlangflanieren und die Sonne untergeht, erinnert mich das Flair an meine Aufenthalte in Südeuropa. Auch den letzten halben Tag verbringen wir am See, bevor wir in einen Mietwagen steigen und durch Baden-Württemberg und nach Rheinland-Pfalz an die Mosel fahren.

Dort besitzt Davids Mutter eine alte Wassermühle. Beim Kauf war es eine Brandruine, die sie über Jahre hinweg mithilfe von Familie und Freund*innen in ein gemütliches Ferienhaus verwandelt hat. Da David damals mitgearbeitet hat, ist er diesem Ort besonders verbunden. Wir waren schon das ein oder andere Mal zu zweit hier, mit Yva ist es Premiere. Zudem kommen wir nicht wie sonst zur Weinlese im Herbst, sondern erstmals im Sommer. Und der ist in diesem Jahr – die Klimakrise lässt grüßen – sehr heiß. Zum Glück ist es unten in der Mühle kühl, und das Wasser plätschert vor der Tür.

Nach einem Großeinkauf tauschen wir den Mietwagen gegen Mietfahrräder ein. Mir ist das wichtig: für die Umwelt und zur Entschleunigung. Wir leben in den Tag hinein – wenn wir Lust auf Spielplatz, ein Eis oder etwas anderes bekommen, radeln wir dorthin. Ansonsten kochen, lesen und entspannen wir. Die Tage erinnern uns an unsere Reise nach Portugal – nur war Yva damals noch nicht so anspruchsvoll. Sie ist jetzt deutlich aktiver, was Vor- und Nachteile hat. Sie kann vieles eigenständig machen, so pflückt sie mir ihren ersten Strauß aus Wildblumen. Aber sie fordert vieles ein: spielen, tanzen, Laufrad fahren. An den Abenden sitzen David und ich meist bei einem Glas Wein zusammen. Gelegentlich wünschen wir uns, dass es mehr von diesen Momenten gäbe, wo wir zur Ruhe kommen und für uns sein können. Gleichzeitig genießen wir es, unsere Zeit mit Yva zu verbringen. So funktioniert wohl das Elternsein im Allgemeinen.

Nach unserer Tour durch Süddeutschland sage ich weitere Jobangebote ab. Nachdem der vergangene Sommer an mir vorbeigezogen ist, will ich in diesem Jahr mehr Zeit mit Yva verbringen. Um einen Ausflug mit ihr zu machen, nehme ich sie hin und wieder aus der Kita. So fahren wir zum Beispiel an den Wannsee, und auf dem Weg trällert sie in der S-Bahn das bekannte Lied: »Pack die Badehose ein…« Wir kosten den ganzen Tag aus: spielen im Sand, planschen im Wasser und essen Eis, sodass Yva auf der Rückfahrt erschöpft und sehr glücklich einschläft. Das bin ich auch. Es braucht dafür nicht viel. Keinen Urlaub, kein Auto. Keine fernen Kontinente. Nur Luft und Liebe.

~

»Der Herbst, der Herbst, der Herbst ist da«, singt Yva, die inzwischen drei Jahre alt geworden ist, freudig. »Er bringt uns Wind, hei hussassa – schüttelt ab die Blätter, bringt uns Regenwetter – heia hussassa, der Herbst ist da.«

Nicht nur die Jahreszeit verändert sich, sondern auch mein Körper. »Du hast ein Baby im Bauch«, sagt Yva plötzlich zu mir. Ich bin erstaunt und glaube, dass sie das nur sagt, weil sie sich seit geraumer Zeit ein Geschwisterchen wünscht. Ich habe nicht mehr auf die tickende biologische Uhr gehört, sie einfach ausgeblendet, das tat mir sehr gut. Doch jetzt wird mir immer wieder übel, und ich spüre, dass etwas anders ist. Ich mache recht früh einen Schwangerschaftstest – er ist positiv. David und ich sind beide überrascht, freuen uns aber sehr. Für einen Augenblick zweifle ich, ob die mir nun bevorstehende Veränderung mit meinen ökologischen Bedenken in Bezug auf das Kinderkriegen, mit meinem Leben und mit

Davids und meiner Beziehung vereinbar ist. Und dann denke ich plötzlich: Ich muss auch nicht alles immer so kritisch sehen. Dass die Freude bei uns beiden so groß ist, reicht mir als Signal. Es fühlt sich einfach nur alles total richtig an.

Ich habe den Drang, die Neuigkeit mit vielen zu teilen. Weil ich das bei Yva nicht konnte – wir waren ja weit weg von Familie und Freund*innen. Doch mir ist auch bewusst, dass es dafür noch zu früh ist. Zahlreiche Frauen in meinem Umfeld verlieren ihr Kind in den ersten Wochen. Das macht mich traurig und gibt mir zu denken. Und so entscheide ich, es Yva und allen anderen erst nach der Frühschwangerschaft zu sagen, in der zwölften Woche. Als es so weit ist, freuen sich alle, und einige Freund*innen fragen: »War es denn geplant?«

»Na ja«, sage ich und erkläre, dass uns schon bewusst war, was passieren kann, wenn man nicht verhütet, aber David und ich haben nicht gedacht, dass es so schnell klappt. »Ich freue mich einfach, dass wir wieder diese Leichtigkeit haben.«

~

Doch diese Leichtigkeit wird in den kommenden Monaten hart auf die Probe gestellt, denn die Zahl der Covid-19-Toten und -Erkrankten steigt rasant an. Es gibt viele Maßnahmen, die das Leben aller einschränken. Für mich bedeutet es erneut: eine Schwangerschaft im Ausnahmezustand. Andere verlieren ihre Existenzen, und wieder andere vermissen das Reisen, denn die Corona-Pandemie zeigt uns Grenzen auf. Zahlreiche Menschen – meist aus den Industrienationen – haben das Reisen immer auch als Freiheit begriffen. Viele der Eltern, die ich überall auf der Welt nach ihrem Freiheitsbegriff gefragt habe, erwähnten das Reisen. Immer wieder höre ich jetzt: »Ich muss raus, weit weg, unbedingt noch mal ans Meer oder in die Sonne!« Wenn ich frage: »Warum denn?«, lautet die Antwort: »Fernweh.«

Was bedeutet Fernweh eigentlich genau? Der Begriff beinhaltet etwas Schmerzvolles, Leidendes. Eine Sehnsucht. Wonach? Was finden wir woanders und bei uns nicht? Ich habe die Erfahrung gemacht, dass die Qualität einer Reise nicht von der zurückgelegten Entfernung abhängt, weswegen ich die Aussage des amerikanischen Philosophen Ralph Waldo Emerson gut verstehen kann: »Nicht in die Ferne, in die Tiefe sollst du reisen.«

Seit über zwei Jahren bin ich nun nicht mehr geflogen. Ich reise zwar noch, aber es ist nicht mehr mein Alltag so wie früher. Meine weiteste Reise habe ich vor über einem Jahr nach Zürich mit dem Zug unternommen. Sonst war ich innerhalb Deutschlands unterwegs. Und nicht, weil ich mich von jemand anderem, der Politik, Yva oder sonst etwas habe einschränken lassen, sondern weil ich es so wollte. Damit will ich aber nicht sagen, dass ich perfekt bin. Auf keinen Fall, darum geht es mir nicht. Niemand ist perfekt. Ich versuche nur, immer bewusster und achtsamer zu werden. Gegenüber unserem Planeten wie auch gegenüber denjenigen, die mich umgeben.

Dazu gehört natürlich Yva, und es freut mich, wenn sie sagt: »Du bist die beste Mama der Welt.« Es berührt mich. Aber ich weiß auch, dass sie diesen Satz nicht zwingend sagen oder denken muss, dass ich keine Supermama sein muss und es mir egal sein kann, ob andere mich eine Rabenmutter nennen. Ich muss als Mama mit meinem Kind nicht auf den Spielplatz, wenn mir das nicht gefällt. Nur wenn Eltern das weitergeben, was ihnen selbst Spaß macht, können sie ihre Kinder positiv anregen. David geht mit Yva beispielsweise gern zum Tempelhofer Feld, um Drachen steigen zu lassen, während ich mit ihr eine Laterne bastle oder auch mal Wäsche aufhänge. Im Familienkontext geht es weder um richtig oder falsch noch um Leistung. Es geht weder um »Fakten-Tennis« noch um das »Gewinnen«, wie die Physiotherapeutin Philippa Perry es nennt. Es geht um unsere Gefühle, von denen alle Berechtigung haben, und es geht um den Umgang mit Freiheit. Und Freiheit bedeutet – das haben mir auch die Gespräche mit den Eltern rund um den Globus immer wieder veranschaulicht –, dass wir über unser Leben entscheiden können. Dass wir uns auf unseren eigenen Weg begeben, der sich für uns persönlich gut anfühlt und möglichst frei ist von Zwängen.

Genau das habe ich getan, so werde ich es weiterhin machen. Ich habe nun ein Leben, das sich auf den ersten Blick nicht sehr vom Alltag anderer unterscheidet – ganz anders als zu Zeiten, als ich ohne Halt quer durch die Welt gejettet bin. Getrieben von Neugierde, aber auch von einer inneren Unruhe – weil ich es zuvor niemals gelernt hatte, etwas auszuhalten und zuzulassen. Das habe ich – auch dank Yva – nun gelernt. Jetzt bin ich jemand, der hin und wieder reist, aber gern auch bleibt. Ich bin häufig da, während andere um mich herum kommen und gehen. Das ist eine neue Erfahrung, und eine, die ich nicht missen möchte.

Nur weil ich nun seltener reise, eine Basis in Berlin und bald zwei Kinder habe, ist mein Alltag nicht weniger aufregend oder frei. Ganz im Gegenteil: Es gibt viel zu erleben und zu tun. Ich kann an dieser Stelle nur den viel zu früh verstorbenen Christoph Schlingensief zitieren, der derzeit in vielerlei Hinsicht fehlt: »Die Erde ist der größte Inbegriff von Freiheit, wir können hier alles tun, aber wir tun es nicht.«

Ich sage: Lasst es uns tun. Mit Gelassenheit und ohne Zwänge. Auch wenn es nicht immer leicht ist. Lasst uns auf unsere Bedürfnisse und die der anderen hören, insbesondere auf die unseres Planeten. Lasst es uns zulassen, auch andere Perspektiven einzunehmen. Lasst uns eine Balance finden. Lasst uns im Einklang leben. Lasst uns lernen, nicht nur selbstbestimmt mit unserer Freiheit umzugehen, sondern sie auch zu feiern. Lasst uns gemeinsam LOSLEBEN!

DANK

Bei der Entstehung dieses Buches wurde ich von sehr vielen wundervollen Menschen unterstützt, die mir auf der Reise, auf der dieses Sachbuch basiert, stets zur Seite standen. An dieser Stelle möchte ich euch allen aufrichtig dafür danken: Tausend Dank!

Besonders bedanken möchte ich mich bei:
Meiner Tochter, die mich zu diesem Buch inspiriert hat. Für ihre Lebensfreude, Neugierde, Empathie, Weltoffenheit und ihr Verständnis.

Meinem Freund David Weyand, der seit acht Jahren an meiner Seite und auf fast allen Reisen seitdem dabei gewesen ist. Der immer an mich glaubt, mich großartig unterstützt und mich niemals hat hängen lassen: weder im Beruflichen noch im Privaten. Ich kann mir für meine Kinder keinen besseren Vater vorstellen. Danke aus tiefstem Herzen!

Ann-Marie (Mia) Mecklenburg, Bettina Feldweg und Verena Pritschow, die bei Piper/Malik das Buch betreut haben. Es war mir eine große Freude, mit neuen und bereits bekannten Frauen zusammenzuarbeiten. Insbesondere Mia hat sich für mich eingesetzt und dazu beigetragen, dass der LOSLEBEN-Prozess ein so schöner war. Herzlichen Dank!

Auch meinem Redakteur Matthias Teiting möchte ich danken, mit dem ich schon zum zweiten Mal zusammenarbeiten konnte. Er hat das Manuskript nicht nur bereichernd redigiert, sondern mich auch immer wieder neu inspiriert. Außerdem hat die Arbeit mit ihm sehr viel Spaß gemacht. Von Herzen lieben Dank dafür!

Ebenso bedanken möchte ich mich bei allen, die meine Fragen zu Elternschaft weltweit beantwortet und mir damit neue Perspektiven auf die Welt eröffnet haben. Da einige der Namen im Buch geändert wurden, werde ich hier lediglich die Vornamen nennen: Adam, Alexa, Alice, Amitesh, Ana, Anaïs, Anne, Anneloes, Ariane, Claudia, Daniel, Eva, Fernando, Gabi, Gabrielle, Julian, Katta, Leo, Luc, Manuel, Madhulika, Marcela, Raquel, Simone, Vincenzo, Volker, Wan Ting und Yan Yuhong.

Außerdem möchte ich allen danken, die mir meinen Lebensstil ermöglicht oder mich anderweitig bei der Umsetzung dieses Sachbuchs unterstützt haben. Ein herzliches Dankeschön an: Albio, Anett, Angelina, Anna, Anne, Celina, Chris, Christian, Christina, Elisabeth, Evi, Franzi, Frizzi, Georg, Gert, Henrique, Iria, Jacob, Jenny, Jens, Joaquin, Johanna, Johannes, Jorge, Juan Fernando, Kathi, Katrin, Katta, Lena, Lisa, Lola, Louis, Marie, Michelle, Mirja, Nabu, Nicole, Pedro, Rosalin, Sambhu, Sandra, Sandro, Shamim, Silvia, Sumi, Stefan, Stephan, Till, Unur, Ursula und Vanessa.

Weniger ist mehr

Hier reinlesen!

Katharina Finke

Loslassen – Wie ich die Welt entdeckte und verzichten lernte

NG Taschenbuch, 224 Seiten
€ 14,00 [D], € 14,40 [A]*
ISBN 978-3-492-40507-2

Als Katharina Finke nach der Trennung von ihrem lang-jährigen Freund ihren Mietvertrag kündigt, entschließt sie sich, alles loszulassen, was sie bindet. Sie verschenkt und verkauft beinahe ihren ganzen Besitz und macht das Rei-sen zu ihrem Alltag. Als moderne Nomadin arbeitet sie rund um den Globus und genießt das intensivere Lebens-gefühl, das sie durch die Befreiung von materiellen Din-gen verspürt. Dies ist ein Buch darüber, was es heißt los-zulassen. Und woran es sich lohnt festzuhalten.

»MALIK ist der beste Gastgeber, bei dem ich
je untergekommen bin: menschlich wunderbar,
voller Leidenschaft für Abenteuerreisen,
hervorragende Bibliothek.«
STEPHAN ORTH

»Die Zusammenarbeit mit MALIK hat alles, was
zu einer guten Partnerschaft gehört: gegenseitige
Achtung, Respekt, Zuwendung. Ein Verlag mit Herz.
Und jetzt beim 25. Jubiläum können wir quasi auch
unsere ›Silberhochzeit‹ feiern.«
CARMEN ROHRBACH

»Hinter jedem erfolgreichen Autor steht ein
starker Verlag – und mit MALIK habe ich den
besten. Danke für alles – ihr seid spitze!«
CHRISTINE THÜRMER

»MALIK ist zum anspruchsvollen Reiseverlag
geworden: Spannend, hintergründig, oft auch
witzig erzählen Abenteurer von ihren
Erfahrungen – erlebtes, nicht
erfundenes Leben.«
REINHOLD MESSNER